全球数字经济发展报告 2022

方力　冯奎　主编

群言出版社
QUNYAN PRESS
·北京·

图书在版编目（CIP）数据

全球数字经济发展报告. 2022 / 方力，冯奎主编 ；王峥，李诚，王铁铮执行主编. -- 北京 ：群言出版社，2023.5

ISBN 978-7-5193-0821-6

Ⅰ. ①全… Ⅱ. ①方… ②冯… ③王… ④李… ⑤王… Ⅲ. ①信息经济－经济发展－研究报告－世界－2022 Ⅳ. ①F491

中国国家版本馆 CIP 数据核字（2023）第 034961 号

责任编辑： 孙平平　张　程
封面设计： 北京卓伟博文印刷设计有限公司

出版发行： 群言出版社
地　　址： 北京市东城区东厂胡同北巷 1 号（100006）
网　　址： www.qypublish.com（官网书城）
电子信箱： qunyancbs@126.com
联系电话： 010－65267783　65263836
法律顾问： 北京法政安邦律师事务所
经　　销： 全国新华书店

印　　刷： 北京虎彩文化传播有限公司
版　　次： 2023 年 5 月第 1 版
印　　次： 2023 年 5 月第 1 次印刷
开　　本： 710mm × 1000mm　1/16
印　　张： 19
字　　数： 230 千字
书　　号： ISBN 978-7-5193-0821-6
定　　价： 88.00 元

编委会名单

主　　编　方　力　冯　奎

执行主编　王　峥　李　诚　王铁铮

编　　者　杜春玲　李　珊　李　昱　裴秋亚

彭　璐　王英敏　王　莹　延竞文

杨丽丽　曾献亮　张城恺　张彦军

赵静宜　周炳含

目　录

Contents

序　言

党的二十大报告要求“加快发展数字经济，促进数字经济和实体经济深度融合，打造具有国际竞争力的数字产业集群”。北京市科学技术研究院数字经济创新研究所牵头，联合中国民主同盟中央经济委员会、中国企业管理研究会，学习贯彻党的二十大精神，着眼于数字经济发展互学互鉴、共享共建，以全球数字经济发展为主题，编著出版《全球数字经济发展报告 2022》，收录全球数字经济领域相关实践案例，这是对数字经济研究的有益探索，值得祝贺！

在世界百年未有之大变局、全球经济形势复杂严峻、地缘政治冲突加剧的背景下，数字经济发展速度之快、辐射范围之广，影响程度之深前所未有，已掀起新一轮科技革命和产业变革发展浪潮。

《全球数字经济发展报告 2022》深刻研判国际城市数字经济实践、未来数字经济技术、数字经济应用新场景、数字经济新兴企业变化的新趋势，总结我国政府数字经济应用示范，对数字经济问题的研究很有特色：

一是重点突出。全书聚焦了城市、技术、场景、企业等数字经济发展的关键维度。城市是数字经济发展的重要空间载体和新技术、新场景、新理念的策源地。报告遴选出全球数字经济发展有特色的城市，探讨世界各大城市在数字经济基础设施、产业、人才、创新等方面的表现和特色之处，促进全球数字经济国际交流与合作。数字技术是数字经济发展的基础底座。在众多日新月异的数字技术中，报告聚焦当今世界发展速度最快、覆盖范围最广、创新创业最为活跃的领域，突出与经济社会发展深度融合，阐述其对科技革命和产业变革的深刻影响。拓展数字应用场景是支撑数字经济不断壮大的关键路径。报告聚焦关键行业和领域，选取具有示范性的数字应用场景，突出创新，探索加速数字技术与实体经济深度融合的路径。企业是数字经济发展的主体。报告聚焦数字经济领域的先锋队—新兴企业，多层次选取全球数字经济领域具有高成长性和高发展潜力的企业，描述其开展的技术创新、模式创新，突出企业视角，提供全新思路。

二是较强的全球视野。全书以数字世界为主线，对全球数字经济各领域不同颗粒度经典案例进行全景扫描，在案例选择上既把握具有全球影响力这一关键因素，又重视全球各区域的平衡，从顶层设计切入到与我们紧密相关的数字产业化、产业数字化、数字治理等各个层面，充分体现各国发展数字经济的“道”与“术”、“异”与“同”。全书完整刻画出全球视野下的未来数字经济新图景，不仅可以让读者更加深刻理解发展数字经济作为全球各国重大战略的历史意义，也能通过鲜活“故事”了解“宏大叙事”，从而全方位构建起数字世界的研究框架和基本脉络。

三是体现“中国特色”。党的十八大以来，中央对发展数字经济做了大量部署，从国家顶层设计和规划出发，抓住了数字化转型的核心驱动，以此作为推动经济转型、产业升级和社会治理的重要抓手，通过打造新型基础设施、推动产业数字化和数字产业化，探索出一条独立的、创新的中国数字经济发展路径。报告在全球视野下立足建设数字中国的目标，从政府视角出发，以数字经济创新发展试验区等我国数字经济实践为案例，统梳理改革亮点，全面总结改革经验，以期为进一步促进数字经济与实体经济深度融合、加快推动我国数字经济高质量发展提供思路参考。

《全球数字经济发展报告 2022》遵循中央精神，切合区域实际、体现地方特色，从一个相对立体的视角出发，运用翔实的数据和丰富的资料全面总结全球数字经济发展的成功经验，全景展示了全球数字经济发展的全局性、前瞻性、关键性重大问题。全书立足“十四五”乃至更长时期的战略谋划重点，充分考虑数字经济发展各领域的关联性、耦合性，对各国数字经济发展顶层设计以及案例阐述分析既有独到见解和创新思考，又有宽广的视野，具有很强的纪实性、应用性和指导性，为政府和市场主体促进数字经济创新提供了思路，为建设有全球影响力和竞争力的数字中国、谋划我国数字经济发展战略新框架、开启中国数字经济高质量发展新周期提供了有益参考。相信该书出版，将会对学界、政界、产业界、社会各界产生积极影响，并对全球数字经济领域研究起到促进作用，希望借由该书的出版，进一步促进各方面对全球数字经济创新发展的深度考察，助力更好更快地建设数字中国。

是为序！

中国科学院院士　国际欧亚科学院院士
中国科学院地理科学与资源研究所研究员　周成虎
2023 年 2 月 20 日

第一章　全球数字经济发展综述

1.1　全球数字经济发展的时代背景与战略意义

以计算机、网络、通信为代表的现代信息技术革命催生了数字经济，联合国、欧盟、美国、英国等国家和学者纷纷提出了数字经济、信息经济、网络经济的概念。“数字经济”一词最早出现于美国学者唐·泰普斯科特（Don Tapscott）1996 年所著的《数字经济：网络智能时代的前景与风险》，该书描述了互联网将如何改变世界各类事务的运行模式并引发若干新的经济形式和活动。2002 年，美国学者金范秀（Beomsoo Kim）将数字经济定义为一种特殊的经济形态，其本质为“商品和服务以信息化形式进行交易”。澳大利亚宽带通信与数字经济部于 2013 年发布的一份报告中，就将新兴的移动互联网纳入了数字经济的范畴，把数字经济定义为了“由互联网、移动网络等数字技术赋能的经济和社会活动”。OECD（经济合作）与发展组织于 2016 年发布的报告中，则把数字经济的定义进一步拓宽，将物联网、大数据、云计算等新技术，以及在其之上衍生出的经济和社会活动全部纳入到了数字经济的范畴。2016 年 G20 杭州峰会通过了《二十国集团数字经济发展与合作倡议》，“数字经济”首次被列为 G20 创新增长蓝图中的一项重要议题，倡议中将数字经济定义为以使用数字化的知识和信息作为关键生产要素、以现代信息网络作为重要载体、以信息通信技术的有效使用作为效率提升和经济结构优化的重要推动力的一系列经济活动。这些概念的共同点是把信息技术产业作为数字经济的内核，不同点在于信息技术和传统经济融合的深度与广度。由此可见，数字经济的概念不是一成不变的，随着数字技术的演进，它的定义会不断地拓展。数字经济所指的，既包括技术本身，更包括在技术之上衍生出的各种经济活动，其范围是比较广的。

总体而言，数字技术正广泛应用于现代经济活动中，提高了经济效率、促进了经济结构加速转变，正在成为全球经济复苏的重要驱动力，重塑全球经济结构，深刻改变全球竞争格局。

数字经济正在深刻地改变人类的生活和工作模式。国际金融危机之后，全球经济进入了深度调整的新阶段，新旧经济交替的图景波澜壮阔又扣人心弦。在全球信息化进入全面渗透、跨界融合、加速创新、引领发展新阶段的大背景下，数字经济正在成为创新经济发展方式的强大动能，不断推动全球经济复苏和社会进步。随着各类新业态、新模式的快速涌现，线上、线下融合日益深入，数字经济在稳增长、促就业、惠民生等方面发挥了重要作用。电子商务、移动支付、网络视频、网络社交、数字学习、数字医疗、数字文化、外卖等新的数字形态发展迅速，线上办公、服务、教学、问诊等日益深入寻常百姓的生活，移动服务、精准营销、个性化定制、线上与线下融合等新型服务模式激发出新的消费需求，数字经济使百姓消费模式转变，线上消费深入人心。网络化、平台化、众包化的新型企业组织模式使企业组织对外部环境的变化更敏感、更具灵活性和竞争力，新型的企业发展模式正逐步改变经济的增长方式。

数字经济成为全球科技与产业变革的重要力量。以人工智能、大数据、云计算、物联网、区块链、5G 等新一代信息技术为代表的通用技术与实体经济深度融合，带动传统生产方式和产业结构发生深刻变革，新兴产业加快形成。数字经济通过推动生产方式和管理方式的创新变革，提高研发设计、生产管理、协同营销的集成化应用，进而带动产品、企业和产业等多方面交融创新，推动资源配置优化，促进传统经济模式向形态分工更优化、结构更合理的现代生产模式转变，进而实现产能、质量和效率的多层次优化，实现全球价值链的多层次、多方位衍生。

数字经济是推动全球经济合作与共赢的重要窗口。数字经济通过将传统链条式交换的贸易转为统一聚合的市场，能够提升全球贸易发展进程。同时，基于云计算、人工智能及区块链等新型技术，数字经济能够创造一种更为灵活的全球协作系统，进而更好地契合经济全球化发展下的多边协作的需要。此外，部分数字经济体依托现代通信技术和数据处理能力，跃升为新型全球性商业基础设施，并通过自主合作来推动国际间合作与交流。这种非官方的合作能够提高全球经济发展的弹性和韧性，为当下全球贸易冲突提供新路径。

数字经济是实现全球经济均衡协调发展的关键一环。数字经济会随着信息技术的逐步推广而产生巨大的带动效应，其巨大溢出效应能够为发展中国家提供产业升级和跨越式发展的机会。数字经济能够加速创新要素资源在全球范围内的流动，并降低各国参与全球贸易和区域产业链分工的成本，进而实现发展成果的普惠式共享。数字经济以区块链、人工智能等新兴技术为依托，能够提升统一、透明、公正、合理的交易监管机制的形成，进而推动全球经济治理中的代表权和话语权的合理再分配，为新兴发展中国家和中小企业提供更多的发声机会。

数字经济为全球化注入新动能。传统意义上的“全球化”步入关键时刻，未来全球经济增长也在呼唤着新模式和新治理。全球数字贸易体系加速建设，随着全球进入数字化时代，数字技术广泛应用于经济各个领域，以数字技术为驱动、数字化平台为支撑的数字贸易逐渐成为世界贸易的重要组成部分。普华永道数据显示，数字贸易占服务贸易的比重由 2008 年的 46.2% 上升到 2020 年的 61.1%。通过数字技术的深度应用，推动实体商品、服务以及数字化相关产品在全球各国之间高效交换，推动了贸易活动的多样化、自由化。

1.2　全球数字经济发展的重要成果

全球数据总量爆发式增长。近年来，伴随着云计算、大数据、物联网、人工智能等信息技术的快速发展和传统产业数字化的转型，数据量呈现几何级增长。人类生产、生活及治理的数据基础和信息环境正在得到大幅加强和显著改善，移动互联网和物联网持续普及部署，智能终端和传感器加速应用渗透，人、机、物逐步交互融合，与经济增长和社会发展相关的各项活动已启动全面数字化进程，呈现出从被动到主动、从碎片到连续、从单一分离到综合协同的三大转变，源源不断地产生着呈现爆炸式增长态势的海量数据，蕴含着巨大的价值和潜力。国际数据公司（IDC）的监测数据显示，近几年全球大数据存储总量的增速每年都保持在 40%，2016 年甚至达到了 87.21%

的增长率，全球大数据存储量从 2013 年的 4. 3ZB（相当于 47. 24 亿个 1TB 容量的移动硬盘）增长至 2020 年的 44 个 ZB，而我国数据量为 8060 个 EB，占全球数据总量的 18%。据《全球大数据发展分析报告（2020）》数据预测，到 2025 年全球数据量将高达 175ZB。全球数据总量大幅增长带动存储行业市场规模高速增长，全球云存储市场规模将从 2017 年的 307 亿增长到 2020 年的 889. 1 亿美元，年均增速 20% 以上，我国云存储年复合增长率超过 50% 以上。在人工智能、车联网、虚拟现实等技术的快速发展下，新兴互联网业务需要更大量的并发处理，更快速的数据访问，更智能的数据管理方式，更灵活的资源配置以及更低的成本，为存储行业带来革命性技术变革。

2013—2020 全球大数据存储量①

年份	全球大数据存储量（ZB）
2013	4. 3
2014	6. 6
2015	8. 6
2016	16. 1
2017	21. 6
2018	33
2019	41
2020	44

数字经济成为推动全球经济发展的重要引擎。2021 年，全球 47 个国家数字经济增加值规模为 38. 1 万亿美元，同比名义增长 15. 6%，占国内生产总值（GDP）比重为 45. 0%。其中，发达国家数字经济规模大、占比高，2021 年规模为 27. 6 万亿美元，占 GDP 比重为 55. 7%，发展中国家数字经济增长更快，2021 年增速达到 22. 3%。具体而言，美国数字经济蝉联世界第一，规模达到 15. 3 万亿美元，中国位居第二，规模为 7. 1 万亿美元。在占比上，德国、英国、美国数字经济占 GDP 比重位列前三位，均超过 65%。在增速上，挪威数字经济同比增长 34. 4%，位居全球第一，另有南非、爱尔

① 资料来源：国际数据公司（IDC）。

兰、新西兰等13个国家数字经济增速超过20%。[①]

数字经济发展带动全要素生产率提升。随着劳动力等传统要素供给对经济增长的贡献率逐渐降低，数字经济成为提高全要素生产率的重要途径。数字经济发展推动优化资源配置效率。数字技术与实体经济的深度融合，为实体经济数据化提供支撑，推动以数据化形式呈现现实世界的网络空间逐渐构建。数字经济催生的数据要素进一步推动全要素生产率和资源配置效率提升。作为数字经济的关键性生产要素，数据克服了传统生产要素所受的资源禀赋约束和边际生产力递减限制。数据与资本、劳动等其他生产要素有机结合，进入生产、分配、流通和消费等环节，能够有效改变传统要素的投入方式，优化要素配置效率。

数字技术创新成为全球数字经济战略重点。全球数字化转型正由效率变革向价值变革、由企业内向产业链价值链拓展，全球面向实体经济的工业/产业互联网平台快速发展。全球5G进程进一步加速，截至2022年6月，86个国家/地区共221家网络运营商实现5G商用，全球5G网络人口覆盖率为26.59%。全球人工智能产业平稳发展，预计2022年全球人工智能市场收入达到4328亿美元，同比增长19.6%。

1.3 全球数字经济发展趋势

数据成为关键生产要素。当前人类社会发展面临的土地、资源、能源和环境约束加大，经济增长需要激活新动能。随着数字技术不断成熟，数据成为继土地、劳动、资本等之后人类又一重要生产要素。数据对其他要素具有替代作用，能够优化生产要素的投入结构，改变生产函数，并在此过程中要求企业对产品架构、生产流程、价值链组织方式等进行全面改革。数据作为一种生产要素，具备低边际成本、可复制、可共享、可不断生成和供给，“取之不尽、用之不竭”，能克服传统生产要素的资源总量限制，具有规模报酬递增特性等优势特征，被不断地分析、挖掘、加工和运用，价值持续得到提升、叠加和倍增，有效促进全要素生产率优化提升，为国民经济社会发展

① 《全球数字经济白皮书（2022年）》。

提供充足新动能。释放数据要素价值成为各国的共同探索方向，可信数据空间为数据要素市场参与各方提供信任的技术契约，全球数据要素市场建设进入多元主体共建共创、企业竞争加速推进、定价策略多样探索的新阶段。以新能源产业为例，数字技术的加入能够有效提高可再生资源的利用效率。英国帝国理工学院科研团队利用大数据模拟风力发电场的发电过程，按照大数据给出的建议确定风车安装的位置，并有选择性地开启部分风车，发电效率大大提升，成本大幅下降。

产业数字化成为数字经济发展的主引擎。在新一代数字技术推动下，数字产业化和产业数字化是全球加速迈进数字经济时代的两大内容，在互联网、大数据、云计算、人工智能、区块链等数字产业快速发展的同时，涉及产业领域更多、市场规模更大、结构层次更深的产业数字化也在如火如荼推进，成为数字经济未来发展的重要方向。在新冠肺炎疫情严重冲击全球经济的背景下，越来越多的产业通过加快数字化转型，推动数字技术和实体经济深度融合，从而获得新发展动力。2020 年全球数字产业化占数字经济比重为 15.6%，占 GDP 比重为 6.8%，产业数字化占数字经济比重为 84.4%，占 GDP 比重为 36.8%，数字产业化占比下降，产业数字化占比持续提升，在全球范围内，数字技术和数据资源正从更深层次、更广领域加速拥抱实体经济。工业、农业和服务业三大产业数字化转型持续向纵深发展，数字经济与实体经济深度融合的趋势不可逆转、不可阻挡。工业互联网、智能制造、数字农业、网络直播、无接触配送等行业蓬勃发展，新业态、新模式、新应用不断涌现。在产业渗透方面，全球三二一产数字化发展逐次渗透，2020 年第一产业数字经济增加值占行业增加值比重（以下简称“数字经济占比”）为 8.0%，第二产业数字经济占比为 24.1%，第三产业数字经济占比为 43.9%。① 以韩国三星电子半导体车间为例，车间利用自动运输 OHT 系统，机械臂可以沿着上空轨道自动搬运装有半导体晶片的箱子，完成一道道工序的加工，速度迅捷，秩序井然，不会发生冲撞，生产线上数千台生产设备的运行信息都会实时显示在办公室的电脑上，技术人员对这些信息进行监控，并确保设备正常运行。

---

① 《2022—2028 年中国数字经济行业市场发展调研及投资前景展望报告》。

“灯塔工厂”领军者率先垂范制造业数字化转型路径

“灯塔工厂”首要是积极采用第四次工业革命的关键技术，包括数字化、自动化、先进分析、虚拟现实和增强现实。

自2018年开始，世界经济论坛与麦肯锡公司在全球发起评选“灯塔工厂”项目，寻找制造业数字化转型的典范，截至2022年10月，已有来自全球各地114家工厂入选，其中位于中国共有42家，占比达全球灯塔总数的1/3以上。这些“灯塔工厂”广泛分布于消费品、汽车、家用电器、钢铁制品、医疗设备、制药、工业设备等多个领域，积极探索适合自身的数字化路径，展现了传统产业数字化转型的巨大潜力。

2022年，大多数制造业企业面临衰退危机，但仍有部分企业脱颖而出，实现了规模化发展：在新加入灯塔网络的企业中，西普拉、达能以及三一重工在20至40家工厂开展大规模数字化转型项目，涉及数千名员工，实施了专业化治理，在18至24个月的时间跨度内，部署了数十个兼具创新性和标准化的技术应用案例。

西门子助力食品饮料产业数字化转型，显著提升生产水平

在过去几百年间，基于“啤酒纯净法”酿造的德国啤酒广受欢迎。一杯啤酒要经过10多道工序，高水平酿酒技师一直是产品质量的重要保证。不过人力操作存在不确定性，特别是在啤酒工业早已全球化的当下，同一品牌的啤酒如何在全球不同工厂实现大规模生产，保持相同口感和质量，并且根据市场变化快速做出调整，一直是行业的巨大挑战。

西门子研发的食品饮料全集成控制系统BRAUMAT，能让技术人员精确控制糖化和发酵过程中的时间、温度、压力、浓度、电导率等众多参数，还可以掌控最后的贮存、过滤、灌装环节。借由这套系统，只需要几名操作员在屏幕前，就可以每小时产出10余万瓶啤酒，生产效率大幅提高。与此同时，系统收集的生产数据，借由西门子工业云Mind Sphere，可以在该啤酒品牌全球任何一个工厂实时共享，以实现产品质量统一。一旦发现数据偏差，

系统还会及时报警，减少了停机和维修的时间。

通过数字孪生技术，生产前的设厂流程也能实现数字化。戴上 VR 眼镜，在虚拟的操作台前，管理者能够调节各项工序参数，定制生产流程，调整设备摆放位置与管线布局，以更好地利用厂房空间，节约建材和能源。拥抱数字化的啤酒厂，可以利用实时数据分析改进生产管理，通过远程监控和错误预防降低设备维护成本，借助流程软件精准确定峰值生产力和产品质量。由于生产经理的盲点减少了，他们可以更容易地规划流程并显著提高生产力。

目前，基于数字化技术的酿造过程控制系统已经广泛应用于德国啤酒行业。BRAUMAT 系统的第一代版本诞生于 1983 年，目前已经升级到第八代，可以提供标准和精简 2 种版本，后者适用于小型和精酿啤酒厂。从自动化到数字化，德国形成了以西门子为代表的超大型技术供应商开拓数字化技术和市场，带动中小企业跟进的发展态势。

平台化、共享化引领数字经济经济发展。全球企业之间的竞争重心正从技术竞争、产品竞争、供应链竞争逐步演进为平台化的生态体系竞争，一批用户基数庞大、技术积累丰富、资金实力雄厚的行业领军企业已率先启动，通过提供开源系统、营造开放环境、促进跨界融合、变革组织架构、重塑商业模式、孵化创新团队等多种方式，持续构建完善资源集聚、合作共赢的生态格局。同时，飞速发展的新一代信息科技，高频泛在的在线社交，以及渐趋完善的信用评价体系，为大量未能得到完全有效配置的资源提供了成本趋近于零的共享平台和渠道，吸引了共享者数量的指数级集聚，弱化了生产生活资料的“所有权”而强调“使用权”，逐步创造出新的供给和需求，促使共享经济快速兴起。

全球基础设施加速数字化、网络化、智能化升级。持续提升数据获取的量级和频率，不断丰富数据传输的渠道和方式，以及扩大数据存储空间，强化数据加工能力，创新数据使用能力，都是数字经济能够得以蓬勃发展的重要基础条件。万物互联和人机物共融将会成为网络架构的基本形态，各国信息基础设施的规划与部署都面临着扩域增量、共享协作、智能升级的迫切需求。同时，电网、水利、公路、铁路、港口等传统基础设施也正在逐步开展与互联网、大数据、人工智能等新一代信息技术的深度融合，向着智能电网、智能水务、智能交通、智能港口转型升级，显著提升能源利用效率和资源调度能力，支撑数字经济健康可持续发展。

公民数字素养提升成为重要战略竞争力。各主要发达国家将会愈益重视对公民数字素养的挖潜和培养，并将持续提升公民数字素养上升到构建国家新兴战略竞争力的高度，作为推动数字消费、扩大内需市场、强化内生动能的重要举措。新兴的数字化产品、应用和服务大量涌现，已形成规模巨大的消费市场，不啻于是对消费者提出了新的能力要求，需具备一定的数字化技能和素养，才能更好地发掘数据价值、使用数字化产品和享受数字化服务。消费者所具有的对数字化资源的获取、理解、处理和利用能力，将成为影响数字消费增长速率和水平的重要因素，直接关系到数字经济的整体发展质量与效益。

数字化手段推动社会福利水平大幅提升。满足人类对美好生活的向往和追求，是数字经济孕育、诞生、发展的重要动力及目标。大幅提升公共资源供给效率，显著增强公共服务效用，进一步推动教育、医疗、慈善等公共事业的便捷化、普惠化、均等化，是数字经济在创新变革生产方式、促进实体经济提质增效之外的关键着力点和突破口。多种类型、多个领域的网络化、智能化的教育资源公共服务平台将被搭建，面向公众持续扩大优质教育资源覆盖面。互联网远程诊疗将成为高频次、低门槛、易得可选的常规医疗方式，并引入人工智能助手有效提升诊疗精准度，缓解全球性的医疗资源紧张难题。区块链技术将在慈善资金募集和捐赠过程中得到大规模应用，强化互信关系，减少交易成本，溯源资金去向，保障慈善事业的公正、透明、有效。

数字经济创新体系以开放协同为导向加快重塑。创新仍是推动数字经济发展的源动力，受技术开源化和组织方式去中心化的双重作用，知识传播壁垒开始显著消除，创新研发成本持续大幅降低，创造发明速度明显加快，群体性、链条化、跨领域创新成果屡见不鲜，颠覆性、革命性创新与迭代式、渐进式创新相并行。创新主体、机制、流程和模式发生重大变革，不再受到既定的组织边界束缚，资源运作方式和成果转化方式更多地依托互联网展开，跨地域、多元化、高效率的众筹、众包、众创、众智平台不断涌现，凸显出全球开放、高度协同的创新特质，支撑构造以数据增值为核心竞争力的数字经济生态系统。

数字经济博弈成为提升产业链核心竞争力关键领域。全球各个国家和地区的核心竞争力构成要素呈现数字化发展趋势，传统产业纷纷面向数字化、网络化、智能化转型升级，互联网、大数据、人工智能与实体经济的融合日益广泛深入。人类社会、物理世界的二元结构正在转变为人类社会、物理世界、信息空间的三元结构，国家和地区之间竞争和博弈的重心逐步从土地、人力、机器的数量质量转移至数字化发展水平，从物理空间延展到信息空间，并将很快呈现出以信息空间的竞争和博弈为主导与引领，强者愈强、弱者愈弱的格局。掌握信息空间核心竞争优势的国家和地区，将在围绕新一轮国际分工态势展开的博弈中抢先占据价值链制高点。

1.4 全球数字经济发展面临的主要挑战

数字冷战和数字经济领域逆全球化、碎片化态势加剧。在具有普遍性和共识性的数字经济规则形成之前，各国为抢占话语权，纷纷率先制定自己的规则，数字经济秩序之争愈演愈烈。中美欧三大主要数字经济体各自所处数字经济发展的阶段以及规制目标侧重点不同，国家—市场合力方式的运用也各不相同。这也对当前三方博弈的局面产生重大影响。中美欧三方博弈主要以美国为中心，形成美欧、中美两个战场。美欧之间由于数字经济基础不一样，形成了不同的治理体系和发展方向，产生了激烈争端，而中美之间的数字经济争端则是中美大国竞争的延伸，美国试图打压中国在新领域的发展，维护自身数字霸权，中美数字经济的两极格局围绕技术和经济为基础逐步形成，数字经济逐渐朝着两极对立的方向发展。各国愈发重视数据的战略价值，都希望数据掌握在自己手里，加剧互联网碎片化趋势，数据的流动和共享成为突出挑战，整体上各国对于数据的跨境流动都采取了较为保守和谨慎的态度，即不希望本国的数据被其他国家存储和使用。数据割裂的状态将对数据加工企业形成挑战，也不利于数字经济全球化发展。同时，产业间发展不平衡、关键技术掌握在极少数国家手里等，都是数字经济全球化发展需要面对的现实难题。

中美欧数字经济领域博弈日趋激烈

当前，在主要国家相继升级本国的数字发展战略，推动数字化转型升级的背景下，中美欧三方鼎立的全球数字竞争版图已初现端倪。其中，美国仍然占据着绝对领先优势，中国和欧洲则各有所长。同时，美欧在数字空间的利益分歧扩大，“东升西降”态势显著，中美战略竞争日趋加剧。

美欧之间，美国极力推动科技巨头的全球扩张，与欧洲数字主权意识的觉醒发生激烈碰撞。美国希望在自己打造的小圈子内推行跨境数据的自由流动和放宽网络边境限制，充分发挥自身数字经济领域的优势，帮助美国科技巨头在全球市场急速扩张。而在全球市场取得数据垄断地位的美国科技巨头，一边收割全球数据红利，一边为美国政府在数字地缘竞争中赢得主动权。

欧盟不仅没有美国在数字经济领域上的先手优势，也没有像 Facebook 和阿里巴巴这样的科技巨头帮助欧盟更好地参与全球数据市场竞争，导致欧盟数字经济市场主体竞争力不足，还有被外来科技巨头垄断的风险。所以欧盟通过反垄断法和税收防止美国科技巨头“一家独大”，保护中小企业和用户的权利，以规则为基础，坚持公平的数据治理体系，强调数据主权和独立性。

中美之间，美国通过国内法、行政命令、搞小圈子等多种手段对中国数字产业和科技巨头进行打压。过去几年，美国以保护“信息和通信技术供应链”为名将许多中国公司列入实体清单进行打压和制裁，如中兴、华为等，以长臂管辖等制裁方式限制中国数字经济企业的发展。

美国希望通过组建小圈子的方式对华形成数字经济包围圈。以美国为首的西方技术同盟夸大中国的安全威胁，对中国围追堵截。如美欧成立“贸易和技术委员会”，对华展开投资审查、限制技术出口、实行供应链“去中国化”等。为了全面围堵中国，美国也在通过印太数字联盟，持续推动数字技术相关的规则制定，以塑造和主导地区数字秩序。

中欧之间，双方在数字经济领域的争议与合作意愿并存。虽然欧洲对中国日益增长的数字实力有所防备，但欧盟内部对于抵制中国的意见不一致，中欧之间在科技人才储备、创新能力、数字产业等诸多方面具有高度互补性，有利于双方开展数字合作。

数字鸿沟加剧数字经济时代的不平衡问题。数字鸿沟问题主要包括两类：一种是接入困难，目前全球仍有将近 30 亿人没有使用过网络服务；另一种是能力短缺，有些人虽然接入了网络，但仍然缺乏应用数字化技术的能力。数字经济背景下，参与者要生存和发展，必须掌握充足的信息资源和先进的数字化技术。而新一代信息技术和数据资源的获取门槛较高，主要集中在资金和技术基础充足的少数群体或机构。传统经济组织受多种因素制约，难以获取相应资源，从而形成发展障碍。与此同时，方便的电子化、网络化服务对不擅长使用智能技术的人群，比如老年人和受教育程度低的人群等带来学习困难，形成较难逾越的数字鸿沟。数字鸿沟会产生大量信息贫困者，若数字技术仅为少数人所享有，则会抑制数字溢出效应，造成信息的均享程度下降，降低数字化和信息化的成效，影响数字经济的可持续发展。联合国儿童基金会与国际电信联盟的研究显示，在高收入国家，有 87% 的儿童和青年能够使用互联网，而在低收入国家这个数据只有 6%；在低收入国家，即便是 20% 最富裕家庭的网络覆盖率也仅有 16%，最贫困家庭更是低至 2%。

数字经济冲击传统经济形态，对就业市场产生双重影响。数字经济的不断发展，对传统经济运行模式带来较大影响，如：网络购物的快速发展对传统零售业产生巨大冲击，互联网打车使得传统巡游出租车更难获客，互联网平台推出的“社区团购”抢了小商贩和传统菜市场的生意等。相对于传统经济从业者，互联网企业特别是头部平台因其在技术和资金上的明显优势，可以通过巨额补贴“跑马圈地”占领市场，影响传统行业从业者的利益。虽然数字经济发展创造了一些新的就业门类、企业和新产业，但因为技术的进步也会使得一部分工作岗位被机器、人工智能所取代，从而带来技术性、结构性失业。数字技术首先会淘汰一些落后的岗位，比如随着无人售货变为现实，传统的销售员职业将会减少；而随着数字经济对线下门店的冲击，线下门店面临严峻的数字化转型，在这个过程中需要的则是适应新零售环境、懂得数字化技术、能够准确匹配消费者个性需求的导购员。另外，数字经济也将拉大收入差距。数字技术使得企业用较低成本服务于市场，社会财富聚集在少数技术领先的企业。数据的排他性使得数据一旦被企业和个人所使用和占有，别人将不能使用，由此引起分配不均和垄断问题。

数字经济头部平台的垄断现象突出破坏公平竞争的数字环境。数字经济领域的市场集中化、寡头化特征凸显，部分大型平台企业实施的不当竞争行为有较多一致性，加速引发了全球范围内的监管担忧。数字经济平台凭借强大的锁定效应、网络效应、规模效应以及拥有的巨大经济体量、海量数据资源、技术创新优势和雄厚资本优势，形成自成一体的生态竞争体系，并不断延伸和强化，形成“赢者通吃、强者愈强”的市场竞争效果。相比传统企业，数字经济平台更容易损害市场公平竞争，成为垄断发生的“重灾区”，带来了破坏市场良性竞争，削弱经济中的创新创业活力以及税收侵蚀、损害消费者福利和劳动者权益，加剧收入不平等、侵犯隐私和数据安全，造成虚假信息泛滥，甚至影响政治和意识形态安全等问题，难以沿用传统反垄断规则对其进行监管，由于数据、算法、平台规则等技术手段的运用，垄断协议的隐蔽性越来越强，司法认定的难度越来越大。现有 18 个国家和地区发起了针对全球最大的四家数字平台企业共计 150 起反垄断诉讼和执法案件，其中，谷歌涉案达 50 起，累计被罚超 100 亿美元；脸书（Facebook）涉案 21 起，被罚约 51.4 亿美元；苹果涉案 45 起，被罚超 15 亿美元；亚马逊涉案 34 起，被罚约 26.2 亿美元。从区域来看，欧盟及其成员国的案件最多，占比 40.7%（其中 40% 来自欧盟委员会）[美国、英国次之，分别占 21.3%、7.3%；印度、俄罗斯、澳大利亚、日本、韩国等也都加大了对四大数字平台企业的反垄断调查力度。①

数据安全挑战严峻，数字安全新一轮转型升级迫在眉睫。数据信息是数字经济时代最为重要的生产要素，出于各种原因，相关机构或经济组织趋于尽可能地收集更多的数据，这中间易引发侵犯用户隐私问题，威胁到企业和个人的数据安全。与数据爆发式增长随之而来的是日趋严重的数据安全与隐私泄露问题，据 Risk Based Security 数据显示，在 2019 年，全球就发生了超过 5000 起数据泄露事件，近 80 亿条数据被暴露，同比增长 30%。2022 年，全球平均数据泄露成本达到 435 万美元，创历史新高，比去年的平均 424 万美元增加了 2.6%，自 2020 年以来增长了 12.7%，在过去三年中，全球 27% 的企业遭受了数据泄露，造成 100 万至 2000 万美元的损失。②

数字新经济带来监管新难题。以网络交易为代表的数字经济普遍具有跨区域交易的特征，存在各领域相互融合的特点，而现有的政府治理体系在职能设置上主要面向特定区域、特定领域，数字经济的发展对政府职能部门的监管带来巨大挑战，针对新兴技术的管控能力亟须提升。各类新兴数字技术

---

① 李勇坚，刘奕．全球数字经济平台反垄断：现状、趋势及启示［J］．全球化，2022（02）：59－71＋134.

② 《2022 年数据泄露成本报告》。

发展迅猛，各类威胁从虚拟网络空间向现实物理世界蔓延扩散，经济社会面临着前所未有的风险与安全挑战。其他诸如网络舆情的管理失控、金融数字业务的无序扩张、大数据和人工智能技术应用导致的伦理问题等，均已成为必须面对和解决的重要问题。比如，数字化进入金融领域，使得金融产品名目繁多，传统的金融监管是建立在非数字化信息基础之上的，且为事后监管，新型数字金融产品很容易游离在传统监管或管理范围之外，这对政府部门监管手段的跟进与更新提出了更高的要求。

全球各国间数字经济基础设施建设仍有较大差距。国际电信联盟（ITU）发布的《衡量数字化发展：2020 年事实与数字》报告显示，全球 5G 网络区域覆盖率方面，经合组织国家、亚太地区、拉丁美洲地区、撒哈拉以南非洲地区分别为 34%、15%、3.2%、0。此外，同一地区内不同国家间数字基础设施发展不平衡也很明显。在非洲，南非的互联网使用率达到 50%，而部分非洲国家仅有约 10%。

数字经济发展带来的伦理问题日益突出。以人工智能（AI）为例，在过去的十年间，人工智能技术取得了快速发展和广泛应用，而相关的伦理问题也愈发得到重视和关注。AI 引发的伦理和道德问题是多方面和多层次的，例如，机器人承担人类和社会角色，成为人类的“伴侣”，人类由此对人工智能产生依赖，不利于人类的心理健康；法律层面，AI 参与的违约、侵权行为如何界定以及归责问题等，也越来越得到关注。

1.5 主要经济体数字经济发展扫描

各国高度重视数字经济战略和政策制定。美国是最早布局数字经济的国家，1998 年起美国商务部就发布了《浮现中的数字经济》系列报告，近年来又先后发布了美国数字经济议程、“先进制造业伙伴计划”、美国全球数字经济大战略、《2022 年芯片和科学法案》等，将发展大数据和数字经济作为实现繁荣和保持竞争力的关键。欧盟 2014 年提出数据价值链战略计划，推动围绕大数据的创新，培育数据生态系统，其后又推出欧洲工业数字化战略、欧盟人工智能战略等规划，2021 年 3 月欧盟发布了《2030 数字化指南：实现数字十年的欧洲路径》纲要文件，涵盖了欧盟到 2030 年实现数字化转型的愿景、目标和途径，德国率先提出“工业 4.0”战略。日本自 2013 年开始，每年制定科学技术创新综合战略，从“智能化、系统化、全球化”视角推动科技创新，提出“超智能社会（社会 5.0）”战略等。俄罗斯 2017 年将数字经济列入《俄联邦 2018—2025 年主要战略发展方向目录》，并编制完成俄联邦数字经济规划。我国于 2015 年党的十八届五中全会将大数据上升为国家战略，之后出台了 10 余项促进数字经济行业发展的政策，2017 年起连续 5 年将数字经济相关内容写入政府工作报告。疫情防控期间，发展数字经济的紧迫性更加凸显，多国加大政策引导力度，如欧盟 2021 年发布《2030 年数字指南针：数字十年的欧洲之路》，提出要促进企业全面数字化转型，目标是到 2030 年，75% 的欧洲企业使用云计算服务、大数据和人工智能，超过 90% 的中小企业至少达到基本的数字化水平。总体上看，数字化推动传统产业升级与实体经济深度融合是各主要国家和地区的数字经济相关战略重点，普遍将运用互联网、大数据、人工智能等新一代信息技术赋能先进制造业作为重要举措，积极推进从生产要素到创新体系，从业态结构到组织形态，从发展理念到商业模式的全方位变革突破，持续催生个性化定制、智能化生产、网络化协同、服务型制造等新模式、新业态，推动形成数字与实体深度交融、物质与信息耦合驱动的新型发展模式，大幅提升全要素生产率，有效推动全球经济增长的质量变革、效率变革、动力变革。

根据中国电子信息产业发展研究院“2022 全球数字经济发展水平评估报告”对全球 132 个经济体的数字经济发展情况进行的综合评估结果来看，美国、中国、德国、日本、韩国位居世界前五，引领全球数字经济发展，总体呈现以下特征：

高收入国家数字基础设施较为完善。高收入国家的平均固定宽带速率较低收入国家高 4 倍以上，平均移动网络速率高 3 倍以上。截至 2021 年底，全球共有大型及以上数据中心近 700 个，较 2016 年增加一倍以上，其中，近 40% 位于美国，中美两国数据中心数量占全球一半以上。

发达国家发力前瞻性产业，新兴市场国家数字制造崛起。以中国为引领，东亚与东南亚地区 ICT 产业规模合计占全球的近七成，产品门类齐全、产业链完备，区域集群效应显著。

德、美、日数字制造领跑全球，中国数字消费遥遥领先。新冠肺炎疫情以来，线上购物替代线下成为民众消费的主流方式之一，电子商务、电子支付加速普及，全球数字消费蓬勃发展。中国背靠庞大的内需市场，数字消费发展全球领先，电商销售额占居民消费总额的比例达 38.9%，远超其他国家。

美欧等高收入国家和地区优势明显，中国领军中等收入国家跨越创新鸿沟。中国成为唯一跻身数字创新排名 TOP30 的中等收入经济体，保加利亚、马来西亚、土耳其、泰国、越南等 10 个中等收入经济体位列数字创新排名 TOP50，是改变世界创新格局的关键力量。

欧洲数字治理能力全球持续领先。在数字治理能力排名前十的国家中，有 6 个位于欧洲地区。亚洲国家政治、经济、社会环境差异较大，各国政府开展数字治理进程各异，数字政府发展分化较为明显。

从主要国别发展情况看：

中国产业数字化发展进入加速轨道。中国数字经济顶住了来自国际复杂局势、疫情多点散发、经济恢复发展等多方面的压力，实现了平稳较快发展，目前我国已形成了横向联动、纵向贯通的数字经济战略体系，整体呈现出以下凡方面特征：数字经济作为国民经济的“稳定器”“加速器”作用更加凸显；数字产业化基础实力持续巩固；产业数字化发展进入加速轨道；数字化治理体系正在有序构建。2021 年，我国数字经济规模达到 45.5 万亿元，同比名义增长 16.2%，高于同期 GDP 名义增速 3.4 个百分点。中国数字经济规模连续多年位居全球第二。① 从增速来看，2018—2021 年中国数字经济发展速度持续领跑，近年来数字经济快速发展主要源于产业数字化的深入推进，受益于中国自身广大的市场空间，产业数字化经济效益明显。

美国数字经济和数字贸易规模保持全球第一，疫情加速全产业链数字化转型。美国数字经济蝉联世界第一，规模达到 15.3 万亿美元②，按照美国商务部经济分析局（BEA）窄口径，数字经济涵盖信息化基础设施、电子商务和收费的数字服务等领域，2019 年美国数字经济规模是 2.05 万亿美元，占美国国内生产总值的 9.6%，是继房地产和租赁业、政府、制造业之后的全

① 《全球数字经济白皮书（2022 年）》。
② 《全球数字经济白皮书（2022 年）》。

美第四大行业，在基础软件和工业软件、云计算、区块链、金融科技、工业互联网、搜索引擎和社交媒体等细分领域保持全球领先地位。虽然美国服务贸易收遭受疫情严重影响，但数字化交付服务贸易发展韧性凸显，数字化交付服务出口占比大幅提升至 3/4 以上，数字化交付服务出口规模持续提高。2005 年至 2020 年间，美国数字化交付服务出口年均增长 6.7%，2020 年出口规模约为 5331 亿美元，稳居全球第一位。2022 年，美国数字化转型呈现出两大趋势：一是大规模的数字化转型正在向全产业链渗透，除科技企业外，越来越多传统行业也开始拥抱数字化转型，如物流、供应链、医疗、精细化工、制造等领域，都开始大规模应用数字化工具、AI、5G 网络、工业互联网等技术；二是数字化转型相关赛道的产品需求升温，传统行业对于技术的认知和接受度大幅提升，创新型的技术应用、技术整合迎来历史机遇期。

欧盟加速推进后疫情时代数字化转型，国别、领域之间差距明显。在新冠疫情期间，欧盟成员国在数字化工作方面均取得了进步，但仍在努力缩小数字技能、中小企业数字化转型和先进 5G 网络部署方面的差距。欧盟委员会发布《2022 年数字经济与社会指数（DESI）》，跟踪展示欧盟成员国过去一年在数字领域取得的进展，并根据结果对需要定向投资和行动的领域提供支持。据该指数显示，在欧盟 27 个成员国中，芬兰以总得分 69.6 分排名第一，丹麦、荷兰、瑞典紧随其后，属于欧盟数字化进程的领军力量，但上述国家在人工智能、大数据等先进领域的应用率仍低于 30%，与 2030 年数字十年（Digital Decade）提出的 75% 的目标相去甚远。报告中，欧盟肯定成员国致力推进数字化进程，特别是意大利、波兰和希腊进步明显。但整体而言，欧盟在数字技能、中小企业数字化转型乃至 5G 领域处于落后地位，虽然 2021 年欧盟 5G 人口覆盖率升至 66%，但 5G 商用的关键环节频谱分配远未到位；目前除爱沙尼亚和波兰，欧盟成员国仅有 56% 的 5G 频谱资源得到分配，导致 5G 商用潜能无法充分释放。此外，报告称欧盟正在利用新冠肺炎疫情后的经济复苏计划推动数字化转型，迄今欧盟共批复 25 个成员国的复苏方案，承诺用于数字化转型的资金达 1270 亿欧元，占批复资金总额的 26%。

日本政府数字化程度低、企业数字化转型不足问题深刻，政府设立"数字厅"加以应对。突如其来的新冠肺炎疫情不仅对日本经济发展造成了严重冲击，而且也暴露出日本在数字经济发展上的薄弱之处。日本数字经济发展由多个部门主导，条块分割现象严重，不利于数据的集中统一利用，共抗疫情。疫情凸显了日本企业数字化转型的不足，在远程学习、远程办公在线诊疗等领域暂时落后于其他国家。在疫情期间，美国、中国、英国、韩国等国家在线上娱乐、远程办公、在线教育、远程医疗等领域的使用率出现超过10%的显著增长，而日本在此次疫情中，在上述领域的使用率增长均不到10%。为此，日本政府从提升行政机构数字化问题入手，设立“数字厅”，统合数字经济领域行政管理，实现数字经济领域的集中统一领导，通过大力推动企业开展 5G 领域投资、促进新一代互联网技术在企业中应用、推动企业的商业模式转型、推动企业利用新兴通信技术，实现灵活的劳动方式、给予企业数字化转型方面的激励等措施积极推动日本数字经济发展。

新加坡持续推进国际数字经济协定签署，东南亚主要国家数字经济增速有所放缓。新加坡致力于成为亚洲领先的数字经济体，20 多年来，新加坡不断摸索、建立和发展其数字生态系统。特别是新加坡十分重视推进数字经济协定的的签署工作，充分抓住数字革命和数字技术发展带来的新机遇，先后与新西兰和智利签署第一份《数字经济伙伴关系协定》（DEPA），与英国签订《英国—新加坡数字经济协定》（UKSDEA）。通过数字经济协定，新加坡积极推进数字经济，加强与合作伙伴的互联互通，不断强化数字经济地位，积极与他国构建双边或多边数字经济框架，促进公平、透明、开放和包容的新型经济秩序，为本国经济发展和对外经济合作注入新动力。此外，根据谷歌、淡马锡和贝恩发布最新研究报告显示，在多年扩张之后，东南亚数字经济增速正在放缓。2022 年，预计新加坡、印尼、马来西亚、泰国、越南和菲律宾等六国的数字经济规模将达到 2000 亿美元，增速约为 20%，低于去年38%。预计到 2025 年，该地区数字经济规模将达到 3300 亿美元，低于此前预测的 3630 亿美元。数字应用增速正趋于正常化，大多数数字企业逐步将重点从开发新客户转移到与现有客户的深层接触，促其提高使用率和附加值，其中，电子商务、金融服务和旅游是推动东南亚数字经济增长的主要行业。①

印度数字经济有望保持较快增长。印度相关电信运营商宣布，将从 2022 年 8 月份起提供 5G 商用服务，印度正式进入 5G 服务时代，加速形成以数字

① 《2022 年东南亚数字经济报告》。

技术为代表的数字经济已经成为印度经济中最为明显的特征和发展趋势。一是数字支付正呈现爆发式增长，2022 年 3 月份，印度央行数字支付指数（RBI—DPI）为 349.30，较去年同期的 270.59，增长 29%。二是数字杂货市场发展迅猛，2021 年，印度在线杂货市场实现了 70% 的增长，在线食品配送实现了 19% 的增长。预计印度在线杂货市场规模到 2026 年达到 13110 亿美元，在线食品配送市场规模到 2026 年达到 15150 亿美元。三是数字技术的渗透也带来医疗领域的创新和革命，据专家分析，到 2023 年，印度医疗技术的市场规模将达到 50 亿美元，在疫情结束后，将以 39% 的年复合增长率增长。在互联网普及率不断扩大、社会收入水平不断提高、年轻人口众多等一系列利好因素的作用下，印度数字经济还将继续保持高速增长，根据印度财政部预测，到 2030 年，印度数字经济规模将达到 8000 亿美元的水平，是 2020 年的 8～9 倍。

1.6　2023 全球数字经济发展展望

（一）数字经济驶入“快车道”成为全球化关键力量

当下受疫情影响，全球出现了逆全球化的潮流，然而数字经济推动全球化进入了一个新的发展阶段，将保持长期较为快速增长的趋势。基于比较优势理论的全球化 1.0 版本，实现了工业经济的量变到质变，是超越地域限制和协调经贸冲突的合成结果。升级到数字经济的全球化 2.0 版本，强化了广域互联和泛在开放的 DNA，再加上科技创新的赋能，将进一步加速进程，并显著提升全人类的福祉。以互联网为核心的新一代信息技术正逐步演化为人类社会经济活动的基础设施，并将对原有的物理基础设施完成深度信息化改造，从而极大突破沟通和协作的时空约束，推动新经济模式快速发展。基于人工智能、5G、大数据来构建万物可感知、万物可互联和万物可智慧的智慧生态，将被垂直地应用在各行各业，产生巨大的社会价值和经济价值。

数字技术应用使发展中国家的贸易成本显著降低，生产和贸易将继续呈现全球分工合作的特点，数字技术将为发展中国家参与全球价值链创造更多的机会，发展中国家在全球价值链中的地位将得到进一步提高。据世贸组织经济学家的模拟计算，从 2021 年至 2030 年的 10 年中，数字技术的应用将使全球贸易每年增长 2%，发展中国家的贸易每年增长 2.5%。

数字化转型成为各国必然选择，将从消费和服务领域向制造业领域推进，各业态围绕信息化主线深度协作、融合，完成自身转型、提升变革，并不断催生新业态，同时也使一些传统业态走向消亡，数字产业化领域将出现大量第三方数据服务产业，数字产业化在消费平台领域走出新模式，传统互联网平台经济停止无序扩张，开始出现基于数字信用体系的新型电商平台。在此过程中，将劳动、土地、资本、技术、管理、知识等各类要素数字化并数据化，对提高生产效率发挥乘数倍增作用，形成新型数据生产力。传统产业链将全面开始数字化转型，系统的数字化转型理论开始出现，围绕某些核心企业将开始产业数字生态重塑。农业产业数字化转型步伐加快，出现满足农村数字经济发展需要的新型基础设施，并助推传统农业生产、流通、创新体系全面走向数字化。

（二）革命性数字技术带来应用场景颠覆性变革

近年来，区块链、人工智能、云计算和物联网等新兴技术催生大量数字贸易业态，信息化、数字化、智能化成为全球经济重要发展趋势。各大机构研判，未来一段时期，AI（人工智能）、星地协同、量子计算、隐私计算、即服务（aaS）流程和智能产品等将为数字经济带来革命性变革。

未来 AI 将着重在科学研究、生物计算、深空探测、绿色低碳四方面发挥重要作用。近年来，AI 与医疗、农业、社会治安、交通、服务业、金融业等不同领域深度结合，未来其实践经验持续拓展 AI 的应用空间。AI for Science 正在加速兴起，有望打破数百年来科学界实验科学和理论科学两大基础范式，催生新的科研范式。未来，AI 将进一步与数学、物理、化学、材料、工程学等不同领域深度结合，在基础科学的进步中发挥更大作用。AI 助力基因编辑精准快速地找到靶点，助力蛋白质结构预测取得显著突破。在全球新冠肺炎疫情大流行的背景下，未来基于 AI 的生物计算还将在更多基础研究和应用场景上取得突破，缩短药品研发周期、降低研发成本，促进精准医学和个性化诊疗。AI 正与航天科技融合创新，推动深空探测迈向智能化新阶段。未来在航天器故障检测和修复、构造数字孪生仿真实验室、深空大数据探测分析等方面，AI 技术也有望发挥重要的支撑作用。在“双碳”目标下，AI 将助力大规模绿色能源消纳，实现多能互补的电力体系。同时针对大规模AI计算能耗高、对环境影响大等问题，需要继续发展对环境更加友好的“绿色AI”技术，未来“绿色AI”相关技术将持续蓬勃发展。

XR互联网将重塑数字应用形态，变革娱乐、社交等场景交互方式，带动配套软硬件、内容生产、游戏娱乐等配套产业链发展。“元宇宙”概念的突然火爆，带动了配套产业链的快速发展。XR融合了以VR（虚拟现实）、AR（增强现实）为主的各项技术，将带动下一代互联网发展。XR眼镜有望成为重要交互界面。随着端云协同计算、网络通信、数字孪生等技术发展，将推动形成以沉浸式体验为核心的XR互联网，催生从元器件、设备、操作系统到应用的新产业生态。VR硬件将更加便捷化。当前光学、显示、定位和交互等硬件技术发展方向和思路比较明确，超短焦的光学设计、微型LED、更轻便的交互控制器将是未来方向，VR硬件面向消费市场将更加人性化及轻便化，未来VR发展需要优质内容和生态助力硬件在消费端的普及。AR技术将愈发成熟。AR光学模组是AR产品的核心，目前仍在不断演进中，自由曲面BirdBath、光波导等技术路线各有优劣，短期内各技术路线仍将共存，未来AR设备需要进一步优化实时的环境识别、定位、虚拟与现实交互等算法。VR、AR、互联网将更加融合发展。互联网厂商将更多通过VR、AR一体机的形式进入市场，并通过内容补贴硬件的方式加速生态构建，互联网平台将与虚拟现实行业不断融合，在内容分发、优质生态资源虚拟化，以及虚拟现实原生概念和场景方面进一步发展。助力数据资产化的底层技术开始向各行业渗透，非同质化通证NFT将在文化领域之外找到更广阔的应用空间。

航天科技将在星地计算、智能化、大众化等领域不断突破，星地协同智能化将开启“大航天”的星地协同时代。人类开展太空探索已经超过半个世纪，航天科技已成为国家综合竞争力的重要体现。星地计算实现卫星及地面一体化的通信与计算，促进空天地海全面数字化。星地计算，是指集成卫星系统、空中网络、地面通信和云计算，实现卫星和地面一体化的通信与计算。当前，基于地面网络和计算的数字化服务主要集中在人口密集区域，深空、海洋、沙漠等无人区尚是服务的空白地带，星地计算是解决这一问题的有效途径。星地智能化协同，将提升对海量的卫星数据的智能化处理能力。未来低轨卫星数量会迎来爆发式增长，卫星及其地面系统将成为新型计算节点。随着低轨道卫星星座的加快部署，卫星星座每天将产生海量数据，需要将地面数据中心的能力与星上数据处理相结合，实现地面数据中心与卫星系统的融合。人工智能技术将助力卫星遥感数据应用于各行业。利用计算机视觉技术处理卫星遥感数据，将在舰船检测、水体识别、农业产量预测等领域得到广泛应用。数字技术助力航天商业化将开启大众服务窗口。未来，航天的产品设计将更加注重现有技术的不断迭代和工业化量产。太空旅行、空间站商业化、太空电影拍摄将逐步向大众市场普及。亚轨道旅行、卫星影像私人定制、时空信息数字化等新物种将加速涌现。

量子计算的计算体系、相关软硬件、产业链等将进一步发展。近年来，量子计算持续积蓄力量，量子比特数量实现较大规模增长，量子计算相关软硬件也皆有发展，国际上量子计算企业获得风险投资首次突破 10 亿美元。随着量子计算与智能制造、人工智能、化工医药、金融科技等领域深度融合创新，若干具有显著量子优势的实际应用解决方案正陆续产生，预计未来两到三年内，量子计算有望突破 1000 量子比特。量子计算与经典计算相结合的混合计算体系将成为更加有效的应用方案，目前已经吸引了国内外研究人员开始研究混合量子—经典算法，未来，量子计算机有望在高性能计算中心与经典计算进行集成。量子软硬一体化方案将成为主流趋势。量子芯片的设计、制备及测控技术将持续发展，量子软件和服务向跨平台发展，承载量子软硬件一体化方案的量子平台将逐渐显现其应用价值。尽管目前很多世界五百强企业正在进行量子计算的“概念验证”，但是还没有成熟的落地应用，根据技术成熟度判断，未来，量子计算在组合优化、化学制药、机器学习等领域有望产生实际的应用。量子计算产业链将随科研及应用发展逐步形成。从稀释制冷剂、低温布线生产商，到量子芯片、量子测控系统生产商，到云平台、开发平台提供商，量子算法和软件开发商，再到下游的金融、制药、物流、航空行业等，更全的产业链条正逐步构建。在生态层面，量子计算多学科相互协同、软硬件算法各方面研发相互促进，学术界和产业界共研、共创、共同进步，将是促进量子计算生态健康发展的重要因素，量子计算可能会比预期更快地成为一种商业现实。

隐私计算技术将备受关注，有望成为数据价值释放的突破口和构建信任的基础设施。隐私计算是在对原始数据信息做好隐私保护的前提下，分析计算使用相关数据，实现网络空间中数据所有权和使用权的分离，避免流通过程中的数据资产损失和隐私信息泄露。近年来，随着全球个人信息和数据安全法规的日趋健全，安全合规成为促进数据价值有效释放的前提，隐私计算正成为破解数据保护与流通两难的重要技术力量。隐私计算将在生物计算、金融分析和数据交易等场景出现典型应用。隐私计算需求将迅速增长。数据往往以孤岛的形式分散于不同的机构，隐私计算因能在保护数据隐私的同时打破数据孤岛，释放数据价值而被广泛关注。高德纳预计到 2025 年，60% 的大型企业机构将使用一种或多种隐私增强计算技术。全域隐私计算将成为安全领域的基石性技术。随着专用芯片、加密算法、白盒化、数据信托等技术融合发展，有望在不影响保密性或隐私的情况下安全地共享、汇集和分析数据，共同推动隐私计算的全域化、安全化和共享化，为数字时代保驾护航。隐私计算将在多种场景中得到应用。伴随着隐私计算技术性能提升，技术与合规标准互促共进，多方协同提升技术公信力，隐私计算技术将吸引更多数据拥有方共建共享可持续发展的跨行业数据流通生态及商业模式，共同促进垂直领域以及公共云基础设施领域的技术成熟和产业发展。

即服务（aaS）流程和智能产品兴起。未来 IT 行业最明显的发展之一将是通过线控技术（即自包含系统、软件定义功能、人工智能辅助基于云的控制系统、数据驱动决策）扩大技术交付，即服务业务模式将推动线控技术（Tech-by-Wire）的发展将促使未来五年，全球 G500 中以技术为中心的组织数量翻倍。[①] 他们越来越重视增加即服务（aaS）要素，如增强客户体验和向数字化增强型物理和虚拟产品智能流程自动化，促进 IT 行业实现降低成本、数字化韧性提升、更快地大规模使用创新技术、系统简化和减少技术债务。随着转向更标准化的控制平面型 aaS 产品，以及人工智能和自动化的更多使用，安全、数据和关键行业特定知识和流程提供商将能够以一种易于消费的方式将高价值专家的成本和知识库经济地传播给更多的客户。

---

① IDC.

（三）数字贸易带动新一轮国际经贸规则秩序塑造

数字贸易是新一轮经济全球化的重要驱动力量，数字经贸规则的制定和签署已成为各方核心关切。2011—2020 年数字服务贸易、服务贸易、货物贸易的复合增长率分别是 5.4%、2.3%、1.4%，数字服务贸易增速显著高于服务和货物贸易，在服务业中的占比不断扩大。2012 年以来，超过 90% 服务贸易协定中包含数字贸易条款或专章；2019 年以来，部分国家签署数字经济和贸易合作专门协定，数字经贸协定数量超过服务贸易协定，截至 2021 年底，共 119 个国际经贸协定中包含数字相关规则，覆盖全球 110 个国家。

数字经贸规则体系内涵外延不断丰富。近年来，全球数字经济创新活跃，外贸新模式新业态不断涌现，推动数字经贸规则的边界范围、核心目标和协定形式演进变化。目标来看，从保障跨境电商起步、降低数字贸易壁垒，向促进数字经济更高质量、更可持续发展转变；范围来看，从传统贸易数字化向数字经济全领域拓展，议题从边境规则向边境后的监管、发展政策延伸；形式来看，从单独条款、专门章节到专门协定，签署周期更短、形式更灵活。

数字经贸规则在协调融合中不断演进。各国出于不同的产业利益和监管需求，对于数字经贸规则的立场存在分歧，相关规则呈现碎片化趋势。近年来，各国围绕相关规则在区域协定和国际组织框架下持续交流，从分歧开始尝试走向借鉴、融合。如贸易便利化规则向全流程数字化方向升级；市场准入目标更加多元、体系更加灵活；跨境数据流动规则形成部分共识，中国积极推动与国际接轨；全球数字税制度初步解决如何征税、征多少税两大关键问题；涉及人工智能、金融科技、数据创新等新技术应用发展的新兴规则正逐步形成。

全球数字经贸规则重塑窗口期机遇挑战并存。随着数字经济和数字贸易的迅猛发展，如何更好兼顾发展与安全、效率和公平，在真正的多边机制下协调各方，更好地应对前沿数字领域的挑战，将是未来全球数字经贸规则发展的重要方向。各方需进一步促进包容性增长，推动弥合数字鸿沟，解决数字经贸发展不平衡的突出问题；坚持多边数字经贸体系，推动机制更加开放，发挥多边主义关键作用；提升议题前瞻性，深化新兴技术规则合作，共同推动填补新兴技术和应用带来的数字经贸规则空白。

（四）数字治理变革推动国际治理体系和治理能力现代化

在治理体系方面，数字经济发展对政府监管体系以及国际治理体系带来诸多挑战。未来 10 年将是全球治理体系深刻重塑的 10 年。二十国集团将“数字治理框架”分为两个主要部分：一是促进互联互通，二是建立全球治理制度和规范。联合国贸易和发展会议称，当前，数据驱动的数字经济表现出极大不平衡，呼吁采取新的全球数据治理框架，以应对全球数据治理的挑战。数字治理体系构建已然提上日程。①

数据治理成为国家治理核心议题。数字化已成为国家治理现代化的基础，数据治理将在国家治理现代化过程中发挥更加关键的作用。新冠肺炎疫情期间，中国运营商数据在疫情防控和复工复产过程中起到了重要作用，健康码、行程卡成为每位市民的标配，极大地提升了政府的治理效率。

数据治理成为国际竞合优先议题。国际竞争是综合国力的较量，依赖于科学技术、专业人才以及各类资源。随着数字经济成为各国经济增长的加速器和新引擎，数据逐渐被各国作为战略性资源储备，对发展数字经济的核心资源—数据的治理逐渐浮上台面，数据治理能力将成为国际竞争与合作中衡量一国竞争力的关键指标。

数据治理参与主体更加广泛均衡。企业是早期数据治理最主要的参与主体，随着数据问题逐渐受到更多关注、数据利益涉及范围不断扩大，数据治理的参与主体也变得更加广泛，政府、国际组织、行业组织、企业和个人等参与和贡献程度也将趋于均衡。特别是随着全社会数据权利意识的高涨，个人的作用越发凸显。

数据治理政府企业协同快速深化。政企协同是实现数据治理的重要推动力，一方面，企业向政府报送的数据，能够支持政府部门更好地发挥经济社会治理的职能。另一方面，政府所掌握的公共数据，又可以通过向企业等进行开放，从而挖掘和创造出更大的价值。我国政企数据协作将进一步走向深入化、法治化、多赢化。

数据治理将更加场景化和智能化。经济社会发展越来越多依赖于数据，

---

① 《2021 年数字经济报告》。

数据治理的重要性不断显现。同时，外部环境和具体应用场景也在直接或间接地反作用于数据治理，两者间相互作用将影响数据治理往更加场景化和智能化的方向发展。

数据治理带来组织机构重大变革。组织机构围绕数据进行变革已成为这个时代的重要特征，各国大数据局、大数据中心等机构纷纷设立，以及首席数据官等制度的推行是最鲜明的体现。政府组织、工业组织和商业组织等均将依托于信息技术或围绕数据对组织职能或业务进行升级或革新以提质增效。

数据治理将会催生新的商业模式。互联网从学术研究走向民用、商用，“免费”和“开源”一直是其发展壮大过程中的鲜明特征，经过长期的探索和实践，主要形成了广告、增值服务、实物/虚拟商品售卖、平台佣金、金融服务等盈利模式。用户及其数据在这些盈利模式中扮演了关键角色，也将推进模式不断革新。

数据治理推动智慧社会更快到来。建设智慧社会是建设创新型国家的重要一环，是满足人民日益增长的美好生活需要的重要基础。智慧社会内涵丰富、覆盖面广，是一项复杂的系统工程。随着数字政府、数字经济和数字社会等发展，数字化对社会产生了积极影响，数据治理将推动智慧社会更快到来。

数据治理推动数据要素市场化配置加速。各国数据相关立法进一步完善，普遍用以明确政府数据资源、社会数据资源的开发方式。社区服务、健康、气象等数据资源将率先建立开发模型。各国政府维护数字生态开放、健康、安全的能力进一步增强；建立在数字技术基础上的治理科技走向成熟，能够实现数字空间公开、公平、公正的城市，将获得更多发展机遇。

参考文献

[1] 中国信息通信研究院《全球数字经济白皮书（2022 年）》

[2] 智研咨询《2022－2028 年中国数字经济行业市场发展调研及投资前景展望报告》

[3] 李勇坚，刘奕．全球数字经济平台反垄断：现状、趋势及启示［J］．全球化，2022(02)：59－71＋134.

[4] IBM《2022 年数据泄露成本报告》

[5] 谷歌、淡马锡控股、贝恩《2022 年东南亚数字经济报告》
[6] 联合国贸发会议《2021 年数字经济报告》
[7] 中国电子信息产业发展研究院《2022 全球数字经济发展水平评估》
[8] 大数据战略重点实验室《大数据蓝皮书：中国大数据发展报告 NO. 6》
[9] 国家工业信息安全发展研究中心《2022 年数字经济形势研判》
[10] 中国信息通信研究院《全球数字经贸规则年度观察报告 2022》
[11] 中国电子信息产业发展研究院《2022 年中国数字经济发展现状与趋势》
[12] 国务院发展研究中心对外经济研究部、中国信息通信研究院《数字贸易发展与合作报告 2022》
[13] 中国信息通信研究院《企业数字化转型发展双象限》
[14] 中国产业调研网《2022 – 2028 年中国数字经济行业深度调研与发展趋势预测》
[15] 前瞻产业研究院《2021 – 2022 年全球数据中心市场研究报告》
[16] 普华永道、麦肯锡《2022 年中国数字经济创新六大趋势》报告
[17] 张鹏飞．全球区域数字贸易协定的新共识、影响及中国应对［J］．科学发展，2022（09）：56 – 64.
[18] 戴翔，李亚．数字技术、全球价值链重构与中国开放战略调整［J］．治理现代化研究，2022，38（05）：31 – 40.
[19] 杨继军，艾玮炜，范兆娟．数字经济赋能全球产业链供应链分工的场景、治理与应对［J］．经济学家，2022（09）：49 – 58.
[20] 梁昊光，焦思盈．RCEP 框架下数字经济合作与区域经济治理研究［J］．国际经济合作，2022（04）：4 – 13 + 92.
[21] 程海烨．拜登政府的数字合作战略：意图、行动与限度［J］．世界经济与政治论坛，2022（04）：22 – 43.
[22] 朱兆一，陈欣．美国“数字霸权”语境下的中美欧“数字博弈”分析［J］．国际论坛，2022，24（03）：55 – 71 + 156 – 157.
[23] 李西林，张谋明，游佳慧．美国数字经济发展回顾与展望［J］．服务外包，2022（Z1）：68 – 71.
[24] 郭丰，秦越．欧盟维护数字主权的理念与行动［J］．信息资源管理学报，2022，12（04）：70 – 81.
[25] 刘婧雯．北欧国家数字化转型现状与区域合作问题研究［D］．华东师范大学，2022.
[26] 李西林，游佳慧，张谋明．日本数字经济：回顾与展望［J］．服务外包，2022

(05)：42 - 46.

[27] 杨继军，艾玮炜，范兆娟. 数字经济赋能全球产业链供应链分工的场景、治理与应对 [J]. 经济学家，2022 (09)：49 - 58.

[28] 王栋，高丹. 数字全球化与中美战略竞争 [J]. 当代美国评论，2022，6 (02)：25 - 43 + 123.

[29] 徐康宁. 数字经济重塑世界经济与全球竞争格局 [J]. 江苏行政学院学报，2022 (03)：46 - 53.

[30] 佟家栋，张千. 数字经济内涵及其对未来经济发展的超常贡献 [J]. 南开学报（哲学社会科学版），2022 (03)：19 - 33.

第二章　全球化城市数字经济政策和实践

在疫情大流行的冲击下，全球经济遭遇重挫，几乎所有经济体的贸易额都出现两位数的下降，各国的城市和企业越来越意识到数字经济的作用，数字经济已经成为全球经济发展的重要驱动力量。在这样一个充满不确定性的社会中，探讨世界各大城市在数字经济基础设施、产业、人才、创新等方面的表现和特色，对全球城市推动数字经济发展具有非常强的实践意义。

本章遴选出全球数字经济发展有特色的城市，侧重反映各城市数字经济发展政策、数字产业化、产业数字化、数字化治理以及数字经济国际影响力等情况，突出各城市发展数字经济的特色之处，促进全球数字经济国际交流与合作。

基于自身发展特色，国际篇选取纽约、伦敦、东京和新加坡四个城市进行介绍。纽约数字经济规模全球第一，是全球数字经济发展的领导者；伦敦是公认的欧洲科技之都，在数字技术和人工智能领域的产业发展和技术创新方面均处在引领地位；东京是亚洲地区数字经济城市竞争力排名第一的城市，其数字创新竞争力得分仅次于美国；新加坡发展数字经济起步早，是最有前瞻性的国家之一，落实和签署了全球首个数字经济协议《数字经济伙伴关系协定》（DEPA），为全球数字经济制度提供了模板。国内篇选取北京、广州、杭州和成都，主要基于城市自身排名、城市群排名、城市自身发展特色三方面考虑。从城市排名看，四个城市代表国内数字经济最高水平。从城市群角度看，京津冀、长三角、粤港澳大湾区、川渝城市群保持领先，代表了中国数字经济最高水平区域。从城市自身特色看，北京数字经济各领域发展强劲，实力雄厚；广州数产融合应用特色突出；杭州提出建设中国数字经济第一城；

成都产业数字化集群优势明显。

2.1 纽约："全球创新之都"助力数字经济发展

美国多年来积极发展数字新兴产业，培育其数字企业的创新能力，在全球范围内构建数字贸易规则，是全球数字经济发展的领导者。在数字城市建设方面，美国注重顶层设计，在城市数据开放、算法赋能、物联网技术应用、基础设施智能化建设等方面形成了一系列前瞻性实践，纽约就是其中的典型代表。

（一）纽约的智慧城市转型之路

1. 金融危机背景下重谋城市发展

在全球创新之都的发展进程中，纽约城市转型的卓越成就一向令人瞩目。自上世纪 90 年代启动数个城市信息化和智能化项目以来，纽约推动城市转型升级的步伐从未停歇。特别是在 2008 年金融危机之后，以华尔街为代表的资本驱动型经济遭受重创，纽约强烈意识到经济基础多元化的必要性。在此背景下，纽约开始重新谋划城市发展战略，决定把握信息、数据、物联网等新兴技术带来的机遇，由过去依赖金融资本驱动转型为以科技创新驱动智能化的城市发展。

与此同时，作为一个典型的超大型城市，纽约虽然坐拥多元经济、文化、社会力量共同创造的惊人发展成就，但同时也面临高昂的生活成本、悬殊的收入差距、大量贫困与流浪人群、基础设施老化、环境污染等城市化难题。为此，纽约市政府于2015 年公布了《一个纽约：繁荣而公平的城市发展规划》（One NYC：the Plan for a Strong and Just City），提出新的发展愿景——增长（Growth）、平等（Equality）、可持续（Sustainability）、弹性（Resilience），并将建设智慧城市作为实现愿景的主要路径和手段。MOTI 主张将智能数字技术优先应用于民生和公共服务领域，以弥合城市中的"数字鸿沟"，改善市民生活质量，减少城市运行资源消耗，并为不同文化、种族、身份、行为习惯的城市人群输出公平、普惠、包容的城市服务。

2. 建设“智能城市＋公平城市”的智慧转型战略

纽约市政府开展了四个方面的行动：（1）制定各类联网设备及物联网设施的构建原则及战略框架；（2）在全市范围内的新型技术及物联网设施布设行动中承担好协调责任；（3）与学术机构、私人企业等合作，开展科技创新试点工程；（4）与世界上其他大都市政府、相关组织合作，分享先进的实践经验、传播技术进步的有益影响[1]。

就具体建设成就而言，以 NYC311（全球最大最全的市政客户服务平台）为代表的城市运行基础设施已实现了为全体市民提供多国语言、多群体（视觉听觉障碍等）、多渠道（社交媒体、热线、网站等）、全天候响应的公共服务；以 LinkNYC 为代表的免费高速无线网络已建成为全世界最大和最快的城市 Wi-Fi 基础设施，让市民人人都有机会获得网络连接；自动决策系统（ADS）、智慧灯杆等项目的实施，则意在积极探索未来城市的普惠发展之路。在此过程中，纽约还采取多种方式实现公共数据开放和共享，从而持续优化城市数据治理水平与服务创新能力，形成数据驱动智能城市运行的良好循环。上述以“公平”为主要价值追求的城市治理范式与公共服务供给模式，从顶层设计到具体实施都没有唯技术论，而是交融成为一种易被感知的市民获得感，契合智慧城市“以人为本”的丰富内涵。

3. 从科技创新二线城市到全球科技创新中心

除了通过建设智慧城市来解决超大型城市的治理问题，纽约的转型发展还有另一项重要目标，即将自身打造为全球领先的科技创新中心，变资本驱动为智能创新驱动，赋予超大型城市可持续发展的强大新经济动能，建立较完善的智能经济体系，为广大市民创造更多就业机会和收入增长，实现更广泛、可持续的“公平”。

自 2009 年以来，为推动纽约科技创新发展，将纽约打造成为“全球创新之都”（Global Capital of Innovation），纽约市政府出台了一系列科技创新促进计划，主要包括：（1）应用科学计划，旨在吸引全球顶尖的理工科院校来纽约创办大学和科技园，弥补纽约“应用科学”上的短板，培养更多高科技人才；（2）融资激励计划，发挥纽约资本汇聚的优势，通过设立各种类型的种子基金以及贷款基金，为纽约创新创业企业提供资金扶持；（3）设施更新计划，改善纽约城市软硬件基础设施，提高城市便利性和包容性，增强纽约城市科技创新创业的吸引力和竞争力；（4）众创空间计划，致力于激发纽约全市的创新创业活力，鼓励和吸引社会化的创新创业活动，为纽约培育新兴高科技公司[2]。

日益完备的高科技生态系统吸引和集聚了全美 10% 的博士学位获得者、10% 的美国国家科学院院士及近 40 万名科学家和工程师，并成功吸引到谷歌、亚马逊、IBM 等科技巨头企业入驻，每年为纽约提供近 30 万个工作岗位和 300 亿美元的工资收入，仅次于金融业。在此基础上，纽约还特别注重引导互联网应用技术、社交网络、智能手机及移动应用软件领域的创业者将技术与金融、文化、时尚等纽约传统优势产业相结合，挖掘互联网经济的新增长点和新商业模式。

（二）政策创新建设数字纽约

1. 顶层设计绘制纽约全球第一数字城市蓝图

纽约在 2007 年发布了《纽约 2030 规划》（PlaNYC2030），提出实现城市未来可持续发展的十个关键目标，包括土地、水、交通、能源、空气和气候变化等。随后纽约又宣布了全面建设数字城市的综合计划，涉及社会经济、政治、生活等各个方面，根据互联网接入、开放政府、公民参与和数字产业增长等指标，勾勒了将纽约打造成全球第一数字城市的路线图[3]。2015 年，纽约市经济发展局启动了一项市政级加速器项目“Urbantech NYC”，用于投资支持致力于推动城市智慧、宜居、可持续与弹性发展的科技创新与企业家。2019 年，纽约已实现了《纽约 2030 规划》中的 2/3 的目标，同年《纽约 2050 规划》（OneNYC2050）正式出台，描绘了 2050 年纽约的城市愿景，提出为应对城市危机和实现可持续发展，需要从八个方面进行突破：有活力的民主、包容的经济、有活力的社区、健康的生活、公平卓越的教育、宜人的气候、高效的出行与现代化基础设施[4]。城市的长远规划和历任政府对规划的有序落实，为纽约数字经济的稳健长效发展奠定了基础。

2. 数据开放推动城市智慧化发展

纽约于 2012 年 2 月 29 日正式通过《开放数据法案》，这是美国历史上首次将政府数据大规模开放纳入立法；2013 年纽约提出“数据驱动”的城市服务目标。《开放数据法案》要求，除了涉及安全和隐私的数据以外，纽约政府及分支机构所拥有的数据必须对公众开放。市民们使用这些信息不需要经过任何注册、审批等烦琐的程序，使用数据也不受限制。该法案允许市民从市政机构获取数据信息，包括 1600 个开放数据集，涵盖了犯罪统计数据和用电量、中小学教学评估等历史数据，也包括地铁公交的实时动态运行数据，甚至纽约每条街道的绿化树信息。纽约通过《开放数据法案》，初步建立起一个基于城市社会运行数据的“生态系统”——政府负责建设和维护数据开放平台，市民、企业和公共组织对社会运行场景进行不断创造、深度挖掘，推动城市智慧化向更高层次发展。目前纽约基于政府开放数据设计和开发的城市服务 app 应用已达 21 款，涉及交通、犯罪、健康、应急等领域[5]。

（三）纽约利用数字技术推动发展

1. 算法赋能城市社会治理

纽约是全球率先推进算法赋能城市社会治理的城市之一，其实施路径、经验以及遭遇的问题正在成为人工智能时代全球城市发展的样板。在纽约，在公共校车的路线规划、房屋质量检测、再犯罪风险预估，儿童福利制度、预测性警务等诸多领域，政府部门逐渐使用并依赖算法的自动化决策。算法成为公共资源分配与社会治理主角，切实地影响着近 900 万纽约市民的日常生活[6]。2017 年 12 月，纽约市议会通过了第一部针对人工智能监管的《政府部门自动决策系统法案》（Auto Decision System Task Force Law），要求成立包括自动化决策系统专家和受自动化决策系统影响的公民组织代表在内的工作组，对市政机构运用自动决策算法的公平性、问责性和透明度等进行监督，由此开启了算法治理外部问责与控制的实践模式。

2. 金融科技成为新高地

作为世界上最大的纽约证券交易所（NYSE）的所在地，纽约是真正的全球金融中心，总部位于此地的领先风险投资公司正积极投资种子和早期科技企业、电子商务、企业软件、金融科技、云计算等。纽约金融科技行业规模全美最大，拥有约 600 家此类公司，且该行业正在快速增长。过去五年，其增速是硅谷的 2 倍。金融机构正积极寻求数字化转型，纽约通过获取资金和人才，启动一系列创新项目来促进金融科技发展。金融科技创新实验室（Fintech Innovation Lab）是全球首屈一指的加速器项目，由纽约市合作基金和埃森哲共同创立纽约金融科技创新实验室（Fintech Innovation Lab New York）成立于 2010 年，是一个为期 12 周、竞争激烈的项目。该项目在全球领先的金融机构和风险投资公司的支持下，促进处于早期到成长阶段的科技初创企业，目前已筹集 16 亿美元的资金，创造了 1300 多个工作岗位。2021 年纽约金融科技创新实验室项目选中 10 家新兴科技公司，利用人工智能、机器学习和高级数据分析等技术，协助金融机构应对持续运营、数字产品开发等挑战。例如，致力于促进金融科技数字化转型的科技公司 Spin Analytics，利用自动化现代建模方法和大数据分析高级科学工具等，提升金融技术项目的竞争优势。

3. 区块链技术助力经济包容性增长

纽约站在不断发展的数字世界的前沿，是为现代商业提供智能解决技术的科技中心。随着新业务、新产品和基础设施的不断完善，纽约的区块链生态系统正在经历爆炸式增长。自 2017 年以来，纽约区块链相关职位招聘增加了 80%；仅在 2018 年，纽约区块链创业公司就获得了超过 5 亿美元的风险投资，比 2017 年增长了 500%。NYCEDC 确保帮助所有纽约人获取这项技术创造的机会，因此制定了区块链战略，期望通过三个举措为纽约经济包容性增长奠定坚实基础，即纽约区块链中心、纽约 BigApps 区块链挑战赛和区块链纽约周（每年一度）。

2019 年 1 月，NYCEDC 宣布在曼哈顿开设纽约区块链中心，该中心由 NYCEDC 和纽约风险投资基金 Future/Perfect Ventures 的附属公司 Future/Perfect Labs 以及全球区块链商业协会（Global Blockchain Business Council）GBBC 实验室共同启动和运营，该中心将为企业家和其他创新者提供共享空间、商业支持和指导。纽约区块链中心还将在五个区提供关于区块链技术的公共教育，帮助居民了解区块链对他们日常生活的潜在影响。NYCEDC 与创新机构 SecondMuse 在“NYC BigApps”的传统基础上合作发起“NYC BigApps 区块链挑战赛”。“NYC BigApps”是 2009 年推出的一系列公开竞赛，是纽约最重要的公民创新挑战，协助培养纽约区块链人才，以开发创新的解决方案，解决紧迫的城市问题。2019 年挑战赛涉及领域包括数字身份、能源、房地产资产管理，获胜者的解决方案分别为：基于区块链的自主数字 MyCity. ID，将改进身份相关信息的验证；虚拟管理实体资产许可证和文件系统，改善数据效率低下的问题；区块链能源奖励平台和本地能源市场软件，帮助电网支持更多数量级的太阳能电池板和电动汽车。

4. 网络安全发展为数字经济保驾护航

广泛的网络安全客户基础、不断增长的人才、领先的学术研究机构以及科技创业生态系统，使纽约在网络安全方面处于全球领先地位，其网络安全行业规模已超过 10 亿美元。随着全球数字经济的迅猛发展，金融、零售、媒体等关键行业也面临着网络攻击的风险，为了推动纽约网络安全行业发展，NYCEDC 启动“Cybcr NYC 网络纽约”计划，即一项 1 亿美元公私投资项目，旨在发展未来网络劳动力、刺激创造 1 万个网络安全工作岗位、催化下一个 10 亿美元的公司、将纽约打造成全球网络安全产业之都。该计划提供各类课程培训，如纽约城市学院网络安全硕士学位、纽约计算机 Fullstack Academy 网络训练营，启动全球网络中心、网络安全登月挑战，从而培养人才，激发创新。2018 年 11 月，纽约市长办公室首席技术官、纽约市网络司令部和纽约市经济发展公司发起网络安全登月挑战（Cyber Moonshot Challenge），鼓励科技公司为中小企业开发测试网络安全解决方案，保护中小企业免受网络攻击，促进经济发展、就业增长。纽约将与以色列耶路撒冷全球风险投资公司 JVP 以及来自日本、新加坡、伦敦、巴黎等的全球伙伴合作，评估最佳提案，选中的提案将获得 JVP 提供的 100 万美元投资。2020 年，NYCEDC 和以色列耶路撒冷全球风险投资公司 JVP 在及曼哈顿 SOHO 社区共同庆祝纽约首个国际网络安全投资中心开幕，该中心将通过为处于成长阶段的初创公司提供客户、投资、商业资源等，协助它们发展成纽约主要网络安全公司。

（四）小结

随着纽约市成为全球科技中心，纽约市连续多年实现经济增长，数字技术在纽约市经济发展中占据越来越重要的地位。典型数字经济行业和独角兽企业发展势头迅猛，极大地推动了纽约市数字经济的发展。为助力数字经济发展，纽约市政府积极明确“全球创新之都”的发展定位，出台一系列科技创新促进计划，大力发展算法、人工智能、大数据、区块链等新一代信息技术，通过制定顶层规划、开放数据、政府数字化升级、维护网络安全等方式，在纽约市数字经济发展中发挥了至关重要的作用。

2.2 伦敦：共创最智慧的城市

伦敦作为全球顶尖的智慧城市，以人和企业为发展核心，通过海量城市数据来提高公共服务水平、发展数字技术和人工智能，升级数字基础设施与城市基础设施等，并取得了卓有成效的进展。

（一）数字化和信息化的智慧城市

2013 年，伦敦政府专门组建了“智慧伦敦委员会”，以伦敦人和伦敦企业为服务对象，以将伦敦打造成世界一流智慧城市为宗旨。智慧城市是未来的发展方向，发展数字经济是迈向繁荣的必经之路。通过升级数字基础设施，提供一个更加充分数字化和信息化的社会政治经济系统。

1. 绘制数字经济蓝图

伦敦高度重视数字经济发展，出台了多项数字产业振兴计划，致力于加强城市管理数据化。2013 年 3 月，伦敦政府推出其第一个数字经济规划《智慧伦敦规划——以新技术创造力来服务伦敦人和伦敦城市》（以下简称《2013 智慧伦敦规划》）。2016 年 3 月，伦敦政府对上一个规划进行了评估和更新，于 2018 年 6 月发布了第二个规划《共建智慧城市——伦敦向世界智慧城市转型的市长路线图》（以下简称《2018 共建智慧城市》）。

《2013 智慧伦敦规划》的目标是建立一个更高效、提供更好的信息化服务的世界级数字城市。该规划的具体目标为：①围绕伦敦人和伦敦企业。②开放数据，公开透明。③激励研究人员和技术人员。④优化伦敦的网络创新生态系统。⑤城市发展顺应数字化潮流。⑥建设伦敦智慧城市。《2018 共建智慧城市》在 2013 年发布的智慧城市规划的基础之上，又进一步推进数字经济发展，围绕五个方面展开：①数字服务侧重考虑以用户设计为导向。②打造城市大数据平台。③智慧城市街道。④发展数字技能和数字领导力。⑤加强伦敦与世界的数字联通。2018 年的伦敦智慧城市规划仍保持 2013 年时的规划初心，即看重用户导向以人为本，致力于推进信息化基础设施建设，打造城市大数据平台。

2. 开放共享的数据库

伦敦政府致力于大力发展城市数据基础设施和数字经济建设，其建立的“伦敦数据仓库”（The London Datastore）是全球最早的数据透明公开的平台之一。该数据库将伦敦各政府部门和各行政区的数据整合和共享，将城市海量数据编织在一个统一平台中。伦敦数据仓库集城市交通、税务、安全、旅游、经济、医疗、社会保障于一体，将相关数据免费向公众公开，且支持搜索和下载功能。伦敦数据仓库开拓了一个更新更大的产品和服务市场，仅交通一类新开发出的软件就超过了 450 个。

伦敦数据仓库可以帮助企业在租赁办公室的时候通过检索办公室数据，来收集相关的价格和租期信息；也可以通过数据库检索学校和培训机构的信息、医院和医疗的相关信息，以及交通拥堵情况等信息。此外，伦敦面板网站（London Dashboard）在开放数据的基础上对数据进行了进一步的可视化处理，使用图表的形式使公众直观地理解数据所反映的情况，譬如可以通过图表看到空气污染度、地铁运行状态、马路拥堵情况等。

3. 引领人工智能发展的欧洲科技之都

伦敦是公认的欧洲科技之都，近年来无论是在数字技术还是人工智能领域的产业发展和技术创新方面都处在引领地位。通常来说互联网巨头所在的地区更容易形成人工智能发展高地，然而特殊的是，伦敦并没有大的互联网公司，却仍在近几年的人工智能领域迅猛崛起。伦敦的人工智能发展主要是基于算力、算法和大数据这三大要素，依靠在算法领域的技术创业模式。伦敦的算法类初创企业在互联网巨头眼中是所谓的“香饽饽”，因为这些伦敦初创企业能为需要大量数据应用场景的公司提供动力源。因此，伦敦是互联网巨头眼中的“香饽饽”，成为全球数字并购行为最为密集的城市。目前伦敦投资增长最快的领域是人工智能和大数据，而相较于其他地区的人工智能和机器学习公司，投资者更倾向于投资伦敦。

除了互联网巨头在伦敦大量布局，很多欧洲基金都在抢占伦敦市场，大量投资人工智能企业。伦敦拥有许多知名大学和学术机构，例如开放数据研究院（Open Data Institute）和英国科学技术及艺术基金会（NESTA）。这些机构的研究水平和学术积淀带领伦敦的人工智能研究走向世界舞台。除此之外，英国拥有非常良好的多学科生态，剑桥大学、牛津大学、伦敦帝国理工学院和伦敦大学的人工智能相关学科在世界上排名领先。

4. 创意产业 + tech（Createch）

在英国政府的呼吁下，伦敦政府大力推进数字经济战略，鼓励将创意产业与数字技术相结合，形成新型的“Createch”产业模式。伦敦的数字经济战略重点从“基础设施建设为重”转向“产业应用为重、产品和技术为重、以人为本为重”。伦敦创意产业在其政府的推进下，整体增长显著，数字融合引领创意产业中的子产业繁荣发展。伦敦政府高度重视知识产权，数字技术一方面带来了创意产业的版权投入；另一方面也扩大了创意产业的行业规模。而创意产业在与数字经济相融合的同时，不仅带动了产业内的结构升级，也促进了不同产业之间的联动发展。在运用虚拟及增强现实、5G 网络、3D 打印等新兴数字技术的同时，也带动了更多其他产业的技术升级和结构升级。

根据创意产业增加值、贸易值和就业率等相关数据分析，伦敦政府的数字经济政策积极促进英国创意产业出现了转型趋势。融合数字技术的创意子产业发展迅速，推动了产业结构优化；数字融合促进了传统产业业态升级和新产业业态增长：“产业 + tech”集群式发展促进了产业布局优化和数字化应用。新型的“Createch”产业模式将创意产业与数字技术相融合并促进了两个行业的升级和发展，是创意与科技的完美结合。

（二）“共创”让伦敦变得更智慧

作为欧洲的金融中心，伦敦从 2013 年发布“智慧伦敦”计划以来，一直深耕于打造智慧城市，并提出 2020 年成为世界上最智慧的城市。为实现这一目标，伦敦发起了一系列名为“Smart London Together”（共创智慧伦敦）的项目，主推以用户为中心的设计、数据共享、互联互通、数字领导力和技能，以及公共服务与私营部门之间的协作等。

1. 市民参与共创智慧伦敦

2018年6月，伦敦市政府提出《共创智慧伦敦路线图》，包括五大发展使命：一是开发更多用户导向型的服务，以数字包容、公民创新、公民平台等促进用户成为智慧伦敦建设的主体；二是针对城市数据使用达成新的协议，设立伦敦数据分析办公室来推动数据开放共享，加强数据权力保护与问责制，以促进对公共数据使用的公众信任；三是打造世界一流的连接性和更智能的街道，启动伦敦互联计划来确保光纤到位、WiFi覆墨和5G集成开发战略的实施；四是增强公众的数字技能和领导力，从早期教育开始就对劳动力的数据分析能力和实际操作能力进行培养，建立数字化人才管道；五是促进全市范围内的合作，在伦敦技术和创新办公室领导下推进跨领域、跨部门、跨城市的合作[7]。为推进智慧伦敦的顺利建设，伦敦市市政厅还设立了一个名为"Trello"的协作平台，以信息报告卡的方式，实时通报和展示《共创智慧伦敦路线图》中涉及的各项任务、工程的进展情况，对每一个时间节点、任务细节、工作内容、未完成的原因等进行全面展示，不仅可以通过开放透明形成对执行部门的督促与监管，同时也以便公众进行查阅和参与。因此，智慧伦敦的建设与发展始终将市民参与的"共创"作为非常重要的因素。

"共创"是智慧伦敦的重要特征，除了在战略设计、组织设计方面的"共创"元素与机制的植入，在公众参与、数据共享、社会创新等方面，伦敦也积极推动了诸多具有创造性的举措。以"Your city，Your say"为口号的Talk London平台就是伦敦市民参与智慧伦敦建设的重要界面。Talk London是一个在线社区，目前已经吸引了57739名伦敦人的加入，主要讨论住房、环境、交通、安全、工作等相关话题，智慧伦敦团队通过收集公众意见，帮助和指导伦敦城市发展的未来规划与决策。

2. 地方政府之间开展协作共享

大伦敦拥有32个地方自治市、40多个NHS信托基金以及多个主要公共服务机构，为900万人提供服务。因此，为解决面向未来的城市发展问题，2019年，大伦敦（行政上包含伦敦金融城与32个伦敦自治市）与伦敦市议会成立了伦敦技术与创新办公室（LOTI），作为33个地方政府之间的协作平台与工具。LOTI 的使命是为公民、社区和企业的利益培养“激进而有效的想法”。LOTI 认为，到 2040 年，伦敦的人口估计将增加 200 万[8]。为满足公民的需求和期望，伦敦的公共服务必须为未来的技术发展做好准备。对智慧伦敦建设而言，LOTI 的实际意义在于通过政府间的横向协作，以共享数据与开放能力的方式，实现智慧城市建设的战略统一、资源集约与创新自主，打造可复制、可复用的未来城市服务与产品。

LOTI 的项目包括：一是数字学徒，以数字学徒模式提升伦敦的数字技能基础，确保所有伦敦人都能从技术就业的增长中受益；二是修复管道，通过 LocalGov 数字平台，为所有项目提供单一的在线资源，打造开放的协作共享平台；三是信息共享框架，通过建立自治市之间安全、道德和安全数据共享的框架，允许创新使用数据来应对我们最大的社会和公共服务挑战；四是开发伦敦数据存储，以提高公民，公共机构和私营部门的信任度、透明度和加强协作。2018 年，大伦敦共有 21 个伦敦自治市签署了本地数字宣言，围绕智慧伦敦路线图的开展达成共识。

LOTI 得到了伦敦首席数字官和 GLA 智能伦敦团队的支持。LOTI 规划的运作模式是必须至少有六个政府行政主体成为理事会核心成员，截至 2019 年 5 月，LOTI 核心成员由 15 个自治市镇组成。LOTI 最初将设立在伦敦市议会，并将通过 GLA 和伦敦议会的拨款资金以及注册为“核心成员”的自治市镇为期三年的会员费进行运作。这些资金主要用于在伦敦市议会内建立一个小型的专门团队，以及能力建设和特殊项目的预算。

对于 LOTI 的决策内容而言，每个工作流程都会考虑三个方面：是否是纯粹的能力建设、是否需要采用已有的项目或资源、是否是全新的创新。LOTI 的设立是通过以“数字优先”的原则，在项目决策、资金使用、流程监管等方面进行跨部门的横向集中，以规避数字化的建设浪费、重复以及提升能力共享协同效应，这正是当下政府和城市数字化在组织建设与机制设计方面的重要变阵策略[9]。

2020 年初，LOTI 启动了一个数字化工具包和交互式仪表板项目，旨在帮助大伦敦的 32 个行政区划协调技术、合同和 IT 能力。其中，“城市工具：伦敦”平台是与伦敦市政咨询服务商 Bloomberg Associates 合作开发的，城市交互式仪表板将成为 LOTI 托管和维护的实时资源，已经绘制了 809 个 IT 系统及其各自的合同，并实时录入了每个行政区的同时段数字技能水平[10]。

（三）小结

伦敦数字经济不断发展和不断演进，日新月异、发展迅速。伦敦数字经济的发展逐渐由“基础设施建设为重点”转向“产业应用为重点”。伦敦政府积极为中小型数字技术企业提供咨询建议以及商务资源和投资机会，大力支持创意产业的结构升级和布局优化，产业升级转型拓展了数字技术就业空间与数字经济价值。同时，伦敦政府强调“共创”发展智慧伦敦，从“产业和技术为核心”转向了“以人为本为核心”，围绕公民，服务公民，积极打造政务云平台和数字化政府，向公众保证政府数据的透明、公开、开放和共享。上述经验对推进我国数字经济发展以及数字技术与创意产业融合发展具有一定的借鉴意义。

2.3　东京：打造“智慧东京”提升城市全球竞争力

高龄少子化、农村偏远地区人口减少等社会问题凸显，为此，日本政府旨在通过推进数字经济发展，推进新一代信息技术与社会生活全面融合，提出了“社会5.0”这一愿景。日本的数字经济发展主要类型之一是通过发展智慧城市来推动数字技术全方位渗透，从而带动政府、社会生活、公共服务实现数字化转型，其主要代表为东京。

（一）政策、技术和人才掀起东京数字化转型的“浪潮”

1. 利用数字化力量的行政管理

2021年9月，日本政府创设“数字厅”，作为民间和官方的数字化指挥塔，由首相直辖。而东京于2021年4月率先设立了东京数字服务局，根据“电波连接东京”、市民公共设施和服务数字化、“城镇DX（数字创新）”和政府数字化的三大支柱采取措施提高东京市民的生活质量。

为了最大限度地利用数字技术优势进行城市数字化转型，数字厅和东京数字服务局发挥作用，激发数字生产潜能。第一，构建了更完善的数字政府。一是充分发挥数字厅和东京数字服务局功能，纠正行政手续冗杂之处，推进政务在线办理，尽早实现全国统一的“一站式”线上办理。尽快以数字科技取代书面行文、盖印确认等传统行政方式，提高国民办理政务的效率和便捷性。二是建立国家和地方政府统一标准化的数字信息管理系统，尽早确定实施计划、国家与地方负担的比例等，给予财政大力支持。重点是建立灾需发生时共享手机 GPS 定位数据的系统，用于灾害救助。三是在确保安全性和个人隐私的前提下，完善“My Number”制度，促进基于“My Number”私人服务的发展。第二，创造了一个利于创新的社会环境。在中小企业导入物联网、大数据、机器人等先进技术，从而实现数字转型，谋求经营创新。对标志性科技突破，如无人机技术，在确保安全的同时，加快制度建设，扩大商业用途。在高附加值产业，激发民间企业的创新思维使其主动投身尖端技术研发。第三，大力培育了数字科技人才。数字变革，人才第一。进行顶层设计，提供财政支持，促进官、产、学、研相互配合，培养广视野、大格局的数字人才。完善面向科技人才的奖励激励制度，建立数字人才库。培育不仅要重视知识和技能，更应重视实践，包括产业发展创新、区域性问题解决等。第四，完善了 5G 基础设施。实现 5G 区域振兴，培育远程医疗、远程教育、新一代移动服务、智能传真、智慧农业、智慧林业和智慧渔业等业态。针对基础薄弱的农村和中小企业，制定 5G 引进计划，在引进流程中提供技术和财政支持。

2. “数字孪生”技术再现城市现实空间

日本东京政府数字服务局推出了“数字孪生”项目网站，它除了能够将河流和城市公交车的实时信息和位置齐加到城市的三维模型上，还可以在浏览器上查看相关重要信息。从技术上说，“数字孪生”再现了现实空间中的各种事件，如建筑、道路、经济活动和人流，就像虚拟空间中的“孪生”一样。它使我们能够了解城市的真实情况，在三维空间进行分析和模拟，并反馈给 AR/VR 设备和机器人。另外，该“数字孪生”网站上的“数字孪生 3D 浏览器”（beta 版）允许用户在东京的三维城市模型上叠加各种数据。例如，支持建设局东京防洪渠上的河流监测摄像机的实时图像、东京的防灾地图和交通局的都市巴士的实时位置信息。

东京政府在数字空间中再现与现实相同的城市并将其用于模拟。2021

年，东京将实时获取的日照、风量、交通状况等数据反映在虚拟空间中，到2030年将在验证其有效性和使用情况的同时促进正式生产。在“东京3D视觉化实证项目”中，研究人员通过“数字孪生”技术制作了西新宿区域、涩谷・六本木区域的3D都市模型，利用这些模型进行了模拟实验，验证了它们在人口流动和防灾减灾等方面的效果[11]，从而推动显示基础设施建设。目前，不少地方都积极探索将城市虚拟化的“数字孪生”应用项目，“数字孪生”技术可以将现实的街景原封不动地再现到VR空间中，相信未来，在“数字孪生”的结构下，借助AR、VR或IoT等技术链接，可以有效联动与整合虚拟和实体两端，在“数字孪生”趋势带动下创造新一波应用热潮。

3. 数字化转型后的“创收的东京”

东京还启动了新设备投资补贴制度，通过数字化转型实现“创收的东京”，具体措施包括：一是以直销为主的经营管理系统的开发。疫情背景下，可以就近购买农产品的直销店很受欢迎，利用这个机会建立一种改善消费服务和增加销售额的新商业模式是一种新挑战。因此，东京开发了一个网络应用程序和安装在店内的摄像设备，让消费者可以通过他们的智能手机实时查看直销店的农产品。二是太阳能利用系统开发。由于环境控制和自动化作业的智慧农业会消耗大量电力，因此降低管理成本且在未通电的农田上实施成为需要解决的问题。为此，一种使用“轻量柔性太阳能电池”的技术应运而生，该技术可以很容易地安装在温室的塑料天花板上，在任何地方都可以实施节能措施和农业数字化转型。三是多品种栽培进度管理系统开发。面向直销的东京农业中，有许多小批量、多品种的种植，有时生产几十种农产品，由于工作程序和材料不同，经营管理极其复杂。因此，技术人员开发了一个考虑到连作障碍的网络应用程序，可以在智能手机上管理每种作物的栽培工作计划，实现有计划和高效的农业工作。四是使用小型计算机开发温室环境控制系统。通风和灌溉对于东京普通小规模温室的多处管理而言是一项艰难的任务，从成本的角度来看，引入昂贵的管理系统也很困难。为此，开发了一种使用小型计算机便可以轻松控制环境的低成本温室侧窗开关装置和灌溉装置。五是限制果树根区种植环境控制系统的开发。在东京，葡萄深受消费者欢迎且利润高，因此成为重要的商品。但由于全球变暖，减轻劳动负担等因素，近年来着色不良等品质下降问题成为需要解决的课题。因此，为了提高葡萄的品质和产量、减少劳动、提高效率，将果树根区限制栽培和自动环境控制技术结合，开发出一种新型的生产系统。六是智能农业技术的经营评价与经营模式的构建。引进智能农业技术，除了要考虑耕种面积、劳动力、技术能力、资金能力等经营环境外，还需要考虑引进技术和成果间的性价比问题。为此，技术人员构建了多种智能农业技术的经营评价和经营模式，并将其作为根据农家多样化经营环境而引入技术的指南。

4. 逐渐庞大的数字人才队伍

2020 年以来，日本政府加快获得精通数字化转型（DX）的人才，给出 1000 万日元（约合人民币 60.44 万元）年薪和灵活的工作方式等前所未有的优厚待遇。受新冠肺炎疫情影响，日本应对数字化迟缓的问题浮出水面，加强充分利用 IT 的公共服务和提高效率成为当务之急。另外，民法企业也在积极招聘有能力的人才，政府和企业有可能发生激烈的人才争夺战。

日本金融厅在 2021 年度把约 1800 种申请全部实现在线化，5～6 人的招聘名额吸引了数百人应聘。金融厅提供高于日本国家公务员平均薪资（每月约 40 万日元，约合人民币 2.42 万元）的收入来吸引高端人才。2021 年 9 月成立的数字厅也以每周工作 3 天等灵活的工作方式为卖点，公开招募职员，正在迅速完善体制，约有 1400 人应聘，达到定员数量的 40 倍。日本内阁府在 2020 年度的经济财政报告中指出，“缺乏数字创新所需的人才”，强调了政府部门确保人才的必要性。日本政府需要推进数字化的领域很多，例如应对线上办公等。把数字技术的进步应用于长期预测和提高业务效率的可能性也在扩大[12]。

与此同时，日本的民营企业也在为获得人才而竞相提升待遇，不少企业给出数千万日元年薪。根据《日经中文网》报道，大型 IT 企业 SCSK 于 2020 年在一部分职位中引进了提供 3000 万日元以上年薪的制度。优衣库针对精通数据分析技术的人才进行社会招聘时，最高给出了 2000 万日元年薪，还将根据能力讨论进一步增加。三菱 UFJ 银行也针对 2022 年春季招聘的部分应届毕业生，引进根据能力决定薪资的机制。而从事数字技术等的专业人才，从大学毕业第一年起，年收入就有可能超过 1000 万日元（约合人民币 60 万元)。三菱 UFJ 银行改革了过去一律 300 万日元（约合人民币 18 万元）左右的薪资体系，抓住此前流向 IT 企业及外资企业的人才[13]。

(二)“三步走”打造“智慧东京”

东京于 2020 年 2 月发布《“智慧东京”实施战略》，面向 2040 年智慧东京的未来愿景提出了城市数字化转型的路径与举措，希望通过战略的实施提升城市乃至整个国家在全球的竞争力。

1. 构建“未来东京”战略

明确顶层设计。在实施战略发布之前，东京政府率先制定了名为“未来东京”的战略构想，构成了东京长期发展规划的基础，指明了东京今后的发展路径。在该战略构想的背景下，东京政府成立了战略政策信息促进本部，作为促进数字化建设的战略部门，是东京开展数字化转型的先头部队和“大脑”。

2. 以聚焦场景来推进战略规划实施

智慧东京所标榜的目标是，通过数字化服务来提高东京市民的生活质量，实现安全、多元、智慧三大城市建设。为此，东京政府提出了“互联东京”“城市数字化”“都厅数字化”三大任务，每个重点任务均基于典型应用场景予以推进[14]。为能够真正实现相关场景，东京政府还提出了相关的技术路径和具体的执行举措，并配套专项资金支持。例如，2020 年，东京直接支持智慧东京战略实施的专项预算就达到 158 亿日元（折合 9. 6 亿元人民币）。

3. 国家和地方层面提供相应保障

为顺利推进智慧东京落地实施，东京政府采取了以下主要保障措施。一是充分给予企业施展空间，以企业为依托，提出创新构想、创新技术与经验，以“公私合营”的模式推进相关创新成果的可持续孵化。另外，定期回顾和评价相关举措和试点项目，根据反馈情况进行动态更新和优化，保障各类措施和项目柔性调整。二是提供保障相应的人才支撑，具体体现为东京政府设立专业顾问、雇用数字化转型相关的科长，以及增加录用 ICT 领域的相关人才。与此同时，组成各类小分队，队员包括行政公务员、ICT 技术公务员和专业顾问，具体从事相关项目的管理和推进。三是提供相应的资金保障。东京设立了一个资金规模为 500 亿日元（35 亿元人民币）左右的“智慧东京促进基金”，并配套建立了财政投入与建设专项保障机制。四是强化配套措施，为无人驾驶、无人机飞行等世界领先水准的新技术配套具有前瞻性的管理制度。

（三）小结

东京是全球经济最发达的城市之一，近年来东京政府大力支持数字化转型，2017 年东京公布了《东京都 ICT 战略》，对教育、医疗、旅游、政府行政等多个领域提出了 ICT 的应用方案。2020 年 2 月又发布了《“智慧东京”实施战略》，面向 2040 年的智慧东京，基于典型应用场景予以推进“互联东京”“城市数字化”“都厅数字化”三大任务，提出通过数字化行政管理、“数字孪生”技术和人才战略的实施提升城市乃至整个国家在全球的竞争力，为顺利推进智慧东京落地实施，东京政府和地方互相提供保障措施，大幅提高了东京政府的服务质量，促进了经济社会形态的数字化转型，为全球城市数字化发展提供了可靠的样板。

2. 4 新加坡：数字经济国际合作的先驱者

长期以来，新加坡持续绘就以数字技术、信息化为引领的智慧国家宏伟蓝图，不断加强统筹谋划和顶层设计，加大政策布局力度。随着数字经济在全球迅速崛起，新加坡凭借其较好的基础在数字经济发展方面取得了较为亮眼的成绩。

（一）从“智慧城市”到“智慧国家”

1. 新加坡力争建设成为全球第一个智慧国家

早在 2006 年，新加坡就推出了“智能城市 2015”（iN2015）10 年发展蓝图，目标是把新加坡建设成为由资讯通信驱动的智能化国家和全球化都市。不难看出，这个阶段的政策重点是信息通信基础设施建设，包括加强宽带网络建设、扩大无线网络（WiFi）覆盖面、提升居民家庭宽带普及率和手机普及率等，并在此基础上将信息通信技术应用于个人、企业和政府各个领域，促进数字技术创新和应用深化。2014 年，“智能城市 2015” 建设任务提前完成，“智慧国家 2025”（iN2025）10 年计划正式开启。“智慧国家 2025” 是“智能城市 2015” 的升级版，致力于把新加坡建设成为全球第一个智慧国家。[15]与“智能城市 2015” 由交通和信息部下属的资讯通信发展管理局（IDA）组织实施不同，“智慧国家 2025” 由总理办公室直接领导的智慧国家和数字政府办公室（SNDGO）统筹实施，可见政府的重视程度之高。

2. “智慧国家” 内涵不断丰富

根据 SNDGO 于 2018 年 11 月更新的《智慧国家：前进之路》，智慧国家战略将数字经济、数字政府和数字社会作为三大关键支柱，并制定了相应的《数字经济行动框架》《数字政府蓝图》《数字就绪度蓝图》。其中，《数字经济行动框架》由资讯通信媒体发展局（IMDA）发布。该行动框架确立了发展数字经济的三项优先策略：一是推进产业数字化，加快现有产业的数字化进程；二是完成生态系统整合，通过培育新的数字赋能生态系统增强新加坡竞争力；三是加快数字产业化，将发展下一代数字产业作为增长引擎。四项驱动因素包括人才、研究和创新、政策规范和标准、物理和数字基础设施。其他数字经济相关政策还包括 2018 年 11 月推出的《服务与数字经济蓝图》、2019 年 11 月发布的《国家人工智能战略》等，这些政策文件协同配合，不仅为新加坡数字经济发展提供方向性指引，还部署了一系列可落地实施的工程和项目，为实现智慧国家目标提供了关键支撑。

3. 新加坡数字经济发展生态优越

新加坡发展数字经济有着独特的优势。作为全球创业创新中心，新加坡不断吸引着各种资本和人才进入，众多国际型数字企业将区域总部设在这里。再加上多年来力推智慧国家战略，新加坡数字经济发展生态优越，进一步助力于数字经济蓬勃发展。上海社科院发布的《全球数字经济竞争力发展报告（2020）》显示，美国、新加坡和中国居全球数字经济竞争力前三位。在其他与数字经济相关的多项国际排名中，新加坡均位居前列。比如，在 2021 年 10 月瑞士洛桑国际管理发展学院和新加坡科技设计大学发布的智慧城市指数排名中，新加坡在 118 个城市中居第一位。在罗兰贝格发布的 2021 年数字包容性指数排名中，新加坡在 82 个国家中排名第一。在毕马威发布的 2021 年全球领先技术创新中心（除硅谷/旧金山外）排名中，新加坡连续两年领先于纽约、特拉维夫、北京和伦敦等其他城市，列第一位。新冠肺炎疫情防控常态化背景下，新加坡数字经济发展持续保持韧性。淡马锡、谷歌、贝恩联合发布的《2021 年东南亚数字经济报告》显示，2021 年新加坡互联网经济的总商品价值（GMV）达到 150 亿美元，较 2020 年增长 35%，预计到 2025 年将增长到 270 亿美元，年均增长率达到 16%。

（二）"五驾马车"拉动数字经济发展

新加坡多措并举发展数字经济，从数字产业化、产业数字化和数字经济治理三个方面发力。具体来看，注重推进以人工智能为代表的数字产业发展，深化中小企业数字化转型，并依托金融中心优势积极发展数字金融，在数字经济治理方面更加强调发展电子政务和数字经济国际合作。

1. 推进以人工智能为代表的数字产业

新加坡把人工智能作为实现智慧国家目标的重要抓手，加强创新研发，力争建立一个充满活力的 AI 生态系统。埃森哲发布的《AI 如何助力推进产业变革和创新》指出，若采纳人工智能技术，到 2035 年新加坡的经济增长率将达到 5.4%，较 2017 年提升近 1 倍。新加坡高度重视人工智能的研发和应用。2017 年 5 月，新加坡国家研究基金会（NRF）推出《国家人工智能核心计划》（AI. SG），重点提升人工智能实力。在接下来的 5 年中，新加坡将向 AI. SG 投入高达 1.5 亿新元的资金，力争将 AI 研究机构、AI 创业公司及研发 AI 相关产品的公司汇集到一起，共同增加知识储备，创造先进研究工具，并且培养科技人才，增强 AI 产业实力。就具体目标而言，通过发展人工智能来解决社会和工业所面临的重大挑战，抓住下一波科技创新的机遇，强化工业对人工智能及机器学习的采纳和使用。

2019 年 10 月，新加坡成立国家人工智能办公室，隶属于新加坡智慧国家和数字政府办公室。该办公室旨在确保新加坡 2030 年前成为开发和部署人工智能解决方案的领导者。11 月，新加坡制定了为期 11 年的国家级人工智能战略，政府拨款 5 亿新元，计划在 2030 年之前，实施智能货运计划、土地管理计划、慢性病的预测与管理计划、个性化教育计划、边境通关计划等五大计划。2021 年 11 月，在之前 5 亿新元的基础上，新加坡政府将额外再拨款 1.8 亿新元，用以加速基础研究和人工智能技术转化。下一步，新加坡将主推两个项目：一个是国家金融人工智能计划，打造用于防范金融风险的人工智能平台；另一个是在公共部门推行人工智能方案，旨在提升公共服务水平。

2. 深化中小企业数字化转型

在新加坡，几乎所有的企业都为中小型，吸纳了全国 2/3 的劳动力，贡献了新加坡一半的 GDP。但新加坡的官方调查数据显示，95% 的中小企业仍未雇用掌握信息与计算机技术的专业人员，企业数字化程度仍然较低。[16] 为此，新加坡政府将推进中小企业数字化转型列入重点议程。2017 年 4 月，新加坡推出“中小企业数字化”（SMEs Go Digital）计划，重点为中小企业制定特定行业的数字化路线图，根据中小企业所处的不同发展阶段指导其利用数字技术。为保障计划的顺利实施，新加坡资讯通信媒体发展局（IMDA）联合全国职工总会、企业发展局、未来技能局、劳动力开发局等开展了一项为期三年、为中小企业提供内部专家的试点项目。

2019 年 1 月，IMDA 联合企业发展局推出了针对中小企业的 Start Digital 计划。该计划提供了五类企业基础数字化解决方案，分别是会计、数字协作、数字营销、数字交易和网络安全。新成立的中小企业可选取两类基础数字化解决方案，但必须承诺参与该计划的时间至少有 18 个月，可申请免除前 6 个月的费用。此外，新加坡还推出了全国电子发票网络、数据保护信任标志两项国家级计划。2021 年初，受新冠肺炎疫情影响，新加坡拓展了 Start Digital 计划，更新了数字协作、数字营销和数字交易等基础数字化解决方案。例如，数字协作方面，企业员工可借助软件更方便地进行远程办公。

3. 强化数字金融发展

新加坡作为东南亚地区金融行业最发达的国家，眼下正凭借自身优势，不断推进数字金融发展。新加坡对于跨境转账、货币汇兑等有着天然的需求，自 2016 年起就制定了“监管沙盒”制度，建立“金融科技创新实验室”等，为新加坡发展数字金融提供了宽松的政策环境。新加坡发展数字金融主要有两个着力点，即数字货币和数字银行。

数字货币方面，新加坡已成为数字货币交易所及区块链项目的注册集中地，量子链、唯链等知名项目的基金会均在新加坡注册。新加坡金融管理局（MAS）也不断在央行数字货币领域进行探索。2016 年新加坡当局就推出 Ubin 计划，验证使用代币化的新加坡元（SGD）进行银行间支付和分布式账本结算的技术可行性，是全球最早研究、探索和实践分布式账本技术的监管机构。随后的几年，新加坡在确保不阻碍创新的基础上进一步加强监管机构。如新加坡金融管理局发布《数字代币发行指引》、“对数字货币交易所和首次代币发行（ICO）发行商的警告”等。2021 年 6 月，新加坡金融管理局与国际货币基金组织、世界银行、亚洲开发银行等组织合作发起了全球央行数字货币（CBDC）合作与发展挑战赛，以寻求创新的零售型 CBDC 解决方案。11 月，新加坡金融管理局推出了零售央行数字货币计划，强调零售型 CBDC 的潜在应用空间，包括数字支付、普惠金融等。

数字银行方面，随着科技的进步，诸多金融科技机构出现，新加坡使用网络银行服务的用户较多，促使新加坡银行业也迎来了转型的重要时刻。新加坡金融管理局于 2019 年 6 月表示，将颁发 5 张数字银行执照，包括两张“完全数字银行”（Digital Full Bank，DFB）拍照和三张“数字批发银行”（Digital Wholesale Bank，DWB）牌照，后者专门针对新加坡中小企业和其他非零售领域。截至 2019 年底，新加坡金管局收到了 21 份数字银行牌照申请。2020 年 12 月，新加坡金融管理局公布了首批获得数字银行资质的 4 家机构名单，其中 Grab 与新加坡电信公司组成的财团、Sea 旗下全资总公司获得完全数字银行牌照；绿地金融牵头的财团和蚂蚁集团全资子公司获得数字批发银行牌照。这次数字银行牌照发放范围扩展到了非银行参与者，以确保新加坡在金融科技领域的竞争力和活力，进一步稳固新加坡金融中心的地位。

4. 优先发力电子政务

新加坡电子政务发展较早，从 20 世纪 80 年代就开始着手布局。2000 年以来，新加坡陆续推出电子政务计划一期（e-Government Action Plan I）、电子政务计划二期（e-Govemment Action Plan Ⅱ）、《iGov2010 愿景》、《电子政务 2015 总体规划》等，并启动“智慧国家”（Smart Nation）工程，智慧国家和数字政府办公室推动建立全国性数据连接、收集、分析的操作系统，并通过对大数据的处理和分析，准确了解公民需求变化，优化公共服务供给，使公民享受到更加及时和优质的公共服务[17]。

2018 年 6 月，为进一步推进“智慧国家”建设，新加坡智慧国家和数字政府办公室制定了“数字政府蓝图”。2020 年 12 日，新加坡更新了该蓝图的第二版，指出本着“数字化核心”理念，政府及社会各界认识到“数字化”是载体而非最终目的，最终目的是促进政府改善服务质量，提高效率和社会生产力，并以新的、更好的方式与民众和企业接触，让数字政府为数字经济和数字社会的塑造提供环境和驱动力。如今，新加坡开展了生活新加坡（LifeSG）、国家数字身份、卓越中心（GentEx）、多语种服务等多项增强民众获得感的项目。

5. 积极拓展数字经济国际合作

随着全球数字经济蓬勃发展，数字经济国际规则制定权成为各国争抢的主阵地。以《数字经济伙伴关系协定》（DEPA）为重要标志，新加坡展现了其在数字经济时代积极制定数字经济国际规则的雄心。新加坡联合智利、新西兰制定的《数字经济伙伴关系协定》是全球第一个关于数字经济的重要规则安排，为全球数字经济制度安排提供了模板，2020 年 6 月，以上三方签署 DEPA；2021 年 1 月，DEPA 在新加坡和新西兰生效。2021 年 8 月，DEPA 在智利正式生效。2021 年 11 月，我国也正式申请加入 DEPA。

此外，新加坡为延续 DEPA 的热度，于 2020 年 8 月与澳大利亚以电子方式签署两国数字经济协定；2021 年 12 月，与韩国完成数字经济协定谈判；同月，与英国完成数字经济协定谈判，并于 2022 年 2 月签订了《英国—新加坡数字经济协定》（UKSDEA）。这些协定的签署将进一步推动新加坡与其他国家在数据跨境流动、数字贸易等方面达成共识，让新加坡在数字经济时代更容易开展全球经贸活动，助推新加坡成为全球价值链上的关键一环。

（三）小结

新加坡国家数字化起步较早，每个阶段都出台了明确目标的战略计划，且执行能力较强，这使得新加坡在数字基础建设以及数字治理等方面处于全球领先的地位。在此基础上，新加坡政府积极判断未来数字经济发展方向，制定了到2030年的发展战略，战略贴合当前技术创新趋势，并且新加坡政府积极参与数字经济国际合作，在数字经济时代积极制定数字经济国际规则，强化了新加坡在全球数字经济发展上的话语权。良好的数字经济基础、优质的教育资源、政府的执行力为新加坡进一步发展数字经济提供了良好保障。

2.5 北京：全球数字经济发展新高地

（一）数字经济发展水平全国领先

北京自2021年8月3日发布《关于加快建设全球数字经济标杆城市的实施方案》以来，建设全球数字标杆城市取得显著成效。

一是北京数字经济规模领跑全国。北京市统计局发布数据显示，2021年，北京数字经济增加值规模达到1.6万亿元，按现价计算，比上年增长13.1%，占地区生产总值比重为40.4%[18]，全国领先，是中国数字化发展进程中的产业先行者。

二是北京数字经济核心产业发展势头强劲。作为数字经济产业的重要组成部分，2021年数字经济核心产业实现增加值8918.1亿元，同比增长16.4%，占地区生产总值的比重达到22.1%。其中，互联网和信息技术服务业全年营业收入达到2.2万亿元，继2018年突破万亿规模后，仅用3年时间实现翻番，占全国比重达到25.7%，居各省区市首位[19]。

三是数字技术赋能实体经济，加速传统产业转型升级。2021年，北京数字化效率提升业增加值达到7333.8亿元，同比增长9.3%[20]。以工业互联网为例，截止到2022年3月，北京已上线运行工业互联网标识解析国家顶级节点，建成国家顶级节点指挥运营中心，接入航天云网、中检溯源等43个二级节点，接入企业节点数超2万家，标识注册量已超142亿，标识应用范围辐射北京、天津、河北、山西、内蒙古、辽宁、吉林、黑龙江、山东等9个省（自治区、直辖市），实现了标识解析体系在航空航天、汽车、医疗器械、食品等多个行业应用和规模化发展[21]。

（二）数字经济创新能力持续提升

一是北京科技创新实力强劲。北京是全球十大科技创新中心之一，《2021 年全球创新指数报告》显示，北京在全球科技城市集群中排名第 3，较 2020 年上升 1 位。2021 年北京数字经济核心产业企业发明专利授权量达到 4.3 万件，同比增长 1.2 倍，占全市发明专利授权量比重 54.2%，较 2020 年提高 23.7 个百分点[22]。

二是北京数字经济创新产业集聚。在人工智能领域，北京发展优势突出。截止 2020 年 6 月，北京拥有 AI 企业超过 1500 家，占国内人工智能企业总量 28%，位列全国第一[23]。百度人工智能算法框架、寒武纪芯片等软硬件在全球具有发展优势。此外，国家人工智能创新应用先导区获批建设，国家网络安全产业园入驻企业已近 200 家。在区块链领域，北京企业具有先发优势，未来发展潜力大。北京布局区块链时间较早，已经形成了较好的技术积累和产业基础。2019 年，北京的区块链企业数量达到 189 家，位居全国第一[24]。2021 年度中国产业区块链企业 100 强中，北京数量最多，有 28 家。此外，北京区块链研究机构数量位居全国前列。在互联网产业领域，北京企业综合实力强劲。截止 2022 年 5 月 30 日数据，我国市值前 30 互联网企业中，11 家企业位于北京，培育了美团、京东、百度等头部企业[25]。北京独角兽企业数量位居全国第一，有 91 家，占国内独角兽企业总量 63.3%[26]，其中字节跳动、京东科技等独角兽企业迅速崛起。在电子信息制造领域，头部企业集聚。北京拥有京东方、联想、小米、中芯国际等国内电子信息制造业拥有领军企业，同时，五大电信运营商总部均设立在北京。

三是北京数字技术创新取得新突破。2021 年 1 月，国内首个自主可控区块链平台“长安链”发布，面向大规模节点组网、高交易处理性能、强数据安全隐私等下一代区块链技术需求，融合区块链专用加速芯片硬件和可装配底层软件平台，为构建高性能、高可信、高安全的数字基础设施提供新的解决方案[27]；2021 年 5 月，北京首个超导量子计算云平台正式上线，它将量子算法和量子硬件紧密结合，为量子算法和量子模拟提供真实的物理测试场景，进一步推动实用量子算法和量子模拟的发展，促进量子计算技术走向成熟；2021 年 6 月，我国首个、全球最大的超大规模智能模型“悟道 2.0”在 2021

北京智源大会上正式发布，该模型的参数规模达到1.75万亿，是美国人工智能研究机构OpenAI此前推出的超大模型GPT-3规模的10倍，打破了之前由谷歌预训练模型创造的1.6万亿参数纪录[28]。

（三）新型基础设施建设全国领先

北京正在大力推动落实新型基础设施建设。在新型网络基础设施、数据智能基础设施、生态系统基础设施、科创平台基础设施、智慧应用基础设施，以及可信安全基础设施建设等方面均处于全国领先地位。在新型网络基础设施方面，从5G和车联网看，截止至2022年北京已累计开通5G基站5.64万个，实现五环内室外连续覆盖，万人基站数全国第一，率先实现5G+8K全产业链技术应用贯通[29]；车联网管理政策创新、道路开放里程、产业生态建设全国领先，开放测试道路278条1028公里，安全测试里程突破313万公里[30]。在数据智能基础设施方面，从新型数据中心和区块链服务平台看，北京及周边地区IDC（互联网数据中心）市场规模继续保持快速增长，2020年北京地区IDC市场规模达到269.8亿元，占全国IDC市场的27.1%，居全国主要城市首位[31]；北京“区块链+政务服务”落地140个区块链应用场景，打通了传统数据共享模式较难打通的310余项数据，平均减材料40%，不少场景跑动次数从五六次减少到“最多跑一次”[32]。

（四）数字产业化呈引领性、超前性发展趋势

北京数字产业企业数量、体量庞大。近3年北京数字经济核心产业新设企业年均增加1万家，全市数字经济核心产业规模以上企业8000多家，占全市规模以上企业数量的19%；数字经济大型企业数量持续增长，2021年收入千亿级企业、百亿级企业数量分别达到5家、58家，相较于2018年分别增加了3家、19家[33]。

北京数字产业企业在超前技术的研发布局和产业化推进上具有引领性。北京在其数字经济相关建设规划中强调对于新一代信息技术的超前技术布局与产业化推进，重点推进移动通信、新一代人工智能、量子信息以及集成电路等领域的基础技术或新材料，超前布局6G网络、量子科技、算法创新、区块链，加快生物与信息技术融合突破。在现有数字产业向未来产业的转型

规划中，北京市逐步构建“识别分析—窗口期捕捉—资源统筹—集中突破—场景应用”的技术创新链，赋能相应产业链革新发展，最终形成自主可控、产研一体、软硬协同的新一代数字技术创新体系。

（五）数字融合应用超前发展

北京数字融合应用面广量多，数字融合应用企业数量及高新技术企业数量均稳居全国前位，并在产业数字化与数字化治理方面走在全国前列。

在产业数字化方面，数字融合应用是数字技术应用于新场景的综合体现。北京在数字经济发展政策中强调进一步推动技术面向场景的融合，以场景需求为牵引，突出应用导向和目标需求，将技术链与产业链相对接，引导企业探索新技术、新模式和新业态，推动未来产业加速发展。数据驱动的新一代数字化出行、新型数字化健康服务、智能制造、基于大数据及人工智能的知识生产、数字金融与支持碳中和的数字能源是北京市重点支持的六大数字化未来产业，以期打造我国新兴数字产业孵化引领高地。

在数字化治理方面，数字政府建设不断推进，数字化公共服务水平不断提升。2021 年，北京全面启动智慧城市 2.0 建设，智慧城市的统一服务入口是“京通”“京办”“京智”三个服务平台，其中，“京办”是全市综合办公平台，为各级政务工作人员提供协同办公服务；“京通”是全市统一公众服务平台，面向个人及法人用户；“京智”是全市统一的领导决策指挥应用综合服务平台，旨在汇聚整合全市各级决策服务数据，提升政府决策效能[34]。2021 年市区两级政务服务事项全程网办率分别为 91.9% 和 83.3%[35]。未来北京将继续创新数字公共服务模式，持续打造智慧、高效、共享的城市惠民生服务保障体系。

（六）数字政策环境日益成熟

北京的数字经济政策制定呈现起步早与系统推进两个特征。政策起步时间方面，北京市于 2016 年发布《北京市人民政府关于积极推进“互联网 +”行动的实施意见》，2017 年制定《北京市推进两化深度融合推动制造业与互联网融合发展行动计划》，正式涉及数字经济一词，提出“发挥北京市数字经济服务资源优势”。政策系统推进方面，政策的高低搭配、环环相扣也是北京的主要特征，以总领性文件配套推进性文件是数字经济政策得以顺利执行的保障。

2020 年以来，北京市委、市政府发布多份总领性文件。2020 年 6 月 10 日发布《关于加快培育壮大新业态新模式促进北京经济高质量发展的若干意见》，围绕新基建、新场景、新消费、新开放、新服务分别提出了相关的政策措施，系统推进新业态新模式发展。2020 年 6 月 30 日发布《北京市区块链创新发展行动计划（2020—2022 年）》，提出率先形成区块链赋能经济社会发展的“北京方案”。2021 年 8 月 3 日，发布《北京市关于加快建设全球数字经济标杆城市的实施方案》，计划到 2030 年，引领国际规则和标准制定，数字经济增加值占地区生产总值比重持续提升，建设成为全球数字经济标杆城市。2022 年 6 月 2 日印发《北京市统筹疫情防控和稳定经济增长的实施方案》，提到北京市将制定实施促进数字消费能级提升工作方案，鼓励数字消费行业发展。

2020 年以来，北京市经济和信息化局印发多份配套推进性文件。2020 年 9 月 18 日印发《北京国际大数据交易所设立工作实施方案》，提出北京国际大数据交易所具备五大功能定位。2020 年 9 月 22 日发布《北京市促进数字经济创新发展行动纲要（2020—2022 年）》。2021 年 2 月 18 日发布《数字经济领域“两区”建设工作方案》。2021 年 9 月 18 日发布《关于加快新型基础设施建设支持试点示范推广项目的若干措施》。2021 年 10 月 14 日联合多部门发布《北京市关于促进数字贸易高质量发展的若干措施》。2022 年 5 月 7 日会同相关部门发布《北京市数字经济促进条例（草案）》。2022 年 5 月底正式发布《北京市数字经济全产业链开放发展行动方案》。此外，2021 年 3 月 23 日，北京市大数据工作推进小组发布《北京市“十四五”时期智慧城市发展行动纲要》。

除市委市政府领导层总领性文件的推进，各区人民政府，各相关委、办、局，相关园区管委会也围绕总领性文件配套规划了推进性文件，以确保政策落地。如 2020 年 10 月 15 日，中关村科技园区管理委员会发布《中关村国家自主创新示范区数字经济引领发展行动计划（2020—2022 年）》；2021 年 7 月 9 日，北京市大兴区人民政府办公室发布《大兴区数字经济创新发展三年行动计划（2021—2023 年）》；2022 年 1 月 14 日，北京市丰台区人民政府发布《北京市丰台区数字经济创新发展三年行动计划（2021—2023年）》；2022年1月29日北京市通州区人民政府印发的《北京城市副中心推进数字经济标杆城市建设行动方案（2022—2024年）》。

（七）数字牵引作用辐射全国

北京作为带动区域乃至全国数字经济发展的领航城市，其辐射带动作用主要体现在三方面。

一是对外支持建设城市。以北京市支持雄安新区为例，中关村管委会与雄安新区管委会签署协议，共建雄安新区中关村科技园。该行动是落实《北京市人民政府河北省人民政府关于共同推进河北雄安新区规划建设战略合作协议》部署要求的重要举措。中关村科技园区管理委员会在2017年就已协同组织12家节能环保、智慧城市领域的中关村企业与雄安新区签署了战略合作框架协议，入驻雄安中关村科技产业基地，支持服务雄安新区建设国际一流、绿色、现代、智慧的未来之城[36]。2020年11月，河北雄安新区中关村企业集中办公区成立，该区坐落于雄安新区雄县，首批签约入驻企业均为已在雄安新区注册的中关村企业，截至2021年9月，北京在雄安新区注册成立超千家企业[37]。

二是对外输出高质量数字经济人才。北京市在我国数字经济的发展中发挥着人才牵引作用。在人才牵引方面，北京拥有90多所高校、1000多家科研院所、128家国家重点实验室和近3万家国家高新技术企业[38]，这些组织机构培育并向全国各个城市输送了大量数字经济人才。清华大学经管学院的一项研究表明，北京、南京、广州、芝加哥、波士顿五个城市为数字人才净输出前五的城市。

三是对外输出领先数字技术。在技术牵引方面，科技部火炬中心技术合同交易数据表明，2020年北京市技术合同输出84451项，技术合同输出成交额为6316.2亿元，技术输出成交额外地占比超过70%[39]，三项数据均居全国第一并大幅领先。截止2021年8月底，据北京市科学技术委员会统计，数字领域技术转让占绝对多数，仅电子信息领域技术转让约30000项，超过转让技术项目总数的50%[40]。

（八）小结

北京是全国领先的数字经济城市，积极促进数字技术与实体经济深度融合，打造中国数字经济发展“北京样板”、全球数字经济发展“北京标杆”。北京加快建设全球数字经济标杆城市，取得积极进展。北京数字经济规模庞大，基础设施和支撑体系日益完善，数字技术创新要素不断集聚、创新活力不断释放，数字产业化和产业数字化加速推进，以数字化技术赋能政务服务，政府服务效能显著提升，数字经济配套政策丰富且完备，数字经济示范辐射带动作用显著，对全国数字经济发展具有重要引领作用。

2.6 广州：数产融合引领创新

广州市数字经济发展以数产融合为特色，基于自身工业基础与产业集群优势，以数字经济为驱动经济发展的双引擎之一，努力打造数产融合的全球标杆城市，建设具有国际影响力的数字产业集群。基于已有比较优势，广州市在以下领域处于国内相对领先位置。

（一）开展数据要素市场化配置改革全国先行先试

1. 率先开展数据经纪人试点

广东省在全国率先提出“数据经纪人”制度性创新举措，数据经纪人是在政府的监管下，具备开展数据经纪活动资质的机构[41]。2022 年 5 月 23 日，经广东省政务服务数据管理局批准同意，在广州市政务服务数据管理局支持下，广州市海珠区率先推出全国首批“数据经纪人”名单，分别是广东电网能源投资有限公司、广州金控征信服务有限公司、广州唯品会数据科技有限公司。首批入选的三家“数据经纪人”企业涉及电力、电子商务、金融等领域，拥有丰富的数据资源和运营经验。

试点企业积极发挥在生态协同、数据运营、技术创新、数据安全等多方面的能力优势，深耕上下游产业链合作伙伴，探索数据要素市场多方合作、协同联动的数据经纪业务模式，在短时间内促成了首批项目成功落地，涉及电力、金融、电子商务等重点领域，标志着全国首批数据经纪人试点取得实质性进展。具体来看，广东电网能源投资公司通过将电力设备运行、监测、检修等大数据应用于“电力看制造”“智能制造数据服务”“产业诊断分析服务”等场景，构建用电画像模型，高效解读产业变化、行业变化所带来的机遇与发展。广金征信拉动供需双方为交通、电力、工业互联网、运营商等产业链上下游企业提供金融及数据服务，通过数据撮合充分释放数据价值，提升企业融资效率、降低金融机构风险。唯品会通过搭建链接品牌商与消费者的电子商务平台，基于计算技术的多源数据开放应用，从经营数据理解，经营情况授权应用，打造了品牌赋能数据产品“供应商智数平台”，从行业销售分析、市场反馈、定价指引、细分属性分析四个方面提供数据产品服务[42]。

海珠区在数据经纪人试点工作中走出了自己的特色发展之路，具体经验做法可总结为以下三点。一是制定了“数据经纪人”分类分级标准。根据“数据经纪人”自身基础及业务范围，将“数据经纪人”划分为技术赋能型、数据赋能型、受托行权型三个类别；按照企业数据管理能力成熟度等级、信息安全等级保护等级、企业自有（或实际控制）数据规模等条件，以及相关试点企业数据采集和处理是否符合国家相关安全要求等因素，将“数据经纪人”划分成三个等级[43]。海珠区首创的分类分级标准，进一步明确“试点门槛”，提升试点覆盖度，为专业评估和专家评审提供标准依据，能更具针对性、科学性地筛选“数据经纪人”，为形成可复制、可推广的试点经验打牢基础。二是指导试点企业开展探索工作是试点创新的关键所在，为此珠海区总结了“规定动作”和“自选动作”相搭配的创新做法。一方面，为“数据经纪人”设立“规定动作”，优先在电力、金融、电子商务等社会数据丰富的重点领域进行试点，明确试点工作机制、工作内容、业务范围、业务场景等相关内容，并指导“数据经纪人”配合开展相关调研、检查和评估。另一方面，鼓励“数据经纪人”创新“自选动作”，根据各自领域特色，科学有序地探索数据经纪业务。三是开展数据要素流通探索创新。海珠区注重把握包容与审慎的辩证统一，通过与试点企业签订“信任协议”来兼顾安全可控与创新突破，既为新兴业态活动留出充足空间、避免错失发展机遇，又稳妥审慎监管、避免造成严重后果。未来，海珠区将探索引入“监管沙盒”模式，以“慎监管、重引导、抓责任”为主线，对“数据经纪人”做到“充分指导”“无事不扰”，为数字新业态新模式的萌芽成长提供深厚“土壤”[44]。

2. 率先探索首席数据官制度

建立首席数据官制度，是广东省深化数据要素市场化配置改革的一项创新性、制度性安排，旨在通过创新数据共享开放和开发利用模式，提高数据治理和数据运营能力，助力数字政府和数字孪生城市建设。2021 年 7 月 27 日，广州市人民政府印发并在官网公布《广州市推行首席数据官制度试点实施方案》，选取 6 个区、21 个市直部门、以及 6 家公共企事业单位开展试点工作，旨在通过建立上下贯通的首席数据官组织体系，建立健全数据全生命周期管理机制，促进数据治理、共享、利用。经过一年先行先试，广州在强化数据全生命周期管理、推进公共数据资源开发利用、推动数据赋能城市治理、构建数字化人才培养体系等方面取得了初步成效。

在市级层面，构建了“1 +1 +1”首席数据官统筹管理体系，出台了 1 份首席数据官制度试点实施方案，组建了 1 支涵盖首席数据官、数据执行官及工作专班的首席数据官（试点）队伍，制定了 1 套首席数据官制度试点实施细则，明确联席会议、跟踪督办等 6 大制度体系，制定任务清单，促进首席数据官体系实体化运转。

在区级层面，积极组建区首席数据官队伍，开展政务信息系统、公共数据资源普查以及政务数据资源目录编制等工作，同时推进省市垂直系统数据返还，争取省市数据回流为基层所用。

具体来看，海珠区建立“两官一员”首席数据官共 100 人的队伍，包括首席数据官、首席数据执行官、首席数据官联络员，也在推动数据经纪人制度等创新试点；黄埔区首席数据官推进中小微企业信用信息融资对接、知识产权交易生态示范平台等公共数据资源开发利用试点；南沙区首席数据官牵头推动数据资源标准体系建设，建立涵盖管理、技术、数据标准、安全等七大类标准规范，同步开展数据治理应用，配套数据质量问题处理机制，严格按照质量标准审核接入数据。越秀区创新打造“越有数”人口模型，率先基于“块数据”理念探索人口治理智慧决策，同时，积极推动数据回流，赋能基层减负。番禺区通过大数据分析比对，实现 16 个镇街 278 个村居疫苗接种数据精细化管理，辅助基层精准开展疫苗接种登记。同时，研发智能验码一体机，有效提高健康码核验效率[45]。市发展改革委拓宽数据应用场景，大力推进人口、信用、物资储备等公共数据资源开发利用场景试点。广州市卫生健康委汇聚全市发热门诊、核酸检测、疫苗接种、药品购买等实时数据，构建数据模型，开展多点触发监测预警数据分析。广州市税务局依托税收大数据，建立了覆盖全税种、各环节的税收风险模型体系，通过风险精准识别和差异化服务，助力企业高质量发展。

3. 率先试点数据确权应用

数据资产确权难、溯源防伪难、跨域互信难、安全管理难，是推进数据要素市场化改革中面临的难点问题。在反复研究可行性及合规性的基础上，广东省前瞻性、创新性地提出了“以凭证承载资产、以凭证声明权益、以凭证治理数据、以凭证保障合规”的数据资产凭证解决方案。2021 年 10 月广州市率先发布了全国首张公共数据资产凭证（企业用电数据），并将其首次用于企业信贷场景。数据资产凭证有力整合电力大数据资源和银行金融服务资源，快速为中小微企业“画像”，切实破解企业融资难题。公共数据资产凭证是数字“档案袋”，动态地记载了每一份数据资产的来龙去脉，形成了不可抵赖的证据，具有完整信任链和数据链的‘数字档案袋’为数据资产市场化治理奠定了基础[46]。

4. 公共数据共享开放水平不断提升

公共数据共享与开放是释放数据价值的关键，广州市在数据共享和开放方面做了积极探索。为夯实城市数字化转型基础，广州加快打造逻辑统一、多点联动的城市大数据平台，构建一体化数据资源体系。数据汇聚方面，已汇集 5400 多个主题、300 多亿条数据，数据挂接率、规范率、鲜活率均居全省前列。数据共享方面，广州简化了各部门数据申请流程，提升了数据共享交换能力，日均交换数据量超 9200 万条。数据开放方面，人口等数据目前在逐步开放。广州市数据开放平台已开放全市 61 家单位的 1514 多个数据集，累计开放数据接近 1.5 亿条[47]。其中，在政务数据共享方面，广州实际上已经走在全国前列。广州率先出台政务数据共享的政策法规及标准规范，建立了市政务大数据中心，打造数字政府和智慧城市的数据中台，含 1 市级 11 个区级数据中心，将 154 家单位纳入政务信息交换成员单位，累计汇聚数据

257.98 亿条、交换数据 1237.19 亿条，日均交换数据 7329.6 万条。同时，还支持 42 个重点专项共享，包括综合治税、居民家庭经济核对、中小客车总量调控、中小企业融资、营商环境优化等[48]。

（二）新兴数字产业及应用融合全国领先

广州市人工智能及相关产业发展优势明显。为更快推动广州市大数据和人工智能产业发展，加快发现培育一批技术研发、产品制造和产品应用等骨干企业，广州市工业和信息化局委托广州市人工智能产业发展促进会组织开展 2021—2022 年广州市大数据及人工智能企业常态化入库工作。根据最新数据显示，广州市已有人工智能入库企业 567 家，其中 13 家企业被评为省人工智能骨干企业，占全省近半数。入库企业囊括人工智能的基础支撑、核心技术、行业应用和大数据的基础支撑、数据服务、融合应用等 6 个主营范围，入库企业年营收千万元级以上的占比达 68%，入库储备项目总投资达 120 个亿，年度研发投入总额达 76 亿，入库企业发明专利总数达 5200 项[49]。同时近年聚集了一批诸如人工智能与数字经济广东省实验室、广州“鲲鹏 + 昇腾”生态创新中心、华为（南沙）人工智能创新中心等基础研究平台和中国科学院自动化研究所广州人工智能与先进计算研究院等高水平创新研究院，为广州市未来人工智能事业发展奠定了坚实的创新要素基础。

广州市区块链及相关产业发展成效显著。广州市区块链及相关领域高新技术企业数量位居全国前列，涵盖金融、政务、民生、制造业等多个领域。2021 年底，广东省区块链相关企业数为 43194 家，占全国 35.80%，遥遥领先于其他省市，是全国区块链相关企业注册的主阵地。广州市有 28507 家区块链相关企业，占全国总数 23.63%[50]，在数量上与其他城市拉开显著差距。此外，从专利申请情况看，2021 年，我国内地和港澳地区共计有 10710 件区块链相关发明专利申请，其中有 3282 件发生在粤港澳大湾区，占总数的 31%，远超北京、浙江、上海等地[51]。2020 年，国内首个采用区块链技术进行招标的项目在广州公共资源交易中心顺利完成电子评标，这标志着交易平台区块链技术应用取得了新的突破。同时，“广州市等运用区块链技术提高招投标效率”也被写入 2021 年国务院办公厅发布的《〈优化营商环境条例〉实施情况第三方评估发现的部分创新举措》，成为方案输出典范。广州等地公共资源交易中心发起建设“公共资源交易区块链平台”，利用区块链技术研发“标信通”APP，上线“易链签”和“易链保”应用工具，开通电子签名、加解密招投标文件、开具电子保函等功能，实现公共资源交易“零跑路、掌上办、随时办”。2020年，广州公共资源交易中心实现交易量超65万宗，比上年增长65.64%，交易总额超1.2万亿元，增长38.98%，交易规模位居全国前列[52]。

（三）数字产业集群建设成效显著

在数字产业集群建设领域，一江两岸三片区数字经济产业集群发展特色与成效明显。2021年5月，广州市出台了《广州人工智能与数字经济试验区产业导则》，在人工智能与数字经济试验区先期建设的成果上，提出打造“一江两岸三片区”的空间格局，总面积约81平方公里。其中，“一江”指的是广州的母亲河珠江。“两岸”则分别指珠江南岸和珠江北岸，这里将形成珠江南岸人工智能与数字经济产业创新集聚区和珠江北岸人工智能与数字经济产业融合发展区。“三片区”指的是琶洲核心片区（含广州大学城）、广州国际金融城片区和鱼珠片区。作为三片区之一，琶洲核心片区将依托人工智能与数字经济广东省实验室（广州）等重大创新研发平台以及华南理工大学、中山大学等丰富的高校科研和人才资源，在互联网与云计算、大数据、人工智能、新一代信息技术等领域形成一批原创性技术研发成果，集聚人工智能与数字经济领域知名企业总部，重点发展互联网与云计算、大数据、人工智能、新一代信息技术等数字技术产业，形成一批人工智能与数字经济领域的原始应用创新示范[53]。截止2020年底，三片区中的琶洲核心片区内拥有企业已超过28000家，营收金额超过2690亿元[54]，聚集了腾讯、阿里巴巴、欢聚时代、唯品会、树根互联等集数据采集、存储、加工及应用为一体的大数据全产业链企业，具备开展数据要素市场化配置改革试点的肥沃土壤。

（四）产业数字化转型卓有成效

在产业数字化转型领域，广州市纺织服装、美妆日化、箱包皮具、珠宝首饰、食品饮料等五大优势传统产业数字化转型成效显著，被授予首批“定制之都”案例城市。早在2019年初，就有民主党派、政协委员以及高校机构，先后向市政府提出广州打造全球“定制之都”的提案和建议。2019 年 12 月，联合国工业发展组织授予广州首批全球“定制之都”案例城市。定制之都的背后是数字化的变革，传统产业通过数字化赋能加快迈向价值链高端。广州市培育了致景科技、中船互联、博依特等行业领先本土平台，引进了树根互联、阿里云、航天云网等国内知名平台，工业互联网平台支撑体系日渐完善，为广大企业定制化、数字化发展提供专业化服务。2020 年 12 月，广州市公布首批“定制之都”示范（培育）名单 10 家，包括示范企业 8 家、示范平台 1 家、示范体验馆 1 家，涉及定制家居、汽车、时尚服饰、专业服务等领域[55]。在政策支持方面，广州市发布《广州市深化工业互联网赋能改造提升五大传统特色产业集群的若干措施的通知》，提出对符合条件的“定制之都”消费体验中心建设项目，按不超过项目总投资额的 30% 给予补助，最高不超过 2000 万元，助推城市传统经济数字化转型。

（五）数字基础设施建设特色明显

在数字基础设施建设共享领域，区块链产业生态建设共享特色突出。除 5G 基站、工业互联网标识二级节点等数字基础设施建设外，广州以区块链产业生态建设共享为特色。“大企业建生态，小企业进生态”是广州市打造区块链生态的特色。2020 年，广州已初步形成“基础底链 + Bass 平台 + 应用开发 + 行业应用的全产业链”的区块链生态，推出了诸如黄埔公共链、智链 2. 0 为代表的区块链底层平台，以及粤港澳大湾区南沙智慧港口区块链平台、税链区块链电子发票、城市级企业链码平台等一批城市级区块链行业优秀应用。

（六）小结

为打造数产融合的全球标杆城市，广州在数字经济产业基础好、政府推动力度大、市场环境好和应用场景多等多重优势加持下，坚持改革创新，优化制度政策供给，聚焦数字技术与实体经济深度融合，赋能传统产业转型升级，不断催生新产业新业态新模式。广州数字经济发展战略顶层设计已经基本完成，出台了《广州市加快打造数字经济创新引领型城市若干措施》等数字经济建设政策，发布了国内首个数字经济地方性法规，为全面建设数字经济城市提供有力的政策保障。在打造具有广州特色的数据交易新生态、新模式方面，在全国率先探索数据经纪人、首席数据官等制度试点。在开展数字经济领域关键核心技术攻关方面，围绕人工智能应用场景示范、区块链应用、新一代通信与网络等数字经济领域，实施重点领域研发计划。在产业数字化转型升级方面，依托工业互联网平台赋能，推动制造业数字化从企业数字化向集群数字化转变，定制家居和箱包皮具等特色产业集群先后成为广东省产业集群工业互联数字化转型试点。

2.7　杭州："一城五地"集聚数字资源

数字经济时代，杭州迎来了新的发展契机，数字经济成为推动杭州高质量发展的新功能。杭州以数字产业化为特色，以打造"全国数字经济第一城"为目标，将数字经济视为一号工程，以数字产业化、产业数字化与城市数字化相融合（"三化融合"）为主要路径，最终实现"一城五地"，即将杭州建设成为具有国际一流水平的全国数字经济理念和技术策源地、企业和人才集聚地、数字产业化发展引领地、产业数字化变革示范地和城市数字治理方案输出地。"五地"建设也是杭州数字经济一直以来的比较优势所在。

（一）全国数字经济理念和技术策源地

在数字理念孕育方面，作为数字经济先发城市，杭州在本世纪初就提出了"信息港"建设，"构筑数字杭州，建设天堂硅谷"的理念；2014 年，杭州又在全国率先将信息经济列为"一号工程"，以数字化改革为引领，全面推进数字产业化、产业数字化和城市数字化"三化融合"，数字经济发展呈现"新一代信息技术蓬勃发展、产业结构优化升级、新经济取得重大突破"态势；2016 年，G20 杭州峰会上通过了《G20 数字经济发展与合作倡议》，杭州成为国内首提"数字经济"的城市。

在新技术策源方面，已获批建设国家大科学装置 2 个，之江实验室正式纳入国家实验室体系；健康码、亲清在线、互联网法院等一批"杭州理念""杭州模式"引领全国；阿里巴巴、海康威视等多家企业荣获国家技术发明奖；新一代云计算操作系统、金融级分布式数据库等行业领先[56]；全国首个

5G + 区块链 + 物联网智慧停车系统在杭落地；安存司法链之仲裁区块链电子证据平台在杭应用；依托杭州当地企业、由浙江省经信厅指导建设的全球产业链精准合作招商系统在整个浙江推开。

（二）数字创新资源集聚地

近年来，杭州创新创业氛围浓厚，吸引全国各地的企业、高校院所和人才集聚。一是以新型研发机构为主体的创新载体集聚。继续推进名校名院名所“三名工程”，引进培育建设 18 家省级新型研发机构，支持之江实验室、西湖大学、国科大杭州高研院、北航杭州创新研究院、北大信息技术研究院、中科院肿瘤与基础医学研究所等机构的建设。杭州市科学技术局制定《杭州市新型研发机构备案管理暂行办法》，推动新型研发机构的技术研发和成果转化。着力创建高质量的产业创新服务综合体，累计创建培育省级综合体 17 家和市级综合体 46 家，累计引进大院名校 58 家次，集聚服务机构 292 家[57]。二是加快人才培育，推进数字人才集聚。杭州抢抓国际人才流动“窗口期”，创建全国首家“国际人才创业创新园”，推动海外协同创新中心建设，累计引进创业项目超 1000 个，实际投资达 74.55 亿元，引进外国人才 799 人，实现营收 859.62 亿元[58]。大力实施重大人才计划工程，通过全职和柔性引才汇聚一大批层次高、领域广的海内外人才。国家、省、市“万人计划”和海外高层次人才引才计划入选人数创历史新高、稳居全省第一，市“115”引智计划实施以来累计引进各类外国人才 5000 余人[59]。据清华大学经管学院测算，2018 年杭州是国内对数字人才最具吸引力的城市，人才流入/流出比达到 1.74；2019 年，杭州对于国内数字人才吸引力位居国内第二位，仅次于深圳[60]。三是工业互联网资源集聚。杭州已经建立中国工业互联网小镇、中国（杭州）工业互联网产业园和长三角（杭州）制造业数字化能力中心三大平台。位于临平的中国工业互联网小镇，以阿里云 supET 工业互联网创新中心和中国工业互联网研究院浙江分院为两大“引擎”，致力于建设工业互联网国家级平台。截至目前，已打造出秒优大数据科技服装智能制造、环思云联纺织工业互联网平台、智塑科技注塑工业互联网平台等数个垂直行业级平台；位于萧山的中国（杭州）工业互联网产业园，已有 20 多家共建单位，力争通过 5 年的建设，聚焦工业互联网“连接、平台、安全、服务”

四大核心，招引和培育全球工业互联网领军企业，打造工业互联网服务高地。长三角（杭州）制造业数字化能力中心已于2021年12月正式落地运营，致力于搭建线上数字化赋能平台，为广大制造业企业提供数字化赋能“共生共赢”的宽平台支持，打造全省制造业数字化改革的“重要窗口”以及长三角产业数字化服务能力供给核。蓝卓杭州、黑湖科技，一隅千象等企业已首批入驻。

（三）数字产业化发展引领地

数字经济对杭州经济发展的贡献度越来越大，得益于核心产业的不断壮大。2018年，杭州数字经济核心产业主营业务收入首次突破万亿元大关[61]；2021年，杭州数字经济核心产业实现增加值4905亿元，主营业务收入突破1.6万亿元；2018年至2021年，主营业务收入和增加值年均增速分别达18.5%和13.7%，实现高基数上的高增长；增加值占地区生产总值比重连年攀升，2021年达到27.1%，核心产业增加值占全省比重近六成[62]，创历史新高。同时基于天眼查数据，杭州市核心数字产业高新技术企业数量位居全国第四（深、北、上、杭、广）。

杭州助力培育数字经济龙头企业矩阵，打造具有国际竞争力的数字产业集群。软件和信息技术服务业是杭州数字经济核心产业之一，主营业务收入居全国中心城市前列。2017年，工信部、浙江省和杭州市协同开展国际级软件名城创建，信息软件产业实力稳步提升。2021年，10家杭企入选全国软件与信息技术服务综合竞争力百强榜单，云计算大数据产业国内市场份额第一，区块链应用综合实力排名全国第四[63]。杭州是全国数字安防产业重要集聚地，培育了海康威视、大华技术、宇视科技等一批龙头企业。2021年，杭州数字安防产业成功入选国家级先进制造业产业集群，并逐步实现向视觉智能产业的跃迁。杭州逐步形成了具有全球影响力的电子商务、云计算、大数据、数字安防等产业集群。

（四）产业数字化变革示范地

推动数字技术与实体经济深度融合的产业数字化，是杭州数字经济发展的一大亮点。通过赋能制造业数字化转型，杭州率先走出一条从“机器换人”到“工厂物联网”再到“企业上云”“ET 工业大脑”“产业大脑 + 未来工厂”驱动的智能制造发展之路。“产业大脑”以工业互联网为基础，以数据为资源要素，集成产业链、供应链、资金链、创新链，融合政府侧和市场侧，贯通生产端与消费端，为企业生产经营提供数字化赋能，为产业生态建设提供数字化服务，为经济治理提供数字化手段。目前，杭州分行业“产业大脑”建设有序铺开，生物医药、数字安防、化纤、快递等分行业“产业大脑试点”衍生出一批面向产业链生态、新智造应用、共性技术等的应用场景，赋能产业高质量发展。截止 2022 年上半年，杭州主导参与省揭榜挂帅和示范试点场景共 19 个，涌现出“一键找园”“时尚 E 家”等一批具有杭州辨识度的特色应用[64]。目前，杭州全面启动“未来工厂”建设，大力培育聚能工厂、链主工厂等 5 类未来工厂，推进企业组织形态变革重构。截止 2022 年上半年，已累计实施“机器换人”5607 项、工厂物联网项目 1737 项、数字化攻关项目 713 项，培育省级“未来工厂”11 家，评定市级“未来工厂”48 家[65]。

（五）城市数字治理方案输出地

数字技术不仅仅赋能杭州制造业转型升级，在公共服务领域，“数智春风”正在引领城市发展新风向。

以城市大脑创新城市治理，成功打造全国城市数字治理典型范本。杭州城市大脑是为城市生活打造的一个数字化界面。市民凭借它触摸城市脉搏、感受城市温度、享受城市服务，城市管理者通过它配置公共资源、作出科学决策、提高治理效能。以杭州为例，城市大脑包括警务、交通、文旅、健康等 11 大系统和 48 个应用场景，日均数据可达 8000 万条以上[66]。杭州城市大脑起步于 2016 年 4 月，以交通领域为突破口，开启了利用大数据改善城市交通的探索，如今已迈出了从治堵向治城跨越的步伐，取得了许多阶段性的成果，杭州城市大脑的应用场景不断丰富，已形成 11 大系统、48 个场景同步推进的良好局面[67]。

“亲清在线”实现惠企政策“秒兑”。2020 年 3 月 2 日正式上线的“亲清在线”是杭州“城市大脑”的重要组成部分，是杭州市亲清型政商关系数字平台，是杭州帮扶支持企业发展的重要平台，是数字赋能政府服务的创新探索。“亲清在线”平台前端可以分别向企业、政府部门提供政策兑现和互动交流服务等操作功能；后端可以通过城市大脑中枢系统，与部门及区、县（市）业务系统进行数据协同，实现政策服务、在线互动和决策支持等功能。“亲清在线”不需要企业提供任何数据，只是为企业开放一个服务互动的窗口，企业登录后，“亲清在线”平台将通过城市大脑中枢系统轻量级获取数据、进行比对，比对结果经企业或个人确认后，直接发至企业或个人的银行账户或者支付宝账户[68]。“杭州市‘亲清在线’平台实现惠企政策精准直达”案例入选2021年国务院办公厅《〈优化营商环境条例〉实施情况第三方评估发现的部分创新举措》，成为方案输出典范。

杭州诞生全球首家互联网法院。在护航数字经济发展过程中，杭州探索全覆盖、全链条、全周期数智治理，加快大数据、人工智能等技术在司法领域深度应用，成立全球首家互联网法院，推出全国首个“直播电商数字治理平台”，建设“数智网监平台”，形成“全域数字法院”“共享法庭”“凤凰智审”等创新成果，切实以良法善治推动数字经济发展行稳致远。

（六）小结

2018年，杭州提出打造“全国数字经济第一城”。杭州围绕“一城五地”的发展目标，以打造国家数字经济示范省为契机，深入实施“数字经济”一号工程，全力建设数字经济核心区，全面推进数字产业化、产业数字化与城市数字化“三化融合”。在数字产业化方面，持续提升创新能力和产业能级；在产业数字化方面，大力推动数字技术与全产业各领域的深入融合；在城市数字化方面，以城市数据资源深度开发利用为支撑，打造多元参与、成果普惠的数字治理“杭州模式”，努力成为数字经济发展领跑者、示范者、带动者。

2.8 成都：推进数字经济产业集群发展

（一）核心数字产业呈快速增长态势

成都是四川省建设国家数字经济创新发展试验区的核心区域，数字经济正成为成都高质量发展的动力源泉。成都核心数字产业互联网、软件业增长强劲，并形成产业集群。

1. 互联网产业持续增长

成都市互联网产业发展持续向上。从产业规模上来看，2021 年，规模以上互联网相关企业实现营收 2151.6 亿元。其中营业收入 10 亿元以上企业有 30 家，占比 3.6%；营业收入 1 亿元以上企业有 297 家，占比 36%。从产业细分领域来看，数字文创、电子商务、人工智能等领域发展态势较好。2021 年成都市数字文创和互联网服务版块企业规模占比最高，达 57.9%。其中，以腾讯（成都）、快购、四川今日头条为代表的数字文创规模以上企业数量 164 家。从研发投入规模看，尽管经济下行压力加大，但成都的互联网企业研发投入仍保持较快增长，2021 年营收超过 1 亿元的 297 家规模以上互联网企业中，累计研发投入 176 亿元，同比上升 11.8%，企业研发费用中位数 1762 万元，同比上升 35%，研发投入亿元以上的互联网企业有 32 家[69]。

2. 软件和信息服务业发展势头强劲

成都软件和信息服务业发展基础雄厚。近年来成都一直把融入“国家战略”作为软件产业发展的重要抓手。2012 年，成都获批成为全国首批“中国软件名城”，也是中西部唯一的综合型“中国软件名城”[70]。近年来，成都大力实施“上云用数赋智”行动，以“芯屏端软智网”为核心的数字经济产业体系初具规模，成都市正加快布局完善 5G 网络、下一代互联网、物联网等新一代信息基础设施，着力打造“芯屏端软智网”全产业链。目前，以“芯屏端软智网”为核心的成都数字经济产业体系已初具规模，形成了集成电路、新型显示、网络视听、高端软件等具有全国影响力的特色优势行业。2021 年，成都市软件和信息服务集群入选工业和信息化部评选的 25 个优秀先进制造业集群。

成都市软件和信息服务业发展势头强劲。2021 年 1—11 月成都市完成软件业务收入共计 3949.54 亿元，同比增长 15.6%。1—11 月，成都市软件业实现利润总额为 478.11 亿元，同比增长 9.3%。分各领域来看，2021 年 1—11 月成都市信息技术服务实现收入 2562.78 亿元，同比增长 21.7%，占全行业收入的比重为 64.9%；软件业软件产品实现收入 1117.36 亿元，同比增长 1.4%，占全行业收入的比重为 28.3%；嵌入式系统软件实现收入 164.49 亿元，同比增长 31.7%，占全行业收入的比重为 4.2%；信息安全实现收入

104.91亿元，同比增长24.4%，占全行业收入的比重为2.7%[71]。

（二）文旅产业数字化发展成效显著

成都市为打造世界文化名城，于2018年推出了“三城三都”建设计划，旨在将成都打造成为“世界文创名城、世界旅游名城、世界赛事名城、国际美食之都、国际音乐之都和国际会展之都”。借着数字化撬动传统优势产业转型的东风，成都市利用数字技术赋能世界文创名城、世界旅游名城创建，助力“三城三都”城市品牌打造。

1. 数字技术赋能文创名城创建

重视数字文创产业发展，着力构造完整的数字文创产业链。成都市率先打造了全国首个5G文创综合体，形成了从产业人才教育、原创内容创作、IP及艺人孵化、文娱产品消费为主的全产业链式文创产业生态圈。2021年，成都全市文创产业增加值实现2073.84亿元，首次突破2000亿元大关，同比增长14.83%，占地区生产总值比重达到10.4%[72]。全市拥有文化产业示范园区（基地）国家级10家、省级23家，市级31家。各类书店超过3600家，博物馆160家[73]。

依托数字文创品牌活动深化数字文创城市形象。2019年，成都和腾讯联手开展“数字文创城市共生计划”，共同推进新型数字文化建设和成都“中国数字文创名城”的城市品牌；2020年国内第一场数字文创行业大会“IGS·全球数字文创发展大会”在成都举行，大会涵盖影视、动漫、云游戏、AI、网络视听、数字版权等领域，并为成都引入了一批优秀的数字文创企业。

出台文创产业资金支持政策，成效较为显著。为扶持文创企业，专门组建了中西部地区首支百亿规模的文创产业发展投资基金，成立了西南地区首家文创支行，开通了文创通贷款产品，惠及全市文创企业。政府对文创的重视和支持大大激发了企业在文创领域的实践热情，成都在过去五年是中国电影票房总量最高的城市之一，并且诞生了《王者荣耀》《哪吒之魔童降世》等爆款数字文创产品。

2. 数字技术赋能旅游名城创建

成都借助数字技术发展智慧旅游。在“世界旅游名城”的建设中，成都积极借助云计算、大数据等最新技术，推动智慧旅游发展，如今智慧旅游已经覆盖景区、文创街区、全域旅游、自驾游等诸多方面。早在 2013 年，青城山—都江堰景区就被国家旅游局评为智慧旅游最佳示范景区，景区在智慧旅游服务方面，将信息技术贯穿于旅游信息获取、计划决策、产品预订、过程体验、消费支付和回顾评价等全过程，全面提升旅游产品的体验性和参与性，并切实加强旅游营销网络平台建设，推进旅游精确化营销。2019 年四川文旅厅启动“智游天府”文化旅游公共服务平台的建设，现已开发完成“智游天府”APP，游客可通过下载手机应用实现一部手机游四川。“智游天府”包括文旅大数据中心和综合管理、宣传推广、公众服务三大版块，能够实现四川省文化和旅游“全要素、全流程、全覆盖、全品类、全端口”的管理、服务与营销，是四川文旅服务总入口、文旅管理总枢纽（大脑）。“夜游锦江”是全国第一个全国首个 5G 文化旅游示范街区，经过不断升级，5G + 8K + LED 冰屏 + 全息投影技术与现实场景、传统文化相融合，成为数字旅游新亮点。2021 年春节黄金周成都市以 1447. 6 万人次的接待总人数和 127. 6 亿元的旅游总收入位列全国第一。其中，特色夜经济“夜游锦江”共接待游客近 20 万人次[74]。在“夜游锦江”的示范下，成都各大景区不断创新夜间游玩项目，充分应用光电和人工智能等最新科技，形成了 339 光电烟火秀、5D 光影展、夜间智慧街区等旅游场景。

成都率先在旅游街区的智慧化管理升级方面做出探索。为保持成都的“宽窄巷子”网红旅游街区能够可持续、高质量发展，为游客提供更好的服务，宽窄巷子推出了“智慧步行街”，通过搭建科技 + 消费智慧运营平台，整合电信 5G、宽窄私域流量平台宽窄云、生活服务平台美团点评等资源，接入客流管理、安全管理、经营管理、物联管理、信息管理、消费体验六大模块，是“全场景引流 + 新消费体验 + 智慧化管理”三位一体的全国特色商业步行街典范。宽窄巷子推出的“智慧步行街”不仅实现了街区的高效管理，也让消费者可以实时掌握街区游玩动态，提升了游玩质量。

（三）数字经济创新发展资源集聚

在引进与培育人才方面，2019 年成都首次实施“蓉贝”软件人才计划，实施两年来累计评选“蓉贝”软件人才行业领军者 5 人、“蓉贝”软件人才技术领衔人52人、“蓉贝”软件人才资深工程师175人、软件资深工程师1086人[75]。

在科研资源汇聚方面，根据成都市经信局发布的数据，2020年成都共计31个项目被列入国家专项；软件产业相关国家认定企业技术中心（含分中心）2个；此外，新获批“核高基”、新一代宽带无线移动通信网等相关产业领域省级工程研究中心（工程实验室）9个[76]。

在集聚优质企业资源方面，各行业各领域数字转型全面提速背景下，腾讯、阿里巴巴、百度、字节跳动、快手、爱奇艺等头部企业纷纷落户成都。在引入头部企业的同时，成都也在积极培育本土企业，积微物联、创意信息、海康威视、纵横自动化、国星宇航等一大批本土成长起来的企业已在数字经济细分领域拥有话语权。据天眼查数据，成都市信息传输、软件和信息技术服务业相关企业数位居全国首位，在上海与深圳之前。

（四）大力推进数字产业区域协同发展

成都市充分发挥其成德眉资“数字都市圈”的核心作用，体现了成都对于区域产业发展的牵引与辐射带动作用。2021年7月15日，在成都都市圈电子信息产业协同发展论坛上，成都、德阳、眉山、资阳四市经信局共同签署推进成都都市圈电子信息产业协同发展战略合作协议，在政策规划、产业配套、技术创新、人才培养等方面达成合作。电子信息作为成德眉资四市的主导产业、成都都市圈核心的支柱产业、川渝合作的核心领域，2020年纳入统计的2134余户规上电子信息企业营收规模达10440.89亿元，占全省82.3%。成都充分发挥超大城市辐射引领作用，与兄弟城市紧密协作，聚焦重点领域关键环节协同发力[77]。2021年以来，搭建“工业互联网供需对接平台”接入德眉资1430多家企业，建成国家技术转移（西南）中心资阳分中心，“科创通”德阳平台上线。德阳加快推进科创走廊建设，与成都共同打造万亿级装备制造产业集群，加强产业生态圈跨区域协作，成德两地已分别有512户、190户企业相互提供配套，33家德阳企业在成都设立研发机构[78]。德阳将电子信息作为支柱产业重点培育，以数字经济为统领推进产业高速发展，着力培育工业互联网、数字城市、数字服务、信息装备设备制造四大产业生态。眉山着力建设成都都市圈高质量发展新兴城市，与成都共同制定天府新区融合发展、临空经济产业带建设实施方案，推进产业协同。围绕共建成德眉资产业生态圈，支持项目跨区域布局。重点瞄准新型显示、集成电路、大数据、电子材料、5G 等领域发力，与成都合力打造成眉高新技术、成眉宜遂锂电、成眉乐光伏三个产业带。资阳以“同城牵引”奋力推动高质量追赶跨越，主动对标成都、协同成都、融入成都，加强与德阳、眉山的联动协作，全力推动同城化三年行动计划及年度重点任务落地落实，与成德眉签订合作协议 296 个、达成合作项目事项 284 个[79]。资阳电子信息产业虽处于起步阶段，但四川省鑫蕾电子等十余户规上企业发展态势良好，发展后劲足。

成德产业联动、协同发展成效显著。在工信息部 2021 年评选的 25 个优秀先进制造业集群中，成都市、德阳市高端能源装备集群成功入选。近年来，在成渝地区双城经济圈建设指引下，成都、德阳两地大力实施同城化战略，将产业同城作为重要突破口和着力点，重点依托成都光伏设备、氢能设备产业优势和创新研发能力，以及德阳发电装备、油气钻采装备产业优势和极限制造能力，通过“头部 + 配套”“研发 + 制造”“总部 + 基地”的合作模式，共建协作平台、共育产业集群，成为全国高端能源装备产业体系最完整、技术最先进的研发制造基地之一[80]。2021 年四川能源装备产业年总产值突破 3000 亿元，约占国内全行业的 1/5，仅成德高端能源装备产业集群就实现产值 2050 亿元。目前，成德高端能源装备产业集群拥有规上工业企业 766 户，高新技术企业 381 户，集群企业研发强度达到 3.2%[81]。面对数字经济的蓬勃发展，成德高端能源装备产业集群将推动生产制造智能化、数字产业化，进一步增强国家工业互联网标识解析（成都）节点支撑能力和行业应用，建设一批智能工厂、无人工厂、灯塔工厂，力争到2025 年，建成智能工厂、数字化车间 60 个以上[82]。

（五）小结

成都以建设国家数字经济创新发展试验区为契机，基于资源禀赋、技术储备、产业基础和比较优势，通过“数字产业化”和“产业数字化”双轮驱动，着力打造数字经济发展新引擎，赋能城市经济社会高质量发展。数字产业化方面，成都出台《成都市推进数字经济发展实施方案》《关于营造新生态发展新经济培育新动能的意见》等顶层规划，引导市场主体广泛参与，形成政企合力，加快推动数字技术构建产业新生态，推动全市经济高质量发展。在产业数字化方面，成都加快数字技术赋能文旅产业步伐，助力文旅城市品牌打造。在产业链数字赋能方面，成都以产业生态圈创新生态链为主线，在电子信息现代产业体系基础上，持续壮大智能终端等优势产业，加快发展高端芯片、新型显示、关键软件等细分领域，不断提升产业发展能级。可见，数字经济正成为成都高质量发展更深层的发展逻辑，更快跃升的动力源泉。

参考文献

[1] 王胤瑜，田大江，李颖玥．以“智能”实现城市公平——美国纽约的智慧城市创建行动及启示［J］．智能建筑与智慧城市，2017（12）：28－31.

[2] 孙正．城市创新空间类型与其区位环境关联性研究［D］．东南大学，2021.

[3] 王宇熹，高翔．基于公共数据开放的纽约市数字化转型研究［J］．全球城市研究（中英文），2022，3（01）：73－90＋191.

[4] 宿宁．全球城市的智慧“风貌”［J］．产城，2021（11）：28－31.

[5] 汪逸丰，崔晓文．国外引领型城市数字化治理研究［J］．竞争情报，2021，17（03）：58－65.

[6] 美国纽约算法监管遇挫启示录．https://new.qq.com/rain/a/20200118A0M3D800

[7] 魏旭红．生活数字化转型背景下上海公共服务设施体系优化思考［J］．上海城市管理，2021，30（06）：20－26.

[8] 腾讯研究院，《伦敦：“共创”智慧城市是领导力与参与感的综合设计》，2020

[9] 楚天骄，陈辉煌，丁进锋，于立，许晓丽．伦敦数字化转型中的韧性研究［J］．全球城市研究（中英文），2022，3（01）：140－155＋193.

[10] 汪逸丰，崔晓文．国外引领型城市数字化治理研究［J］．竞争情报，2021，17（03）：58－65.

[11] 王林，乔建梅．国外数字孪生技术发展及对我国的启示［J］．上海信息化，2021（11）：52－55.

[12]《千万年薪、周休 4 天，日本政府与企业争 IT 人才》，雪球，https://xueqiu.com/8374394984/182206444，2021

[13]《三菱 UFJ 银行，应届毕业生也可拿到 1000 万日元薪酬》，日本网财经新闻，

https://www.nippon.com/cn/news/fnn20210313155352/amp/，2021

[14] 唐莹莹．东京数字化转型的实践做法［J］．群众，2022（02）：67－68.

[15] 杨学成．从新加坡“智慧国 2025”看大数据治国［J］．通信世界，2017（24）：9.

[16] 《新加坡寻求数字经济新变革》，新加坡狮城新闻，http://www.shicheng.news/show/496821，2018

[17] 胡税根，杨竞楠．新加坡数字政府建设的实践与经验借鉴［J］．治理研究，2019，35（06）：53－59.

[18] 崔紫阳．北京数字经济增加值规模达 1.6 万亿元［N］．首都建设报，2022－04－11.

[19] 赵铁，郑莹，刘志颖．北京加快全球数字经济标杆城市建设［N］．中国信息报，2022－04－14.

[20] 赵铁，郑莹，刘志颖．北京加快全球数字经济标杆城市建设［N］．中国信息报，2022－04－14.

[21] 张楠．工业互联网标识解析体系建设稳步推进［N］．中国工业报，2022－03－22.

[22] 崔紫阳．北京数字经济增加值规模达 1.6 万亿元［N］．首都建设报，2022－04－11.

[23] 北京智源人工智能研究院．《2020 北京人工智能发展报告》［R］．北京：2020 智源论坛，2020－11－14.

[24] 新京报，中国信息通信研究院．《北京数字经济研究报告（2021 年）》［R］．北京：2021 贝壳财经夏季峰会，2021－08.

[25] 北京：以创新资源激发数字经济活力［J］．信息化建设，2021－03－15.

[26] 胡润研究院，广州市商务局，广州市黄埔区．《2021 全球独角兽榜》（GlobalUnicornIndex2021）［R］．广州．第八届中国广州国际投资年会暨首届全球独角兽 CEO 大会，2022.

[27] 白玉洁．“长安链”，我国首个自主可控区块链［J］．中关村，2021（4）.

[28] 陈雪柠．上半年数字经济占全市经济比重升至 43.3%［N］．北京日报，2022－08－15.

[29] 北京市万人 5G 基站数全国第一［J］．自动化与仪表，2022－01－20.

[30] 北京商报记者杨月涵，实习记者韦璐．支撑高质量发展去年北京固定资产投资增长 4.9%［N］．北京商报，2022－01－25.

[31] 科智咨询．《2020—2021 年北京及周边地区 IDC 市场研究报告》发布［EB/OL］．https://www.icimexpo.com/View/Market/NewsDetail.aspx?id＝8906，2021－07－02/2022－08－31.

[32] 邢萌．北京“区块链＋政务服务”晒成绩单：140 个场景落地　多个政务场景“最多跑一次”［N］．证券日报，2020－07－21.

［33］曹政．近3年核心产业年均新设1万家企业［N］．北京日报，2022-07-31.
［34］陈雪柠．北京打造中国数字经济发展样板［N］．北京日报，2022-04-17.
［35］俞友春，刘畅，刘志颖．北京全球数字经济标杆城市建设显成效［N］．中国信息报，2022-06-22.
［36］邓琦．定了！中关村签约雄安 这12家企业将进驻雄安［C］．对接京津——新的时代 战略导航论文集，2018-02-16.
［37］曹政．京津冀三链联动成效初显 协同发展成果集中亮相 天和核心舱等成果“圈粉”无数［N］．北京晚报，2021-09-26（2021中关村论坛 第5版）.
［38］支振锋．高质量建设北京高水平人才高地［N］．光明日报，2022-07-17（07版）.
［39］郑金武．2020年北京技术合同成交额达6316亿元［N］．中国科学报，2021-01-27.
［40］中国信息通信研究院，中央广播电视总台上海总站．中国城市数字经济发展报告（2021）［R］．上海：中央广播电视总台上海总站，2021-12.
［41］刘珊．全国首批“数据经纪人”在广州海珠诞生［N］．南方日报，2022-05-28.
［42］南方日报记者刘珊，实习生朱哲桐．全国首批“数据经纪人”海珠上岗［N］．南方日报，2022-08-12.
［43］刘珊．全国首批“数据经纪人”在广州海珠诞生［N］．南方日报，2022-05-28.
［44］刘珊．让数字资源变数字资产［N］．南方日报，2022-06-07.
［45］郭思琦．广州首席数据官队伍规模居省内首位［EB/OL］．https://news.ycwb.com/2022-06/04/content_40823164.htm，2022-06-04/2022-09-09.
［46］林梓瀚，魏伟，施好，范国浩．论我国数据要素市场化配置立法困境与进路［J］．电子技术应用，2022-05-06.
［47］黄舒旻，柳时强．激活数据市场 赋能实体经济［N］．南方日报，2022-09-30.
［48］张雅婷．首席数据官TALK丨广州首席数据执行官谢明：打破壁垒共享千亿数据，未来将破局数据确权交易［EB/OL］https://m.21jingji.com/article/20211207/herald/d1f1bf07b5cca2c4de6564786d7613cd_zaker.html，2021-12-07/2022-09-09.
［49］广州市大数据/人工智能企业常态化入库来了！［EB/OL］．http://gxj.gz.gov.cn/yw/mtgz/content/post_7900619.html，2021-11-10/2022-09-13.
［50］01区块链、零壹智库．中国区块链企业发展报告（2021）［EB/OL］https://www.sgpjbg.com/info/31331.html，2022-03-10/2022-09-30.
［51］刘国宏，陆晓丽，马朝良，李恩汉．粤港澳大湾区已吹响区块链崛起号角［EB/OL］．http://www.cdi.com.cn/Article/Detail?Id=17942，2022-07-25/2022-09-30.
［52］广州市创新推行“公共资源交易+区块链”助力优化招投标领域营商环境［EB/OL］．

http://www.gov.cn/xinwen/2021-05/14/content_5606491.htm，2021-05-14/2022-09-30.
[53] 谭超，傅鹏．国家超算广州中心将“落子”琶洲［N］．南方日报，2020-08-13.
[54] 凌芯．AI 赋能中小企业进行时：广州国家人工智能创新应用先导区揭牌，人工智能与数字经济成战略双引擎［EB/OL］．https://m.21jingji.com/article/20210423/herald/ebad8f491c6946a57e8fe6760fd35a0c.html，2021-04-23/2022-09-30.
[55] 陈泽秀．广州公布首批 10 家“定制之都”示范名单，涉及家居服饰领域［EB/OL］．https://www.toutiao.com/article/6904575675257225736/?wid=1668162755741，2020-12-10/2022-09-30.
[56] 杭州：勇当数字经济开路先锋［J］．信息化建设，2022-07-15.
[57] 杭州作为全国数字经济第一城，拥有数字经济和平台经济的先天优势，具有推动两业融合的现实基础［EB/OL］．https://caifuhao.eastmoney.com/news/20220729142337459419760，2022-07-29/2022-09-30.
[58] 杭州市科学技术局．锚定头雁标准　打造具有全球影响力的创新创业体系［J］．杭州科技，2021（1）：2-8.
[59] 杭州作为全国数字经济第一城，拥有数字经济和平台经济的先天优势，具有推动两业融合的现实基础［EB/OL］．https://caifuhao.eastmoney.com/news/20220729142337459419760，2022-07-29/2022-09-30.
[60] 中国信息通信研究院，中央广播电视总台上海总站．中国城市数字经济发展报告（2021）［R］．上海：中央广播电视总台上海总站，2021-12.
[61] 陈美华．提升南京智能制造水平　抢抓数字经济发展先机［J］．统计科学与实践，2020-04-25.
[62] 唐骏垚．全国数字经济第一城　杭州为何要重塑？［EB/OL］．https://zjnews.zjol.com.cn/zjnews/202210/t20221010_24905204.shtml，2022-10-10/2022-10-12.
[63] 杭州：勇当数字经济开路先锋［J］．信息化建设，2022-07-15.
[64] 聚焦 | 强化统筹谋划，深挖典型场景，杭州数字经济系统建设步履铿锵［EB/OL］．https://mp.weixin.qq.com/s?__biz=MzA5MzgyNzcxMg==&mid=2650005970&idx=1&sn=bc7e1020401f184fc8ff1f12248d7f61&chksm=8850a63dbf272f2b0f6bc0742578b586d12d2444a0e59d67c84fd544f55b36f2ed1ddec01da8&scene=27，2021-12-27/2022-10-15.
[65] 杭州：勇当数字经济开路先锋持续迭代升级　提升硬核实力［EB/OL］．https://jxt.zj.gov.cn/art/2022/7/19/art_1562850_58928914.html，2022-07-19/2022-10-15.

[66] 望甜．从疫情防控看社会治理［J］．党政干部论坛，2020－08－05.

[67] 张蔚文．网络化治理视角下的城市大脑——从效率导向到公共价值导向［J］．人民论坛·学术前沿，2021－06－02.

[68] 张留．惠企服务“最多点一次”杭州政商“亲清在线”数字平台上线［N］．浙江日报，2020－03－03.

[69] 成都市互联网信息办公室，成都市经济和信息化局．2021年成都互联网发展状况报告［R］．成都，2022.

[70] 王国平．“国家队选拔赛”成都入围决赛［N］．四川日报，2021－04－21.

[71] 2021年1～11月成都市软件业业务收入、利润及信息安全收入统计［EB/OL］．https://m. huaon. com/detail/775299. html，2022－01－06/2022－10－20.

[72] 谭莹．《成都数字文创产业发展报告》［R］．成都：成都市文化产业发展促进中心，2021.

[73] 郑正真．“十四五”时期文化创意产业发展策略研究——以成都市为例［J］．北京文化创意，2020－12－20.

[74] 春节假期成都接待游客1447. 6万人次，旅游总收入127. 6亿元［EB/OL］．https://www. jiemian. com/article/5706612. html，2021－02－22/2022－10－22.

[75] 程怡欣．四川省成都市软件和信息服务集群　成德高端能源装备产业集群入围先进制造业集群“国家队”［EB/OL］．http://wenjiang. gov. cn/wjzzw/zzssxx/2021－04/16/content_ 4880f6877d0e447ba17ca79e83d3f077. shtml，2021－04－16/2022－10－25.

[76] 王国平．“国家队选拔赛”成都入围决赛［N］．四川日报，2021－04－21.

[77] 许小燕．优势互补，产业协同并进［J］．产城，2021－09－25.

[78] 陈泳．都市圈里产业也成“圈”［N］．成都日报，2022－01－03.

[79] 周滎鸿．都市圈里产业也成“圈”［EB/OL］．http://sc. people. com. cn/n2/2022/0103/c345167－35079695. html，2022－01－03/2022－10－25.

[80] 张彧希．加快成德高端能源装备集群向世界级跃进［N］．四川日报，2022－08－28.

[81] 周鸿．力争到2025年产值突破4500亿元［N］．成都日报，2022－08－28.

[82] 张彧希．加快成德高端能源装备集群向世界级跃进［N］．四川日报，2022－08－28.

第三章　全球数字创新技术

数字技术是当今世界发展速度最快、覆盖范围最广、创新创业最为活跃的科技领域之一。日新月异的数字技术与经济社会发展深度融合，深刻影响科技革命和产业变革，正在成为重组全球要素资源、重塑全球经济结构、改变全球竞争格局的关键力量①。

3.1　大数据：数字时代的关键生产要素

在数字经济时代，数据已经成为与土地、劳动力、技术、资本等并列的新兴关键生产要素。全球数据量正在经历飞速增长，数据这座巨大“宝藏”正显示出前所未有的使用价值和发展潜力，基于数据驱动的生产、经营、管理与决策逐渐成为现实世界的通用规则，大数据正在深度改变经济社会发展的底层逻辑。

（一）大数据的要素价值

大数据包括结构化、半结构化和非结构化数据，是规模大到在获取、存储、管理、分析方面大大超出了传统数据库软件工具能力范围的数据集合，具有海量数据规模、快速数据流转、多样数据类型和价值密度低四大特征②。

随着信息通信技术的迅猛发展，互联网向经济社会各领域渗透，一个大规模产生、分享和应用数据的大数据时代已经到来。根据国际权威机构

---

① 数字经济的发展与未来．石勇．中国科学院院刊．2022 - 01 - 20

② 大数据的价值发现：4C 模型．刘业政、孙见山、姜元春等．管理世界．2020，36（02）

Statista 预测，2022 年全球数据产生量预计达到 61. 2ZB，而到 2035 年这一数字将达到 214ZB，全球数据量即将迎来更大规模的爆发。

大数据正日益成为基础性战略资源，不仅数据自身蕴藏着巨大的价值，数据的流动还能创造新的价值，具有鲜明的生产要素特性。大数据的要素价值还在于对其他要素具有乘数效应，当数据要素融入到劳动力、技术、资本等每个单一要素，单一要素的价值会倍增，同时传统要素的资源配置效率也会得以提高，从而推动全要素生产率大幅提升，形成新的发展动能。

更重要的是，大数据提供了全新的洞察世界的方法和视角，基于数据 + 算力 + 算法可以对现实世界进行描述、原因分析、结果预测、科学决策，重建了人类对客观世界理解、预测、控制的新模式。通过大数据的广泛应用，能够实现对现实世界秩序的解构和重构，推动传统产业数字化发展和智能化转型，加速社会治理的科学化与精细化，全方位赋能经济社会高质量发展。

（二）大数据技术呈现融合发展特点

大数据技术旨在从超大规模的数据中提取价值，以数据存储、处理、计算的基础技术为核心，叠加数据治理、数据分析应用、数据安全流通等助力数据价值释放的周边技术，共同构成了大数据技术体系，并在技术发展过程中呈现出与其他信息技术紧密结合的特点。

1. 大数据与云计算相互赋能

大数据和云计算相辅相成，在技术体系结构上，都是以分布式存储和分布式计算为基础。从应用角度来讲，利用云计算可动态扩展、按需部署、虚拟化配置的优势，可以有效支撑大数据对计算资源的强大需求，显著提高部署和运行管理的效率。尤其是近年来随着云原生技术的发展，大数据技术产品迭代升级，通过整体架构进一步解耦和改造、应用接口函数化、多云部署等方式，云原生大数据技术的效率大大提升①。

2. 人工智能助力大数据价值释放

大数据和人工智能密不可分，通过人工智能算法数据价值得以真正的发

① 大数据白皮书. 中国信息通信研究院. 2021 – 12

挥，而人工智能需要借助数据来建立其智能，海量和优质的训练数据推动人工智能算法持续优化，进一步提各行各业应用人工智能的水平。在基于机器学习的人工智能不断进步的情况下，自动化智能化的数据管理需求愈加突出，其中数据建模、数据标签、主数据发现、数据标准应用等是大数据与人工智能交叉发展的热点。

3. 隐私计算保障大数据安全流通

数据只有在使用、加工和流通的过程中才会产生价值，但是出于对安全、隐私等问题的考虑，如何平衡开放和保护成了大数据价值释放的一对突出矛盾。隐私计算技术以“数据可用不可见”的特性，平衡了数据开放共享和隐私安全保护的矛盾，可在保证原始数据安全的同时，实现对数据的计算和分析。随着多方安全计算、联邦学习、差分隐私等隐私计算技术的不断成熟和在大数据领域的广泛应用，将推动大数据高效流通，加速数据要素市场化步伐。

（三）大数据为千行百业注入新动能

1. 大数据 + 物流运输：美国 UPS 物流效率提升之路——精益求精背后的数据生产力

过去一年，由于全球供应链问题，致使许多物流公司的包裹出现滞留、不能按时交付等情况。而美国联合包裹运送服务公司（UPS）作为全球最大的快递公司，在同样的外部形势下，2021 年全年包裹量仍然保持平稳增长，总营收 972.87 亿美元，净利润 128.9 亿美元，实现超预期增长，这一业绩离不开大数据的支撑。

该公司通过大数据分析，一方面促进公共运力标准化和专业运力个性化需求之间的匹配，结合企业信息系统全面整合与优化①，减少空驶带来的损耗，实现车货高效匹配，解决公共信息平台上没有货源或货源信息虚假的问题；另一方面优化运输路线，采用 Orion 系统实时分析 20 万种可能路线，只需 3 秒即可找出最佳路径，大数据大幅提高了物流运输效率，物流车辆行车

---

① 新常态“互联网 + 物流”大数据应用的思维变革．青岛茂升祥物流咨询有限公司．牛志文．现代物流报．2015 – 04 – 17

路径得到最短化、最优化定制，例如执行尽量避免左转的政策，UPS 货车的行驶总里程减少 2.04 亿公里，却多送出 35 万件包裹。

同时，大数据还推动 UPS 实现供应链协同管理。一是将自有系统与数百万客户的系统连接起来，依托数据为客户提供独特的服务，例如客户可以随时通过智能手机调整交货时间和位置，加快交付过程。二是利用货物运输车辆的数据进行预测性维护，每年可帮助 UPS 节省数百万美元，以防止不必要的和计划外的维护以及由此导致的包裹延误。三是通过数据建模分析优化库存，运用大数据分析客户商品品类，根据以往的销售数据建模判断当前商品的安全库存，并及时给出预警，降低库存，提高资金利用率。

2. 大数据 + 健康管理：美国 Evidation Health 快速崛起——数据助力健康技术功效评估

2020 年 7 月，美国健康数据分析平台 Evidation Health 获得由 B Capital Group 领投的 4500 万美元 D 轮融资，这笔融资主要用于继续开发其虚拟研究平台，构建新的数字医疗工具。

Evidation 专注于评估数字健康技术功效，先向参与者付费，让参与者共享自己的健康数据，通过可穿戴设备收集参与者的行为数据和医疗保健信息。在获取了海量健康数据后，Evidation 对这些数据进行分析处理，整合出有关数字健康方面的知识，以供企业借鉴和研究。

Evidation 大数据平台由数据收集、数据处理、数据分析三个模块构成。数据收集方面，该平台每年收录超过 1 万亿数据点，这些数据通过一个虚拟研究设计和执行引擎进行整合，将现实生活数据与传统临床数据整合在一起。数据处理方面，原始数据在进入数据池前需要进行规范化和匿名化处理，将原始数据按照与条件相关的特征进行分析，排除掉不规范或有问题的数据。数据分析方面，用户可以从数据池中创建自己的数据切片，构建数字生物标记，该标记可以帮助临床医生提高诊断或疾病治疗质量。

Evidation 大数据平台通过把健康结果数据与预测分析的新方法相结合，以识别和部署最有效的患者管理策略和干预措施，为数字健康产品和平台提供真实有效的临床数据，基于数据和信任的盈利模式赢得了客户的青睐。以大数据为支撑，Evidation Health 成立至今，共完成 6 轮融资，总融资额高达

1.16 亿美元，逐步成长为全球健康管理领域的佼佼者。

3. 大数据 + 智能制造：大数据驱动三一重工数字化转型——全球“灯塔工厂”的数字蝶变

2022 年 10 月，世界经济论坛（WEF）公布最新一批“灯塔工厂”名单，共有 11 家全球企业入选，5 家来自中国，位于长沙的三一重工赫然在列。作为始建于 1994 年的中国最大工程机械制造商，三一重工经过为期三年的数字化转型，成为全球制造业首家获认证的“灯塔工厂”，其蝶变经历闪耀着大数据的辉芒。

第一步，数字化问诊。三一重工业务和产业基地遍布全球，在严峻的国际贸易形势下，2019 年三一重工萌生了数字变革的计划。剖析发现集团基础设施成倍增长，业务复杂度攀升，导致运维资源台账异构且数量较多，数据信息更新及时性有待提升。于是决定引入大数据、云技术、区块链等先进 IT 技术，以数字化转型重塑集团业务竞争力。

第二步，数字化建设。2021 年初，三一重工建立了“运维平台 + 应用生态”的运维模式，从技术、业务、组织等多个层面发力，为数字化制造提供体系化的运维保障服务。一是构建资源台账，汇总集团 2000 + 服务器、1300 + 网络设备及 100 + 数据库、600 + 应用系统等；二是构建统一采控体系，进行数据治理和故障分析，业务系统故障处置时间达到分钟级；三是打造运维驾驶舱，实现运行监控、资源状况、运维协同等多维度数据汇聚、分析和实时展现。

在大数据等 IT 技术的助力下，三一重工组织产能提升 70%、制造周期缩短 50%、自动化率提升至 90%。未来，三一重工将布局智能运维平台建设，持续增强数据治理，采用大数据分析、机器学习和 AI 算法等关键技术，进一步提升数字化运营能力。

4. 大数据 + 金融安全：云集数科打造数字金融大脑——探索数字普惠金融新模式

云集数科利用大数据技术，打造数字金融大脑，搭建起了银行与用户之间的互信通道和平台，激发政务数据和银行资金两个存量资源的新动能，破解贷款困境，探索出了数字普惠金融新模式。目前已服务全国 16 个省份的

150 家银行，数字信贷交易额突破 1300 亿元，贷款客户超 200 万户，平均贷款不良率低于 0.5%，仅为银行传统管理模式的 1/3。

政务数据开放应用面临两难：一是如何在充分保护个人隐私的前提下安全合规使用，确保政务数据可用不可见；二是如何满足银行全方位、多维度风险防控需求，使不可见的政务数据可用。为了破解这一难题，云集数科创新打造了数字金融大脑，采用数据专线专用传输、联邦安全计算等大数据技术，使政务数据在金融场景进行合规应用成为可能。

数字金融大脑的创新研发基于数据驱动的风控模型算法，云集数科构建了涵盖农户、城镇居民、个体经营者、企业的 30 多个行业客户品类的大数据风控模型算法，通过 500 多项策略指标进行精准客户画像，使看不见、摸不着的“信用”得以量化，使银行从惜贷、惧贷到能贷、敢贷。

为将数字金融大脑转化为广大老百姓和中小企业便捷获得贷款的普惠金融，云集数科还打造了全流程数字化银行智能办贷系统，从客户申请到签约放款，只需将数据上传经模型运算进行客户画像和风险分析，自动产生贷款授信方案，全程实现线上化、无纸化、智能化，银行办贷审批效率提升 80%，办贷办理时间从平均 3—5 天缩短为不到 60 分钟（最快 3 分钟），大大增强了客户办贷满意度，有效降低了融资成本。

（四）大数据技术发展趋势

1. 数据、算力、算法更加趋向一体化发展

数字经济由三个层次组成，底层是数据，中间是算力，顶层是算法，未来数据、算力、算法将不断趋向一体化发展。在算力平台的支撑下，通过智能算法对大数据进行存储、处理、分析和知识发现，进而服务于各行业的资源优化配置和转型升级，促进经济高质量发展。数据、算力、算法一体化发展能够充分释放大数据的潜在价值，构筑认识和改造世界的新模式，推动生产力核心要素升级、改造和重组，更好的赋能千行百业。

2. 大数据技术体系在需求牵引下持续演进

大数据技术家族十分庞大，从数据生产、数据交换、数据存储、数据工程、数据科学计算、数据应用到数据消费构成了一个庞大的技术体系，涉及

30 余个技术组件。根据 Gartner 分析，主要趋势包括存算分离、实时计算、实时数仓、湖仓一体、人工智能推动数据智能应用、大数据平台融合云计算等。大数据技术既有强大的开源家族支撑，也有众多数字经济巨头在提供技术、产品和服务创新，运用大数据推动经济发展、完善社会治理、提升政府服务和监管能力正成为全球共识，在广泛的现实需求牵引下，大数据正在沿不同技术路线和方法体系加速演进。

3. 数据治理是决定大数据行稳致远的关键

大数据具有基础性战略资源的地位，但也存在数据确权、数据安全、隐私保护、流通管控、共享开放等许多亟待解决的问题，出现了大数据杀熟、数据“黑洞”等不良现象①。为了推动大数据技术持续发展，既要鼓励技术创新、商业探索，也要超前规划、完善法治、更新治理；既要从实践层面推动创新发展、迭代发展，也要从认识层面破除传统依赖、搭建新理论和新方法。关键是要抓住数字化转型带来的机遇，通过良法善治处理好大数据发展在法律、安全、治理等多方面的挑战。

3.2 人工智能：影响人类发展的变革力量

人工智能（AI）是引领未来的新兴战略性技术，是驱动新一轮科技革命和产业变革的重要力量②。近年来，人工智能相关技术持续演进，产业化和商业化进程不断提速，正在加快与千行百业深度融合，对经济发展、社会进步等未来人类发展的诸多方面产生了重大而深远的影响。

（一）人工智能架构体系

人工智能是指由人制造出来的机器所表现出来的智能。通常人工智能是一种通过普通计算机程序来呈现人类智能的技术，主要研究领域包括机器人、脑机接口、语言识别、图像识别、自然语言处理和专家系统等方面。

人工智能从诞生以来，理论和技术日益成熟，应用领域也不断扩大。人

---

① 大数据发展现状与未来趋势（下）. 梅宏. 中国军转民. 2020 - 01 - 10

② 动态多维网络视角下人工智能技术创新演化路径研究. 武庆圆、何凌南、胡家华. 科技促进发展. 2021 - 09 - 20

工智能不是人的智能，但能像人一样思考、也可能超过人的智能。AI 框架是实现人工智能的基础必备框架，其是 AI 算法模型实现、训练、验证的一套标准接口、特性库和工具包，集成了人工智能算法涉及的数据读取、模型封装以及计算资源使用，是现阶段人工智能快速发展所必备的开发工具。

人工智能又分为三种类型，分别为弱人工智能、强人工智能、超人工智能。弱人工智能只擅长于单个方面的人工智能①。强人工智能是一种类似于人类级别的人工智能，能够进行思考、计划、解决问题、抽象思维、理解复杂理念、快速学习和从经验中学习等操作。超人工智能是一种几乎在每一个领域都胜过人类大脑的智慧。如果说强人工智能算法是能与人类大脑媲美的主体，超级人工智能算法则是能全方位超越人类大脑的存在。

（二）人工智能技术发展前沿

人工智能正迈入“创新驱动、应用深化、规范发展”的新阶段。从人工智能自身产业化的角度来看，技术迭代升级是发展的源动力，目前人工智能尚不完善，智能化路径还在加快探索，技术的创新驱动将有助于拓展新的发展空间。人工智能技术及应用沿着“创新、工程、可信”三个方向持续演进，在新的背景下，人工智能技术需要适应新的变化②。

1. 知识数据集驱动人工智能应用深度发展

人工智能的快速发展推动数据规模不断提升。据 IDC 测算，2025 年全球数据规模将达到 163ZB，其中 80% 至 90% 是非结构化数据，数据服务进入深度定制化的阶段。企业需求的数据集从通用简单场景向个性化复杂场景过渡，各方积极探索建立高质量知识集，支撑未来知识驱动的人工智能应用发展。知识集中包含语音、图像、文本等传统数据和定义、规则、逻辑关系等，是知识的数据化呈现，业界著名知识集有 WordNet、HowNet 等。提升人工智能公平性的关键在于从数据和技术量方面入手，数据层面需要构建完整异构数据集，最小化数据固有歧视和偏见，技术层面需要引入公平决策量化指标算法，减轻或消除歧视及偏差。

---

① 人工智能与智慧建筑．林必毅、王志敏、吴俊杰．智能建筑与智慧城市．2022－01－25

② 人工智能白皮书（2022 年）．中国信息通信研究院．2022－04

2. 算力需求倒逼算力架构及工具加速技术突破

当前人工智能算力持续突破，面向训练用和推断用的芯片仍在快速演进。这主要源于算力需求的驱动，一方面体现在模型训练阶段，根据 OpenAI 数据，模型计算量增长速度远超人工智能硬件算力增长速度，存在万倍差距；另一方面，由于推断的泛在性，使得推断用算力需求持续增长。与此同时，新的算力架构也在不断研究中，类脑芯片、存内计算、量子计算等仍是重点探索方向，可实现高算力、低功耗等优点，但总体仍处于技术成熟度较低的状态。人工智能工程化聚焦工具体系、开发流程、模型管理全生命流程的高效耦合，云边端协同管理的技术需求逐渐凸显，人工智能上云进程不断加速。

3. 算法创新助推超大规模预训练模型成为热点

数据、算力、算法是人工智能发展的“三驾马车”，也是推动人工智能发展的重要基础。超大规模预训练模型成为发展热点，继续朝着规模更大、模态更多的方向发展①。自 OpenAI 于 2020 年推出 GPT－3 以来，谷歌、华为、智源研究院、中科院、阿里巴巴等企业和研究机构相继推出超大规模预训练模型，包括 Switch Transformer、DALL·E、MT-NLG、盘古、悟道 2.0、紫东太初和 M6 等，不断刷新人工智能任务榜单。针对复杂模型易导致存储空间占用严重、难以部署于端边设备等问题，模型轻量化探索受到热捧。生成式人工智能技术不断成熟，未来听、说、读、写等能力将有机结合并广泛应用于智能写作、新闻播报、语音导航等方面。知识计算成为推动人工智能从感知智能向认知智能转变的重要探索，可显著提升人工智能系统的智能化水平。

（三）人工智能应用开启多元化认知时代

1. 人工智能＋人机交互：美国 Sudowrite 人工智能写作应用——机器人也能写出好文章

Sudowrite 是一款基于 OpenAI 的 GPT－3 transformer 的人工智能创意写作应用。当给出一个句子或一个段落作为开始，这款应用就可以通过预设的

---

① 三维坐标推动人工智能迈向发展新阶段．刘艳．科技日报．2022－04－15

过滤器（例如 Show，Not Tell）继续写作。

2020 年 6 月，OpenAI 在训练约 2000 亿个单词、烧掉几千万美元后，推出了史上最强大 AI 深度学习模型 GPT－3。经过大量的数据和算力训练，GPT－3 具备了强大的功能，例如续写文章、修改代码、实时对话、生成新闻稿等。无所不能的 GPT－3 吸引了全球数以万计的开发人员基于该平台开发，目前类似 Sudowrite 一样使用 GPT－3 的应用有 300 多款，每天生产 45 亿个字符。

GPT－3 发行半个月后，第一批拿到测试机会的开发者们都惊讶于它的易操作，不需要复杂的编程，它就像一个虚拟管家一样，当你说出自己的需求，它就能产出你想要的结果，比如下达指令让它自己开发程序、做 UI 页面设计，GPT－3 都可以做得有模有样。

加州大学伯克利分校计算机系学生利亚姆·波尔（Liam Porr），用 GPT－3 写的第一篇文章《感觉效率不高？也许你应该停止思考》，登上了 YC 新闻平台 Hacker News 热门榜第一名，涨粉百万。经过教育资源网站 EduRef 的测试，GPT－3 在多个专业论文的写作中获得了 B 或 C 的成绩，虽然比不上 A＋的优等生，但也很少拿到 D、F 的不及格成绩。

以 Sudowrite 为代表的 GPT－3 的写作能力已经达到了一个平均水平，让它自己写出一部旷世神作并不现实，但作为人类写作和科研辅助工具绰绰有余，随着其应用场景的不断扩大，GPT－3 的迭代版还将创造更多的奇迹。

2. 人工智能＋生命科学：英国 AlphaFold2 实现蛋白质结构预测——突破生物学家五十年未解难题

2020 年 11 月 30 日，在国际蛋白质结构预测赛中，AlphaFold2 摘得桂冠，并破解了一个困扰人类 50 年的难题：预测蛋白质如何折叠①。作为生物学与人工智能科学的交叉产物，AlphaFold2 被视为蛋白质折叠研究领域的里程碑式进展，被美国《科学》杂志评为 2020 年十大科学突破之一。

AlphaFold2 是英国的一家 AI 研究实验室开发的人工智能系统，能在几分钟内预测出一个典型蛋白质的结构，还能预测较大蛋白质的结构。

① 全球十大突破性数字创新技术．本刊综合．中国科技产业．2021－05－15

AlphaFold2 对蛋白质三维结构的预测准确性，能够与使用冷冻电子显微镜（CryoEM）、核磁共振或 X 射线晶体学等实验技术解析的三维结构准确性相媲美。该模型能根据每个氨基酸对其预测可靠性进行精确预估，方便研究人员使用其预测结果①。

AlphaFold2 解决了生物学中重要的蛋白质折叠问题，彻底颠覆了传统的蛋白质预测过程。截至 2022 年 7 月，AlphaFold2 已预测出超过 100 万个物种的 2.14 亿个蛋白质结构，几乎涵盖了地球上所有已知蛋白质，约 35% 的结构已达到了实验手段获取的结构精度，80% 的结构可靠性足以用于多项后续分析。借助这些蛋白质结构，生物学领域的诸多问题可以从全新的角度进行解答。

此外，AlphaFold2 借鉴并改进了一些深度学习的技术，对促进算法的优化和人工智能领域的发展做出了一定贡献。随着人工智能的不断发展，人工智能有可能彻底改变 21 世纪的科学工作方式。

3. 人工智能 + 医学诊断：美国 AltexSoft 创建 X 光片分析工具——机器学习助力疾病精准诊断

在新冠病毒造成肺部疾病高发的大背景下，美国技术咨询公司 AltexSoft 研究创建了用于胸部 X 光片分析的决策支持工具，针对肺部影响数据执行三项机器学习任务，从而得出肺部病变结论。这一工具借助人工智能技术，在减少医生工作量和缩短诊断时间方面具有优异表现。

首先，获取和预处理公共医疗数据集。研究团队利用世界上最大的数据科学家社区 Kaggle 的资源，在该社区 5 万个公共数据集中选择、清理和预处理了 3 个与目标最相关的数据集，包括为结核病控制计划收集的胸部识别 X 光片和相应的肺面罩、来自约 3 万名独特患者的超过 11.2 万张带有疾病标签的 X 光片以及由美国医学影像信息学会提供的用于气胸分割的数据集。

其次，通过定义三种卷积神经网络（CNN）模型进行自动肺病诊断。该自动化过程主要分三步完成：第一步进行肺部病害区域图像分割，识别肺的边界；第二步对分割得到的区域进行疾病识别和分类，预测肺炎、纤维化和

① “阿尔法折叠 2”预测蛋白结构近原子水平．张梦然．科技日报．2021-07-19

气胸的可能性；第三步采用计算模型进行气胸定位。实验证明，该方法能够较为可靠的进行肺部疾病自动化识别。

最后，创建友好的用户界面。无论医疗专业知识水平如何，每个人都可以通过界面简单的软件分析工具轻松理解和掌握。该工具可以上传 X 射线，基于 AI 引擎处理输出带有肺面具的图像，显示器官的边界。如果有气胸，受损区域用红色标记。该工具还能计算气胸、肺炎和纤维化三种肺部疾病的概率水平。

该工具主要面向医学专家和患者，可以作为肺部异常的第二意见来源，还可以相对快速地扩展到更多疾病和非 X 射线医学成像领域，具有良好的应用前景。

4. 人工智能 + 自动驾驶：澳大利亚人工智能“蠕虫大脑驱动器”——让 AI 像蠕虫一样高效思考

2021 年，澳大利亚研究人员从蠕虫微小的大脑获得灵感，开发出一种能够控制自动驾驶汽车的人工智能系统“蠕虫大脑驱动器”。与大多数神经网络使用数百万个神经元相比，该系统只用了控制电路中的 19 个神经元和 7.5 万个参数，就成功控制了一辆汽车。

该系统与其他深度学习模型相比具有决定性的优势，因为它可以更好地处理噪声输入，并且由于其简单性，可以详细解释其操作，从而缓解深度 AI 模型所谓的“黑匣子”问题。这一方法旨在开发一种新型的神经网络架构，大幅降低了复杂性。

该系统包括两个主要部分。相机输入首先由卷积神经网络（CNN）处理，该网络从像素中提取结构特征，决定相机图像的哪些部分有趣且重要，然后将信号传递给网络的关键部分——控制车辆转向的神经电路策略（NCP）控制系统，而 NCP 仅由 19 个神经元组成。

该系统以自动驾驶汽车的标准测试任务为准，在车道上行驶，使用配备摄像头的车辆进行测试，系统接收道路图像并决定是向右还是向左转向。与最先进的功能性自动驾驶汽车系统相比，该系统在训练平方误差和测试平方误差方面取得了可比的结果。

可解释性和稳健性是该系统的两个主要优点。研究人员认为这种方法能够减少训练时间，并使人工智能在相对简单的系统中实现成为可能①，可作为创建高性能的可解释型 AI 的一种宝贵资源。

（四）人工智能技术的突破与治理

1. 向善发展成为人工智能未来发展焦点

近年来，得益于深度学习等算法的突破、算力的不断提升以及海量数据的持续积累，人工智能得以真正大范围地从实验室研究走向产业实践。产业发展和赋能的过程中，一方面，大量的实践场景均能看到从“可用”到“好用”的发展路径，这离不开技术自身的持续迭代，工程实现的不断优化，以及管理体系的支撑保障。另一方面，随着人工智能应用暴露出各种风险和挑战，以及人们对人工智能认识的不断深入，人工智能治理已经成为全球各界高度关注的议题，对可信安全的呼声不断增多②。未来人工智能除了重视技术创新以外，还更加关注工程实践和可信安全，推动人工智能技术和产业发展迈向新阶段。

2. 人工智能技术发展更加依赖工程实践能力

产业界代替学术界成为 AI 创新主力，工程实践能力日益成为释放人工智能技术红利的重要支撑。在工程实践方面的努力，最早可追溯至 Caffe、TensorFlow、PaddlePaddle 等开源框架的诞生，通过屏蔽底层硬件和操作系统细节，大幅降低模型开发和部署难度，有效推动了人工智能技术的扩散。当前，人工智能与云计算、大数据等支撑技术的融合不断深入，围绕着数据处理、模型训练、部署运营和安全监测等各环节的工具链不断丰富。人工智能研发管理体系日益完善，以 MLOps 为代表的自动运维技术受到越来越多的关注合③。随着工程实践能力的不断提升，未来将会更加便捷、高效地实现人工智能落地应用和产品交付。

3. 可信安全将成为人工智能赋能的重要保障

人工智能发展的空间越大、影响越深、挑战越多，对它的治理就越重要、

---

① 新技术·新产品．网信军民融合．2021-04-30

② 防范人工智能安全风险．李芃达．经济日报．2022-09-27

③ AI 焕新　方兴未艾．杨赞．人民邮电．2022-04-22

越紧迫。近年来围绕着安全性、稳定性、可解释性、隐私保护、公平性等方面的可信人工智能研究持续升温。可信人工智能理念得到了国际组织的广泛关注，二十国集团（G20）在2019年6月提出的“G20人工智能原则”中明确建议促进可信赖的人工智能创新发展，成为全球重要共识。可信人工智能的理念逐步贯彻到人工智能的全生命周期之中，产业实践不断丰富，已经演变为落实人工智能治理相关要求的重要方法论。

3.3　区块链：构建数字世界的契约规则

区块链（Blockchain）建立了一种在不可信网络中进行信息与价值传递交换的可信通道，凭借其独有的信任建立机制，为数据要素的管理和价值释放提供了新途径。加快发展区块链技术，有利于推动建立安全可信的数字经济规则与秩序，对促进经济社会高质量发展，提升国家治理体系和治理能力现代化水平意义重大。

（一）区块链的分布式架构

区块链技术是一种全新的分布式基础架构与计算方式，利用块链式数据结构来验证与存储数据，利用分布式节点共识算法来生成和更新数据，利用密码学的方式保证数据传输和访问的安全，利用由自动化脚本代码组成的智能合约来编程和操作数据①。区块链作为点对点网络、密码学、共识机制、智能合约等多种技术的集成创新，能够实现数据多方维护、交叉验证、全网一致、不易篡改，提供了一种在不可信网络中进行信息与价值传递交换的可信通道。

区块链技术实现了穿透式监管和信任逐级传递，不断向垂直领域延伸，蕴含着巨大的变革潜力，有望成为数字经济信息基础设施的重要组件，正在改变诸多行业的发展图景。作为新一代信息通信技术的重要演进，区块链为数据要素的管理和价值释放提供了新思路，为建立跨产业主体的可信协作网络提供了新途径，有望在疫情后全球经济复苏和数字经济发展中扮演越来越

---

① 区块链与区域创新发展．斯雪明、刘晓蕾、王飞跃、杨东、张述存．区域经济评论．2020-05-15

重要的作用[①]。

（二）区块链技术研究热点

当前，区块链基础功能架构已趋于稳定，面向业务场景需求的工程技术优化成为业界共识，区块链技术研究主要集中在共识算法优化平衡、安全与隐私保护、合约可信性、可扩展性和跨链技术等方向，呈现出较高的热度。

1. 共识优化平衡

共识算法是区块链系统中最为关键的模块，主要用于确保分布式系统中消息的一致性，其核心指标包括可扩展性、安全性以及去中心化。如何构建可扩展性好、安全性高且满足足够去中心化的区块链系统，一直是学术界尝试突破解决的问题。但是，共识机制存在三元悖论，即：在一个区块链系统中，可扩展性、分布式程度和安全性三者不可兼得，因此在三元问题中找到平衡是当前共识机制的关键和研究热点，当前主流区块链系统中常用的共识算法包括有工作量证明（POW）、权益证明（POS）以及拜占庭共识算法（BFT）等。

2. 隐私增强计算

隐私增强计算是指在提供隐私保护的前提下，实现数据价值挖掘的技术体系。隐私保护计算技术能够实现数据处于加密状态或非透明状态下的计算，以达到各参与方隐私保护的目的，也是推动数据要素市场合规的关键。目前比较成熟的隐私保护计算技术，有联邦学习、安全多方计算、机密计算（可信执行环境）、差分隐私和同态计算等多种方案。根据不同的特定场景，可以构建特定的技术方案，来实现隐私保护前提下的数据流转。

3. 智能合约优化

智能合约具有透明可信、自动执行、强制履约的优点，一旦被部署到区块链上，程序的代码和数据就是公开透明的，无法被篡改，并且一定会按照预先定义的逻辑去执行，产生预期中的结果，且契约的执行情况将被记录下来[②]，因而智能合约的安全性至关重要，迫切需要完善的智能合约检测技术，

---

① 基于区块链的数字身份管理发展现状研究．赵洋、乔志甫．中国安防．2022－03－01

② Web3.0：渐行渐近的新一代互联网．姚前．中国金融．2022－03－16

在合约上链之前进行检测，定位并排除漏洞。当前已经出现了不少智能合约检测工具或在线检测站点，但这些检测仍基于经验总结，对于未知合约漏洞则无能为力。形式化验证方法是一个可能的解决思路，但难度较大，目前还没有找到合适的解决方案，需要进一步深入研究。

（三）区块链应用助推数字世界价值自由流通

区块链作为数字经济基础设施的关键底层技术，应用深度和广度持续提升，具备大规模的市场空间及良好的商业化前景，除应用于金融、能源、安全等国计民生重大领域外，在文化艺术、交通出行、政务服务、身份认证等民生领域也有广泛应用。

1. 区块链＋能源：全球首款区块链 P2P 电力交易系统——分布式体系让可再生能源未来可期

澳大利亚公司 PowerLedger 开发了全球首款太阳能剩余电力交易平台，通过区块链技术实现了点对点（P2P）太阳能电力交易，对于全球能源市场具有变革意义。该平台目前在美国、澳大利亚、日本、印度等许多国家得到了广泛应用。

该平台利用 PowerLedger 自己开发的区块链 Ecochain，采用 POS（权益证明）机制实现交易管理。拥有太阳能电池板的用户通过该平台可以连接电力交易市场，在电能产生的时候该平台就可以确定电能的所有者，然后通过一系列交易协议完成电能所有者和消费者之间的交易。住户可以直接将剩余电能卖给其他住户，出售价格也高于直接出售给电力公司的价格，电能的所有者获得了更大收益，电能的消费者也获得了更低的用电成本。

该平台通过区块链技术应用，可以近乎实时地追踪、验证并提供每一笔太阳能交易的记录，从而提高透明度，增加自动化交易程度，并最终形成一个功能完备的电力交易市场。该平台的出现是分布式能源高效利用的有效途径，也是能源交易的创新性尝试，为减少交易成本提供了有效途径。

该平台改变了传统能源的生产、分布和交易模式，将独立的、不同的参与者组织在一起，让人们通过区块链技术所构建的信任网络，可以便捷的生产和交易能源，以更弹性的去中心化体系降低了交易的中间成本，能够促进可再生能源的生产利用，有助于减少碳排放。

2. 区块链 + 艺术：全球最昂贵的 NFT 艺术品——数字藏品成为文化艺术新贵

NFT（Non-Fungible Tokens）的中文名称是非同质化代币，是一种可应用区块链技术验证的数字资产。在文化艺术领域，NFT 能够实现艺术品真实可信的数字化发行、购买、收藏和使用，因而被成为“数字藏品”。

2021 年 3 月，美国艺术家 Beeple 的作品《Everyday：The First 5000 Days》在佳士得网拍中以 6934 万美元成交，约合人民币 4. 5 亿元，产生了巨大的轰动效应。

该作品的创作耗费了 5000 多天，是由 5000 张作品图拼接形成的一个 316MB 的 JPG 文件，其特别之处在于作品本身是以 NFT 形式存储。得标者将会收到《Everyday：The First 5000 Days》图片以及一枚 NFT，该 NFT 基于区块链技术，存放了数字作品的元资料、原作者的签章，以及所有权的历史记录，而且它是独一无二的。

该作品大幅刷新了 NFT 艺术品的拍卖纪录，成为全球最昂贵的 NFT 艺术品，是佳士得拍卖行历史上第一件拍出的 NFT 艺术品，标志着传统艺术品市场正式接纳了 NFT 数字艺术登堂入室。同时，该作品也创造了在世艺术家拍卖作品的第三高价，引发了全球 NFT 投资热潮。

NFT 本身是一种区块链上应用层协议，用于标识数字世界中所有权记录。文化艺术是 NFT 最好的应用方向之一，因为 NFT 数字作品大大降低了版权确认、使用追踪、溯源的难度和成本，同时也让艺术创作者可持续在作品流转中获取收益，继而推动了艺术创作和数字加密艺术的发展。

3. 区块链 + 出行：印度区块链打车平台 DRIFE 试水出租车 3. 0——通过分散平台创造更公平的出行生态系统

印度 DRIFE 是一个基于区块链技术的去中心化打车平台，旨在提供最佳的出行服务、价格和薪酬，希望通过建立在区块链上的更公平、更高效、更透明的出租车 3. 0（Taxi 3. 0）运行模式，颠覆目前由 Uber 和 Lyft 主导的有缺陷的商业模式。

2021 年 11 月，DRIFE 正式宣布在印度班加罗尔进行试点。出租车司机运行 DRIFE 应用程序，可以发现特定半径内的所有叫车乘客，每个司机都有平等的出价机会，乘客也可以根据司机的距离、评价和价格等情况选择司机。只要双方达成出行意向，DRIFE 就会自动生成连接司机和乘客的智能合约。完成出行服务后，DRIFE 会触发智能合约条件，完成打车费用支付，双方还可以互相评价。出行过程的数据均运行在区块链上，可核查、可追溯。

DRIFE 建立在 EOS（一款区块链操作系统）区块链上，使用去中心化的区块链技术将控制权交还给司机、乘客和开发者社区，司机无需第三方即可独立经营出行业务。DRIFE 根据市场情况计算基本乘车价格，允许乘客和司机协商价格，既体现定价的公平性，也消除了平台不合理加价问题。

与中心化打车平台不同，DRIFE 不收取司机的佣金，每年只收取一次使用应用程序的费用，司机可以通过质押 DRIFE 所属的 DRF 代币获得更高的获客机会。分散化模式创建了一个更公平的出行生态系统，无需强大的平台为司机和乘客规定条件和激励措施，降低了传统出行平台的中间成本，确保出行费用主要用于出行服务本身，最大程度保障了司机的收益。

4. 区块链 + 政务：北京“长安链”一体化政务服务支撑体系——助力构建安全高效的智慧政务运行体系

“长安链”是由北京微芯区块链与边缘计算研究院研发的国内首个自主可控区块链开源底层技术平台。依托该技术体系，以政务应用为牵引，按照 1 套区块链算力基础设施、1 个区块链基础服务平台、N 个政务应用场景的“1 + 1 + N”模式的创新示范应用，建成了长安链政务一体化建设和应用服务体系，支撑了北京市 140 余个政务服务业务应用场景，促进了 57 个部门 2.8 万类数据项、327 亿条数据的共享。

海淀区基于长安链推进区块链技术在政务服务领域应用，截止 2022 年月底，共有 15 类国家级数据，22 类市级数据，6 类区级数据实现链上应用。市公安局、市税务局、市民政局等 25 个单位加入海淀区政务服务区块链联盟，累计实现 605 个政务服务应用场景落地，全区 1891 个事项实现全程网办。

海淀区政务服务“一网通办”平台基于长安链，实现了身份证、户口簿、营业执照、婚姻信息、专利证书信息等 44 类数据链上核验，应用区块链、人脸识别、自助取件、邮政寄递等线上线下融合措施，优化全时段服务，实现 7 × 24 小时“不打烊”。线下通过自助终端，可以全天候查询、打印、办理 200 多个便民服务事项；线上在海淀通 APP 开设“区块链专区”，公租房补贴、高技能人才培训补贴审批、公共场所卫生许可证等常用政府服务场景均可直接办理。

“长安链”一体化政务服务支撑体系以破解政务服务领域的关键问题、核心瓶颈、痛点堵点作为“抓手”与切入点，扎实推进政务服务领域区块链应用，实现“链”享数据减材料、“链”通业务省时间，推动区块链在数字政府、数字经济和数字社会的多维应用，促进了跨部门、跨地域的数据流通共享、业务协同办理、服务效能提升。

5. 区块链 + 标识：中国首个分布式数字身份会员证发出——网络世界中身份标识的模式变革

当代社会，人们在网络世界中的身份账户越来越多。传统的中心化身份认证方式的弊端日益突出，如身份管理完全依赖于平台、身份信息易被盗用、信息协同难以实现等。而分布式身份技术（DID）则可避免此类问题，将数据所有权归还给用户，从根本上解决隐私问题。

2021 年 12 月，中国物流与采购联合会区块链应用分会在 2021 中国双链年会上，向协会会员、理事会成员、专家委员会成员等颁发了中物联区块链分会 BAAC-DID，这是国内首个分布式数字身份会员证。

作为 BAAC-DID 的技术支持方，腾讯云区块链分布式身份服务（TDID）是一款业界成熟的分布式数字身份基础服务产品，能够为实体之间（包括人、机构、物体等）跨系统、跨边界的可信身份识别和数据交换提供新的可信基础设施。

在腾讯云 TDID 的支持下，用户可以在 BAAC-DID 上注册生成分布式身份标识符（DIDs），同时也能够以该身份标识符 DIDs 向中物联区块链分会申请会员证、理事证、专家证等现实世界中的各类凭证（VCs），这些身份信息（包括 DIDs 和 VCs）完全掌握在用户手中。在身份验证的过程中，持有者可以根据需求对信息进行选择性披露，保证自身信息安全。其他机构或个人，仅需通过访问自己拥有或信赖的区块链服务，即可独立地验证持有者的BAAC-DID证，从而确认用户的会员身份。未来，BAAC-DID还将进一步承载入会材料及身份验证、奖项证书颁发、案例认证等应用。

采用分布式身份技术（DID）这种全新的方式链接世界万物，无需系统间直连或数据汇集，有助于真正打破数据孤岛，实现数据有权、信任无界。目前，腾讯云TDID已经支持长安链、FISCO-BCOS、Fabric等主流区块链网络，并逐步在政府服务、金融资产、医疗健康、教育培训等领域落地。

（四）区块链技术的平衡与增长

1. 有望突破区块链技术的性能和效率瓶颈

区块链致力在缺乏互相信任的分布式网络环境下，实现交易的安全性、公允性，达成数据的高度一致性、防篡改、可追溯。因此付出的代价之一就是性能和效率，从而限制了在区块链系统上开发更大规模应用的能力。为了更好的支撑上层业务，当访问量扩大时区块链系统仍需提供良好的用户体验，需要在具体应用场景中针对扩展性寻求突破，主要通过树状拓扑数据结构、分片方案、多种共识算法融合等方式来解决，每个技术路线的优势和应用场景不同，但是均能极大提升系统性能，支撑大多数业务场景。

2. 亟待通过隐私保护技术实现数据安全可控

通常情况下，区块链上的数据是所有参与方都公开可见的，但是在大量商业场景中，数据的暴露不符合业务规则和监管要求，因此，需要通过研究链上隐私保护技术来实现对数据的安全可控。区块链隐私保护目前主要从密码学和工程学两个方向推动①，是当前技术创新的热点和发展方向。公有链一般通过密码学的方法来保护隐私，如环签名、盲签名、机密交易、零知识证明等算法。联盟链通过结合密码学手段，如安全多方计算、联邦计算、差分计算等技术，来实现多种方式的密文计算。而在工程学上则采用如隐私交易、多子链实现账本隔离等方式，注重提升效率，节约计算资源，同时需考虑可监管性与授权追踪。

---

① 联盟链技术测试观察与分析．刘虹男、魏凯．信息通信技术与政策．2020－01－15

3. 不同区块链之间的互操作难题正加速破解

区块链应用广度与深度的不断拓展，不同区块链平台之间跨链难、上层应用系统与底层链切换难、链上链下可信交互难的三难问题逐渐凸显，阻碍了区块链的进一步发展，导致大规模商业应用迟迟未来出现。针对行业公认的链间互操作难题，行业头部企业纷纷投入研究实践，并形成了一系列方案项目，如 Chainlink、COSMOS、Hybrix、BitXHub、Polkadot 等跨链项目，这些跨链项目从技术层面验证了链间互操作的可行性，但受制于技术、应用、流程机制等因素，整体上仍处于早期阶段，未来几年区块链协议之间的互操作性有望取得更多进展①。

4. 区块链技术跨领域集成创新程度将不断提升

随着应用场景的不断拓展，区块链技术本身也将不断演进变化，在共识机制、分布式账本、智能合约等关键核心技术的基础之上，区块链技术将加快与云计算、大数据、人工智能等前沿技术的深度融合与集成创新②，跨链互操作技术将不断成熟，基础通用标准体系和行业特色标准体系将加快建立，逐步形成以联盟链为主的“链上链下”相结合的技术体系。在此基础上，区块链技术将进一步加快物流、信息流、资金流融合，切实发挥出推进实体经济转型升级和创新发展的巨大作用。

3.4 移动通信：开启物网融合新时代

移动通信技术是以无线电波为通信用户提供实时信息传输的技术。自上世纪八十年代诞生第一代移动通信技术（1G）以来，经历了从 1G 到 5G 的蜕变。每一次代际跃迁，都极大地促进了产业升级和经济社会发展。从 1G 到 2G，实现了模拟信号到数字信号的飞跃；从 2G 到 3G，实现了语音业务到数据业务的转变；从 3G 到 4G，实现了移动通信网络和传统电信网络的融合；从 4G 到 5G，万物互联成为可能；从 5G 到 6G，大规模物联网应用需求

① 区块链白皮书．中国信息通信研究院．2021 - 12

② 浅谈区块链技术在农业领域的应用及前景．山西农业大学软件学院．赵敬轩．山西经济日报．2021 - 12 - 07

不断涌现，即将开启物网融合的新时代。

（一）从5G万物互联到6G万物智联

国际标准化组织3GPP定义了5G的三大场景，一是增强移动宽带场景（EMBB），二是大规模物联网场景（MMTC），三是低时延高可靠连接场景（URLLC），可提供多业务、多技术融合以满足大连接、高宽带和低时延需求的高速通信，使得万物互联成为可能①。5G不仅解决了人与人的通信，为用户提供增强现实、虚拟现实、超高清视频等更加身临其境的业务体验，更是解决了人与物、物与物的通信问题，满足了移动医疗、车联网、智能家居、工业控制、环境监测等物联网应用需求②。截至2022年10月，全球已有230多家运营商推出了5G商用服务，共部署了300多万个5G站点，5G用户达7亿。5G已渗透到了经济社会的各个角落，成为支撑经济社会数字化、网络化、智能化转型的关键新型基础设施③。

随着5G大规模商用，全球业界已开启6G的研究探索。按照移动通信技术每10年左右更新一代的规律，6G有望在2030年左右迎来商用，届时6G能够提供比5G更高的频率、更大的容量和更低的时迟④。中国IMT－2030（6G）推进组认为6G将在5G三大场景基础上拓展深化，以可持续发展的方式延伸移动通信能力边界，创新构建“超级无线宽带、极其可靠通信、超大规模连接、普惠智能服务、通信感知融合”五大应用场景⑤。6G将推动形成人机物智慧互联、智能体高效互通的新型网络，实现物理世界人与人、人与物、物与物的高效智能互联，打造泛在精细、实时可信、有机整合的数字世界，实时精确地反映和预测物理世界的真实状态，助力人类走进人机物智慧互联、虚拟与现实深度融合的全新时代⑥。

5G从移动互联网扩展到移动物联网领域，服务对象从人与人通信拓展到

---

① 展望5G/6G时代的地球空间信息技术．李德仁．测绘学报．2019－12－15

② 基于ATSSS技术的固移融合业务分流技术探讨．吕振华．广东通信技术．2021－01－15

③ 基于5G标准跟踪的移动通信教学实践．吴静．集成电路应用．2021－08－10

④ 1～6G移动通信系统发展综述．张勇敢、章伟飞、张森洪．信息与电脑（理论版）．2020－09－10

⑤ 6G典型场景和关键能力白皮书．IMT－2030（6G）推进组．2022－07

⑥ 面向6G的天地一体化信息网络架构研究．徐晖、孙韶辉．天地一体化信息网络．2021－12

人与物、物与物通信，并与经济社会各领域深度融合，引发生产生活方式的深刻变革。6G 将在 5G 基础上进一步拓展和深化物联网的应用范围和领域，持续提升现有网络的基础能力，不断发掘新的业务应用，服务于智能化社会和生活，通过超大规模的智能化网络实现由万物互联到万物智联的跃迁①。

（二）5G 与 6G 移动通信关键技术

1. 5G 移动通信关键技术

5G 作为新一代移动通信技术，其网络结构、网络能力明显优于前代移动通信技术，整合了大量新技术。在无线技术方面，5G 国际技术标准重在满足灵活多样的物联网需要，采用了灵活的全新系统设计，为了支持高速率传输和更优覆盖，5G 采用 LDPC、Polar 新型信道编码方案、性能更强的大规模天线技术等；为了支持低时延、高可靠，5G 采用短帧、快速反馈、多层/多站数据重传等技术②。在网络技术方面，5G 采用全新的服务化架构，支持灵活部署和差异化业务场景，基于网络功能虚拟化（NFV）/软件定义网络（SDN），实现硬件和软件解耦，采用通用数据中心的云化组网，支持多接入边缘计算（MEC），通过网络切片（Network Slicing）将一张物理网络分成多个虚拟网络，从而满足不同应用场景的需求。

2. 6G 移动通信关键技术

回顾移动通信发展历程，新业务应用由出现到成熟往往需要两代周期来培育。在信息消费极大增长和生产效率不断提升的需求驱动下，以及在先进的感知技术、人工智能、通信技术、新材料和新器件的使能下，将衍生出更高层次的移动通信新需求，推动 5G 向 6G 演变和发展③。作为下一代移动通信技术，6G 正处于概念形成及关键技术储备的窗口期，通过无线和网络两个维度的技术测试验证，促进 6G 关键技术的共识形成。

三项潜在无线关键技术：太赫兹通信、通信感知一体化、智能超表面。

---

① 6G：让万物智联成为可能．中国科技奖励．2021－07－20

② 5G 移动通信技术在通信工程中的应用分析．刘昱彤．信息与电脑（理论版）．2021－04－10

③ 6G 室内覆盖展望及关键技术应用思考．刘海涛、刘洋、冯晓丽、宗佳颖．电子技术应用．2021－12－06

凭借丰富的频率资源，太赫兹通信可以支持超高的通信速率，以及微尺寸通信等新型通信应用场景。通信感知一体化是让无线通信和无线感知两个功能在同一系统中实现且互惠互利，技术发展可以分为通信和感知从松耦合到完全一体化的几个不同阶段①。智能超表面通过实时可编程的人工电磁表面来调整电磁波传播中的信道参数，从而实现对无线环境的动态控制，具有低成本、低功耗、易部署特点。

两项潜在网络关键技术：算力网络、分布式自治网络。随着移动通信基站、边缘服务器和智能设备的广泛部署，算力网络将云边端多样的算力通过网络化的方式连接与协同，达到算力服务的按需调度和高效共享。未来的无线接入网将呈现极简架构和柔性架构，通过分布式、去中心化、自治化的网络机制来实现灵活、普适的组网。

（三）5G垂直应用创造更多可能

5G的成功商用创造了很多新场景、新应用、新模式，为产业发展带来了前所未有的机遇，特别是5G在垂直行业的广泛应用，展现了其庞大的潜在市场空间和助力经济社会创新发展的巨大潜能，开启了产业互联网变革的新篇章，为6G演进奠定了坚实基础②。

1. 5G + 矿山：晋能控股集团打造智慧矿山新标杆——5G助力煤炭行业大放异彩

晋能控股集团掀起5G智慧矿山建设热潮，推动5G与煤炭行业深度融合，已建成24座矿井54个智能化综采工作面，用数字化、智能化技术武装起来的5G + 智慧矿山正在大放异彩。

在晋能控股塔山矿，建成了井上井下全覆盖5G网络，为全矿相关生产区队配备了矿用本安型5G可视手机。管理人员通过5G可视手机向指挥中心发布指令，采煤机、运输机、转载机等井下综采设备相继联动运转，监控屏幕上各类数据不断跳动，工作面就源源不断地将煤炭输送到了地面储煤仓。

---

① 6G愿景及潜在关键技术分析．徐晓燕、韩凯峰、杜滢等．信息通信技术与政策．2022 - 09 - 15

② 从万物互联到万物智联 运营商全面开启6G布局．唐刚．通信信息报．2021 - 06 - 16

基于5G高速网络，塔山煤矿实现了高清工业视频、智能视频分析平台、巡检机器人、无线传感器等应用，5G+智慧矿山走在了行业前列，被评为国家首批智能化示范煤矿。

在晋能控股同忻矿，构建起5G+万兆工业环网有线无线双网融合的网络大平台，以综合自动化建设为基础，采用物联网、大数据、云计算、移动互联等先进技术手段①，建成了国内首个智能化综放工作面，通过数据中心控制室15台电脑实时分析和采集井下各种安全数据，集成“一通三防”、主扇运行、瓦斯抽放监测等24个综合安全监测监控系统的数据，井上井下实现了远程集中自动化控制。

2. 5G+电网：南方电网成功创建数字电网示范区——5G促进绿色高效数字电网建设

南方电网联合多方共同打造的5G智能电网项目，通过5G技术创新和数字能力赋能，建成了绿色高效的数字电网与新型电力系统，获得2021世界移动通信大会全球移动大奖，成功入选2022年世界5G大会十大应用案例。

南方电网从电力5G虚拟专网顶层设计、关键技术研发、技术验证、行标企标、安全论证、业务落地等方面推动5G与数字电网融合发展，提出5G高精度授时、虚拟专网端到端资源保障、5G局域网透明传送、1% PRB资源预留、5G切片资源自管理等技术，全面孵化验证54个业务场景，涵盖电力发、输、变、配、用、综合各个环节，形成规模化应用重点场景24个，完成5G终端上线6000多个，产生了规模化示范效应。

南方电网依托国家新基建重点项目“面向智能电网的5G新技术规模化应用”，在广州南沙和深圳龙岗建立了5G+数字电网示范区。在南沙，5G智能电表的数据采集频次可提升至分钟级，5G计量装置覆盖2.1万用户，能实现自动抄表、动态实时电价和用户双向互动。在龙岗，针对输、变、配、用电等环节上线7大类5G应用，全球率先将5G通信应用于配网差动保护装置，结合12种自研算法，较人工作业提升巡视效率11倍。

2022年下半年，南方电网将5G+数字电网示范区的应用成果复制推广

---

① 厚植生态底色 描绘企业亮色 晋能控股集团“五个常态化”奋力书写绿色发展答卷．田晓敏．当代矿工．2021-08-22

到东莞、珠海等9个地市，5G技术与电力场景融合的深度、广度达到了新水平。

3. 5G + 农业：中国联通助力北大荒数字农场建设——5G守护大国粮仓

中国联通将5G等数字技术应用于北大荒农场，以农业生产经营管理为核心，贯穿耕、种、管、收全环节，打造出了世界先进的5G数字农场。

中国联通根据黑土地保护和无人化智能作业两大需求，打通“人、地、机、物、环”农业生产作业全要素，搭建了“1 + 1 + N”架构，即1张5G核心网，完成农业生产“感联智控”；1个农业智脑，整合物联、数据、业务、AI、GIS等中台，进行统一的平台支撑和智能服务；形成N项5G智慧农业应用，激活农业发展要素资源，提高生产效率，降低生产成本①。

在数字农场中，5G助力农业生产规划与作业过程的智能化，以数据驱动农机具作业，增强了集约、智能、高效的无人作业能力，创造了一批农业5G应用新场景：5G + 养分分布数据建立AI指导配方，5G + 传感器实现变量侧深施肥，5G + 多源遥感数据实现长势监测分析，5G + 无人收割机测产进行作物产量分析，5G + 超视距摄像头进行叶龄诊断。

通过打造数字农场，开展农业设施、装备、机械的数字化、智能化改造，以5G赋能万亩良田，实现水、肥、药施用量节约20%以上，人力成本降低10%以上，每亩增产5%至10%，为农业发展插上了数字化翅膀。

4. 5G + 港口：天津港探索智慧港口建设新路径——5G智慧港口的“中国样板”

为了打造世界一流的绿色、智慧、枢纽港口，输出智慧港口的“中国样板”，天津港通过整合5G专网、北斗高精度定位平台、自动驾驶AI和车路协同能力，完成了5G智慧港口平台建设，改变了天津港货物运输和装卸的方式，实现了港口作业流程自动化、智慧化。

融合5G行业专网与北斗高精度定位网。采用全联接5GSA无线网络，对港口运输要素实现全面感知，进行自动化安全监控、自动化调度。依托中国移动OnePoint高精度定位平台实时数据传输，保障码头高精度定位差分数

---

① 5G数字农场值得期待．董盈、李雪君．黑龙江日报．2022 – 08 – 10

据的可用性和稳定性，并通过5G专网将高精度定位差分数据播发到设备、车辆和人员的定位终端，实现港区自动化生产所需高精度定位能力。

通过5G智慧港口平台建设，打造了5G智慧闸口、5G港机自动化控制、5G无人水平运输、5G智慧拆解锁站、5G智能理货等多个应用场景。特别是在5G无人水平运输场景中，基于5G+车路协同+高精度定位等技术，融合AI和大数据，实现集卡无人驾驶、集卡远程驾驶、集卡全域感知和全局策略控制，显著提升港口的运行效率和安全生产能力。

在5G赋能之下，天津港成功突破水平岸线传统集装箱码头自动化改造这一世界港口难题，相比传统码头，生产效率提升15%，人员配备减少60%，适用于95%的传统码头改造升级，开创性探索出一条智慧港口建设新路径。

（四）不断演进的移动通信技术加速物网融合

5G方兴未艾，6G蓄势待发，未来移动通信技术将助力实现真实物理世界与虚拟数字世界的深度融合，助推物网融合发展，构建万物智联的全新世界。

1.5G正从规模商用向高速发展跃迁

基于网络部署的快速推进，5G正在从规模商用期向高速发展期跃升。当前，5G仍在持续演进，性能指标更优的5.5G将加速落地，呈现“下行10Gbps、上行1Gbps、千亿联接、内生智能”的四大关键特征，成为支撑数字经济发展的中坚力量。基于5G大带宽、低时延的网络能力优势，机器对机器（M2M）和蜂窝物联网（IoT）等应用将进一步提速。CCSInsight预计到2022年底5G物联网连接数可达到900万，到2026年M2M和IoT连接数将达到4.55亿，万物互联的趋势更加明显。

2.6G将创造多感官交融的身临其境体验

6G的超低时延超高带宽能够支撑实时交互，通过云化扩展现实（XR）技术显著降低XR终端设备的计算负荷和能耗，摆脱线缆束缚，实现人、物及其周边环境的三维动态交互，打通虚拟场景与真实场景的界限①。6G将提

① 6G总体远景与潜在关键技术白皮书.IMT-2030（6G）推进组.2022-06

供完全沉浸式交互场景，支持精确的空间互动，可以传递的不仅仅是听觉（声音）、视觉（视频），还可能包括触觉、嗅觉、味觉等，满足人类在多重感官，甚至情感和意识层面的联通交互，并利用交互式全息技术在全息物体之间进行类似实体之间的直接交互，感受身临其境的极致体验。

3. 6G 将构建空天地海一体化无缝连接

6G 具有全频谱通信能力，随着业务的逐渐融合和部署场景的不断扩展，地面蜂窝网与包括高轨卫星网络、中低轨卫星网络、高空平台、无人机在内的空间网络相互融合，形成一个以地面蜂窝网络为基础，多种非地面通信为重要补充的全球广域覆盖的空天地海一体化网络。全域覆盖将实现全时全地域的宽带接入能力，为偏远地区、飞机、轮船等提供宽带接入服务，实现同一终端在地面、空中、海面各个区域之间的无缝漫游，为各类用户提供多样化的应用和服务①。

4. 6G 将成为具有内生智能的新型网络

通信技术与人工智能技术结合是未来网络发展的重要趋势。AI 技术将内生于 6G 移动通信系统，在信道预测、智能信号生成与处理、网络状态跟踪与智能调度、网络优化部署等方面发挥技术优势，通过无线架构、无线数据、无线算法和无线应用等呈现出新的智能网络技术体系。借助内生智能，6G 网络可以更好地支持无处不在的具有感知、通信和计算能力的基站和终端，实现大规模智能分布式协同服务，同时最大化网络中通信与算力的效用。

3.5 数字孪生：桥接现实与虚拟世界

随着感知、通信和人工智能技术的不断发展，现实世界中的实体或过程将在虚拟世界中得到数字化镜像复制，人与人、人与物、物与物之间可以凭借虚拟世界中的映射实现智能交互。数字孪生可以为物理实体在虚拟世界创建精确副本，是对物理实体的虚拟表示，借助这一虚拟视点，可以在应用到现实世界之前在虚拟世界预先体验，有助于更好的理解和优化物理实体。元

① 6G 技术趋势与应用研究．靳欣欣．电子技术应用．2021－12－06

宇宙的出现，旨在构建一个平行于现实世界的虚拟数字空间，并不完全对应于物理实体，通过虚实结合大大丰富了数字孪生的内涵。

（一）数字孪生的概念

数字孪生是以数字化方式创建物理实体的虚拟实体，借助历史数据、实时数据以及算法模型等，模拟、验证、预测、控制物理实体全生命周期过程的技术手段①。

数字孪生产生于航天军工领域，近年来在工业、城市管理领域持续渗透，并向交通、建筑、医疗、教育等垂直行业拓展，实现机理描述、异常诊断、风险预测、决策辅助等应用价值，有望在未来成为产业数字化转型的通用技术。

数字孪生以数据与模型的集成融合为基础与核心，通过在数字空间实时构建物理对象的精准数字化映射，基于数据整合与分析预测，最终形成智能决策的优化闭环②。其中，面向的物理对象包括实物、行为、过程，构建孪生体涉及到的数据包括实时传感数据和运行历史数据，集成的模型涵盖物理模型、机理模型和流程模型等。

（二）数字孪生相关技术

数字孪生是一项综合性技术，数据是基础，模型是核心，平台或软件是载体。所以获取数据的传感技术、监测技术以及数据的传输技术、存储技术、融合技术、处理技术，都是数字孪生的基础性技术；各种建模技术以及支撑建模的平台和软件、三维展示和 AR/VR 技术也是数字孪生的关键技术。

1. 感知与采集

数据是数字孪生最核心的要素，它源于物理实体、虚拟模型、服务系统，同时在融合处理后又融入到各部分中，推动了各部分的运转。为了实时感知物理实体及其运行环境，需要传感技术、监测技术的支撑。通过监测和传感获得的数据，需要利用先进的通信技术传输到数据平台或数据库。为适应分

---

① 数字化本质与运营模式进化的探讨．王卫国、陈东、王贤等．信息系统工程．2021 - 11 - 20

② 数字孪生南水北调工程建设浅析．孙永平、侯煜、侯召成．中国水利．2022 - 07 - 30

散的设备环境，需要采取物联网和云边协同计算技术。为节省信道和存储空间，需要应用数据压缩技术。为实现多源异构数据、时空数据融合，需要应用数据融合技术；为提高数据处理和建模速度，需要采用分布式存储和处理技术、流计算、内存计算等技术。

2. 建模与仿真

数字孪生的本质是通过数字化和模型化，用信息换能量，以更少的能量消除各种物理实体、特别是复杂系统的不确定性。数字孪生应用中真实物理空间的映射建模需要用丰富建模、计算求解、仿真工具集来强化多时空尺度模型统一计算求解能力①。在此基础上，需要利用模型进行仿真，复现实际系统中发生的本质过程，并通过对系统模型的实验来研究已存在的或设计中的系统，从而正确地反映物理世界的特性和参数，为虚实交互和智能决策提供依据。

3. 可视化与扩展现实

数字孪生需要直观的可视化效果，三维展示、地理信息系统（GIS）、扩展现实（XR）等都是重要的可视化技术。面对复杂系统以及元宇宙，XR 技术能够在完美复现实体系统的同时将数字分析结果以虚拟映射的方式叠加到所创造的孪生系统中，帮助使用者迅速了解和学习目标系统的原理、构造、特性、运行状态、变化趋势等各种信息，从视觉、声觉、触觉等各个方面提供沉浸式的虚拟现实体验，并借助 AI 技术进行自主学习与分析预测，实现实时且连续的人机互动，促进现实世界与虚拟世界的交互与融合。

（三）数字孪生助力虚实交互

数字孪生结合物联网、5G、大数据、云计算、虚拟现实等技术，应用空间正不断扩展，通过改变行业规则、优化发展路径、重塑运行模式，不断为行业发展赋能。

1. 数字孪生 + 宇宙模拟：国际团队开发出虚拟宇宙 Uchuu——宇宙的虚拟孪生兄弟

2021 年 9 月，来自日本、西班牙、美国、阿根廷、澳大利亚、智利、法

---

① 数字孪生技术为科技发展开创新机遇．龙小昂、王雷．中国安防．2021－03－01

国和意大利的科学家组成的国际研究团队使用世界上最强大的天文超级计算机 ATERUI II，历时一年，开发了迄今规模最大的宇宙模拟软件 Uchuu，并面向公众免费开放①。

Uchuu 的日语意思是“外太空”，它是一个构建于云计算数据库之上的一种全新的大数据结构：数据立方。它共由 2.1 万亿个粒子组成，立方体的每一边代表了 96.3 亿光年的信息，数据量达到了 3PB，相当于 894784853 张 1200 万像素的照片，可供科学家在前所未有的大小和细节层面上研究宇宙的演化。

Uchuu 引入了暗物质晕结构来控制宇宙中星系的演化，包括从最大的星系群到最小的星系，力求贴合真实宇宙的数据，未来还将增加虚拟星系和引力透镜图相关的数据。Uchuu 在时间尺度上明显优于其他虚拟宇宙模型，涵盖从大爆炸至今的 138 亿年宇宙历史。通过这个虚拟宇宙，能看到整个宇宙从最初阶段到现在任意一个时间点上的情况，还可以放大看具体一个星系，也可以缩小看整个星系群。

Uchuu 将成为研究宇宙的重要工具，将帮助天文学家更好地解读从其他途径获得的星系大数据，例如可以分析斯巴鲁望远镜（Subaru Telescope）和欧几里得（Euclid）太空任务等数据。

2. 数字孪生 + VR 医疗：美国 EchoPixel 推出 3D 医疗眼镜——3D 成像实现全息问诊

2021 年初，虚拟现实软件专家 EchoPixel 推出了一款 3D 查看器，类似于 VR 眼镜，以直观的交互式虚拟现实格式呈现患者特定的解剖结构，从而直接增加临床知识、更快的操作和更好的护理。

该技术使用多种医学图像数据集，使放射科医生、心脏病专家、儿科心脏专家和介入神经放射学家能够在开放的 3D 空间中查看患者特定的身体部位和构造，用于诊断和手术规划。

该系统的工作原理是：使用四个摄像头跟踪用户的头部动作，3D 查看器将图像转换为 3D 视觉效果，并使用触控笔让用户实时移动和与物体进行交

① 迄今最大最详细的宇宙模拟软件发布．电子产品可靠性与环境试验．2021－10－20

互。传统的 CT 技术更多局限在 2D 的呈现上，意味着医生无法看到患处周围的情况，而该系统可以将 MRI 和 CT 扫描等 2D 医学成像数据转换为浮在普通台式机上方的 VR 图像。

使用 EchoPixel 和相应的 3D 眼镜后，医生几乎可以从任何角度查看病人体内器官情况，完整的 3D 全息图像从屏幕中呼之欲出。然后医生可以根据情况放大或改变这些扫描图形，或者使用 3D 打印技术将模型打印出来做进一步研究。这种技术在精细治疗方面的作用尤为显著，例如对于新生儿先天性心脏病，可以大幅减少医生诊断时间。

3. 数字孪生 + VR 教育：上海一小学构建 VR 教育课堂——沉浸式学习让教学活起来

上海市愚园路第一小学构建了一个 VR 教育课堂，利用百度 VR 面向学校教学开发的丰富内容，可同时支持全校 40 多个班级自然科学课程的 VR 教学授课，为学生提供了沉浸式学习体验。

在靠近学校用户侧的边缘云机房部署 VR 教育云平台，并在平台上适配各种定制的 VR 教学课件。VR 教室内根据学生规模布置若干课桌，每课桌配置一路无线 VR 一体机（带互动手柄）及一路显示器（同步显示 VR 内容），每个课桌安排 4 至 5 名学生，在学习课程时轮流进行 VR 内容体验，每个学生一节课平均体验 4 至 5 种 VR 内容。

所有教室内 VR 设备的运行状态及课程播放均由任课教师通过移动端 APP 对云 VR 教育平台进行远程控制。教师按授课需要选取相应的 VR 课件内容，VR 教育云平台收到指令后对该课件进行实时渲染计算并向学生的 VR 设备流化推送实现 VR 教学。这种方式既有效保证了课程进度，也实现了学生对 VR 设备使用的高度可控①。

该校通过采用云 VR 教学模式，融合内容自动识别、带宽预测和 VR 用户体验实时评估等 AI 技术，创造了轻量化、无线化、易管理、可移动、可共享的 VR 教学新体验，提高了学生的学习兴趣，增强了对知识点的理解能力。

---

① 中国 5G 垂直行业应用案例 2020. GSMA. 2020 - 04

4. 数字孪生 + 智慧旅游：江苏园博园构建数字孪生园——时空智能应用带来新体验

江苏园博园占地 3.45 平方公里，作为江苏省园艺博览会的举办地，拥有 254 万平方米园林景观，为了发挥生态修复、城市织补的“双修”示范效应，园区基于数字孪生技术，打造了一套园博超脑系统①。

全要素数字化还原景区运行态势。园博超脑系统基于景区 GIS 数据、CAD 数据、BIM 数据等，构建园区 3D 底图，对地下管线、林木、路网、单体建筑等要素图层进行渲染，精确还原园区设施与地形地貌。还集成了大量传感器设备，接入票务、停车场等 21 个智慧化子系统，结合业务设计了 150 余个指标，实时还原景区运营现状，叠加视频监控和游客热力，实现一屏实时统览景区。

时空智能应用助力游客智慧体验。园博超脑系统结合客流、安防等业务场景，通过 AI 技术从园区数据中挖掘知识，打造景区客流监测预警处置等应用。基于深度时空细粒度推测模型推断每个景点在不同时间的动态游客人数，引导游客错峰游览或调整路线，提前发布景点客流过载预警，还可以通过时空索引和时空近邻查询功能快速精准调度周边可用工作人员维持秩序。

园博超脑系统投入运行以来，服务 60 多万名游客，处置 3 万多个园内事件，为江苏园博园提供了更高效、更智能、更安全的运营服务支撑。

（四）数字孪生技术的优化与完善

1. 数字孪生将由虚拟验证向虚实交互持续发展

数字孪生将延续虚拟验证、单向连接、智能决策、虚实交互的进阶式发展路线，在整体向前演进的同时，各阶段内部也在不断深化。虚拟验证重在通过虚拟空间对产品/产线/物流等进行仿真模拟和测试验证，以提升真实场景的运行效益。单向连接则在虚拟验证的基础上叠加了物联网（IoT）应用，实现基于真实数据驱动的实时仿真模拟，大大提升了仿真精度。智能决策在单向连接的基础上叠加了 AI 技术，将仿真模型和数据模型很好的融合，优化

① BIM + CIM 全生命期“智建慧管”技术在江苏园博园项目中的应用 . 张润东、孙晓阳、颜卫东、边辉、于建伟、于鑫 . 施工技术（中英文）. 2022 - 03 - 10

分析决策水平。虚实交互在智能决策的基础上强化反馈控制功能，实现基于数据自执行的全闭环优化①。

2. 数字孪生将发力重点领域标准研制和应用

近年来数字孪生技术发展迅速，可规模化、可商业化产品和应用层出不穷，在很多领域或行业取得了显著落地效果，同时在过程中也涌现出一大批理论与工程问题，围绕数字孪生标准化需求，未来重点急需标准的研制将不断提速，切实发挥数字孪生标准对产业和技术发展的支撑保障作用。特别是在国家数字经济创新发展试验区，将产生一批数字孪生标准示范基地，增加标准与技术环境的适应能力，提升重点领域数字孪生标准实施应用成效，形成标准研制与科技研发、行业应用高度融合的长效机制②。

3. 数字孪生将成为数字技术与市场竞争主航道

数字孪生技术价值高、市场规模大，典型的 IT、OT 和制造业龙头企业已开始布局，以工业互联网为代表的数字孪生应用将进一步深化拓展。2021 年全球数字孪生市场规模为 74.7 亿美元，还是一片蓝海市场。预计到 2025 年，全球数字孪生市场规模将达到 264.6 亿美元，数字孪生应用将延伸到生产、生活的每一个场景。人工智能、大数据、云计算、AR/VR/MR 等技术在数字孪生应用中具有重要作用，然而数字孪生自动化构建和智能化应用仍处于发展初期，整体发展速度依然有限，未来更符合数字孪生相关业务的基础理论、集成融合技术等将加快发展，以支撑数字孪生相关技术更广泛的落地与应用。

3.6 量子信息：颠覆经典信息技术规则

量子信息技术通过对光子、电子和冷原子等微观粒子系统及其量子态进行精确的人工调控和观测，借助量子叠加和量子纠缠等独特物理现象，能够以经典理论无法实现的方式获取、传输和处理信息③。量子信息技术突破了

① 数字孪生是驱动制造业数字化转型重要力量. 刘阳. 人民邮电. 2019-11-26
② 数字孪生在建筑工程领域的应用. 沈娟斐、李超、陈岳飞. 中国检验检测. 2022-05-26
③ 量子科技发展：从政策到应用. 陈赟. 中国工业和信息化. 2022-09-15

经典信息技术极限，是推动基础科学探索、信息技术演进和数字经济发展的新动能。

（一）量子信息的超经典能力

量子信息技术是量子力学与信息科学相结合的产物，基于量子特性在信息领域的独特功能，量子信息技术在提高运算速度、确保信息安全、增大信息容量和提高检测精度等方面打破了现有经典信息系统的极限，可能引发信息技术体系的颠覆性创新与重构，并诞生改变游戏规则的变革性应用，从而推动信息通信技术换代演进和数字经济产业突破发展①。

量子信息技术可以分为量子计算、量子通信和量子测量三个具有典型代表性的技术领域。其中，量子计算以量子比特为基本单元，利用量子叠加和干涉等原理实现并行计算，能突破摩尔定律的限制，在某些计算困难问题上提供指数级加速，是未来计算能力跨越式发展的重要方向；量子通信利用量子叠加态或纠缠效应，在经典通信辅助下进行量子态信息传输或密钥分发，能从根本上排除窃听，是迄今为止唯一被严格证明是无条件安全的通信方式；量子测量利用量子技术通过对重力、时间、位置等物理参数的超高灵敏度实现精密测量，可大幅度提升卫星导航、激光制导、潜艇定位、医学检测和引力探测的准确性和精度②。

（二）量子信息技术前沿热点

量子信息技术是未来信息技术和信息产业革命性变革的核心推动力，将对整个信息产业产生重大影响。当前，量子信息科技已进入到一个深化发展、快速突破的阶段，呈现出重大产业革命的先兆。

1. 量子计算技术创新活跃

量子计算够实现经典计算技术无法比拟的巨大信息携带量和超强并行计算处理能力③，存在多种技术路线以制作出纠缠态的最基本物理实现粒子，

---

① 中国信通院发布《量子信息技术发展与应用研究报告》. 信息网络安全. 2022 - 01 - 10

② 潘建伟：我的量子研究之路. 潘建伟. 神州学人. 2014 - 05 - 15

③ 量子计算技术创新与趋势展望. 软件和集成电路. 2021 - 09 - 15

但尚无任何一种路线能够完全满足实用化条件要求。量子计算目前还处于原型机研发阶段，对粒子状态的控制是亟需突破的难点，距离实现对规模化多体量子体系的精确制备、操控与探测还需至少较长时间的探索。量子计算为提升算力和降低能耗提供了颠覆性的处理思路，世界主要国家在量子计算科研探索和技术创新方面十分活跃，发展态势良好。“悬铃木”“九章”“祖冲之”等原理样机和实验平台，在量子计算优越性实验验证中不断取得突破性成果；IBM、Google 等科技巨头大力推动量子计算软件算法、编译工具和测控系统等软硬件研发。量子计算领域正在形成集科研攻关、工程研发、应用探索和产业生态构建为一体的全方位发展格局。

2. 量子通信技术日渐成熟

量子通信在传统算法的基础上进一步扩展，借由量子之间的相干性，整体的传输、分析速率有超倍的提升。相较于量子计算，量子通信技术更加成熟。基于量子隐形传态与量子存储中继等技术，可实现量子态信息传输，进而构建量子信息网络，已成为当前科研热点。基于量子密钥分发和对称加密算法的量子保密通信技术初步实用化，在商用设备、实验网络和示范应用等方面取得一定进展。量子安全直接通信近年在样机研发和组网实验方面取得一定进展，但实用化水平仍较为有限。总体来看，量子通信已经在通讯领域付诸实践，如“京沪干线”“墨子号”量子通信卫星等实践充分证明了量子通信的可行性，量子通信技术已经开始从理论走向实践。

3. 量子测量技术走向商用

量子测量在高精度、高灵敏度方面具有显著优势，能够克服经典力学原理测不准、无法测的局限性。量子测量涵盖电磁场、加速度、角速度、重力应力、时间频率等物理量，主要发展方向涉及新一代定位/导航/授时的光学原子钟、光学时频传输系统、原子陀螺仪与重力仪等，以及高灵敏度检测与目标识别的光学量子雷达、物质痕量检测、磁场精密测量等①。量子测量的产业化程度较量子计算和量子通信发展更快，微波原子钟、SQUID 磁力计、

---

① 量子测量技术与产业发展及其在通信网中的应用展望．张萌．信息通信技术与政策．2020－04－15

冷原子重力干涉仪、原子力显微镜、电子顺磁共振波谱仪等量子测量产品相对成熟，主要应用场景涵盖航空航天、防务装备、能源勘探、生物医药和基础科研等众多领域。

（三）量子信息正从实验室走向商业应用

发展量子信息技术是全球主要国家在科技领域的关注焦点和普遍共识，量子信息技术正在从学术研究和实验探索，走向样机研制、产品开发与应用探索①。

1. 量子计算：中国量子计算机“九章”问世——量子计算优越性的里程碑式突破

2020 年 12 月 4 日，中国科学技术大学宣布该校潘建伟院士团队成功构建 76 个光子 100 个模式的量子计算原型机“九章”。同日，国际学术期刊《科学》发表了该成果②，表明全球量子计算的前沿研究达到一个新高度，实现了“量子计算优越性”的里程碑式突破。

作为量子计算原型机的“九章”，与传统计算机的形态迥异，它由两个通过光纤连接起来的长 3 米、宽 1.5 米的“盒子”和“盒子”里密布的光学元器件组成。其中一个“盒子”用来产生光源，另一个进行干涉，把光信号变成电信号后引到隔壁的探测器进行分析。

“九章”采用的是光量子技术路线，和原子、离子、超导电路等类型的量子计算机相比，光量子计算可在室温下、空气中运行，能克服量子噪声极限，结构也相对比较简单。

“九章”的计算能力惊人，实验显示，当求解 5000 万个样本的高斯玻色取样时，“九章”需 200 秒，而当时世界最快的超级计算机“富岳”需 6 亿年③。同时，“九章”克服了谷歌超导量子比特计算机“悬铃木”的随机线路取样实验中量子优越性依赖于样本数量的漏洞。

---

① 数字经济，未来发展的关键增量．王鹏．金融博览（财富）．2022－04－16

② 量子计算机“九章”．常河．光明日报．2021－12－18

③ 2020 年中国重大科学、技术和工程进展．刘志远、祝叶华、徐丽娇、陈广仁．科技导报．2021－02－13

“九章”构建后不到一年，2021 年 10 月，“九章”团队发展了量子光源受激放大的理论和实验方法，构建了 113 个光子 144 模式的量子计算原型机“九章二号”，并实现了相位可编程功能①，再次刷新了国际上光量子操纵的技术水平。

2. 量子计算：IBM 首台商用量子计算机落户克利夫兰诊所——利用量子计算加速健康和生命科学的发现

2021 年 3 月，美国克利夫兰诊所（Cleveland Clinic）与 IBM 宣布了一项为期十年的合作，共同建立一个名为“发现加速器（Discovery Accelerator）”的设施，旨在将量子计算的功能用于下一代医学研究，从根本上推进医疗保健和生命科学领域的发现速度。

美国克利夫兰诊所是世界最著名医疗机构之一，集医疗、研究和教育三位一体，在许多医学领域开创了先河。而 IBM 是量子计算领域的全球领军者之一。作为合作的一部分，IBM 计划在美国克利夫兰诊所园区内，安装 IBM Q System One 量子计算机，这将成为 IBM 的第一台商用量子计算机。除了量子计算机，克利夫兰诊所还可以在云端访问 IBM 其他 20 多个量子系统。IBM 还计划在克利夫兰诊所的相关设施中安装其第一个 1000 + 量子比特的下一代量子系统。

通过发现加速器，研究人员利用 IBM 的量子计算技术生成和分析数据，以帮助克利夫兰诊所的全球病原体研究和人类健康中心开展基因组学、单细胞转录组学、人口健康、临床应用等研究以及化学和药物发现。

该合作计划还将联合政府、工业界、初创公司、大学和其他相关组织，利用克利夫兰诊所的全球事业，作为生命科学新量子生态系统的基础，提升量子技能，加速医药健康领域发展步伐。

3. 量子通信：中国电信首发“量子高清密话”——打造量子级保密通信的新体验

2022 年 5 月 17 日，在世界电信和信息社会日到来之际，中国电信发布

---

① 仿雁群阵列量子空中通信组网构建策略．姚明辉、聂敏、杨光、张美玲、孙爱晶、裴昌幸．物理学报．2022 - 04 - 29

业内首款基于量子信息技术的 VoLTE 加密通信产品——天翼量子高清密话。该产品采用国产定制手机、量子安全 SIM 卡和国密算法“三重保护”，在保障终端原生支持、VoLTE 高清通话基础上，为用户提供“管—端—芯”一体化安全防护。

该产品搭载中国电信定制终端，采用国产芯片的量子安全 SIM 卡，自主研发量子安全中间件，在手机侧完成对 VoLTE 话音数据的加解密，有效防止通话在网络传输中被监听。用户每次发起“量子密话”都会随机抽取卡内密钥校验用户身份，认证通过后再由量子网络实时生成一个新密钥加密会话数据。密钥真随机、难破译，会话结束后密钥立刻被废弃。

该产品不降低原有电信 VoLTE 业务的话音清晰度，用户通过拨号盘即可直接拨打加密通话，当任一方不支持此项业务时，通话自动回落到原有 VoLTE 通话，操作便捷，接通快，无顿挫感，在保障通话高清品质的同时，极大增强通话的安全保密性①。

天翼量子高清密话是中国电信“量子 + 加密通话”产品族中的新成员，已在北京、安徽、广东等地区开展试商用，为用户带来了科技、时尚、安全和便捷的保密通信新体验。

4. 量子测量：英国最大航母启用原子钟校准时间——精准授时服务确保军舰安全高效

2022 年 3 月 14 日，英国威尔士亲王号航空母舰启航前往挪威参加北极军事演习，并首次启用量子技术，将高度精确的原子钟安装在航空母舰上以实现精确时间定位。

各国军队主要通过 GPS 系统获得授时服务，精准授时服务对军舰接收信息，实施海上行动至关重要。但是，如果过分依赖 GPS 系统，一旦出现系统故障或信号不可用，将严重影响军事行动的连续性和有效性②。基于量子技术的原子钟可以解决这一问题，提供可靠的授时服务，降低对 GPS 系统的依赖。

---

① 中国电信首发天翼量子高清密话．殷欣．人民邮电．2022 – 05 – 16

② 基于智能分析的城铁信号系统主动维保模式分析研究．孙毅、邓瑛．运输经理世界．2022 – 06 – 15

威尔士亲王号航空母舰所载的原子钟是一款铯原子钟，由美国工业传感器巨头的英国子公司 Teledyne e2v 设计和制造，主要利用铯原子具有能级跃迁周期频率稳定的特性，获取精准的授时服务信号，其研发涉及量子物理学、电学、结构力学等众多学科。

该设备采用紧凑设计，外形类似于笔记本电脑，主要由微波子系统、系列物理组件、配电和控制子系统等组成，可在启动后短时间内锁定原子定时标识，并在面板上进行显示，保证时间精度，并补充定位、导航和授时系统。即使在 GPS 系统信号丢失的情况下，该设备也能保证军舰上各种复杂作战系统保持时间同步，确保海上作战行动安全高效。

（四）量子信息技术发展前景可期

1. 量子信息技术将在探索中前行

全球各国普遍重视量子信息技术的中长期发展规划和体系化布局，在政府管理部门、顶尖高校院所、科技巨头等多方发力下，基础科学研究、软硬件工程研发和应用场景探索不断取得新进展。但是由于量子信息技术的复杂性，研究发展与应用探索仍具有长期性和不确定性。量子计算多种技术路线并存发展尚未收敛，关键实用化应用场景尚未突破落地，量子信息网络研究与试验处于起步阶段，量子保密通信应用场景开拓和产业发展仍面临挑战，量子测量应用和产业化水平有待进一步提升①。

2. 量子计算走向通用化尚需时日

量子计算技术领域出现了许多创新性突破，但仍处于早期发展阶段，距离实用化仍有较大差距。现阶段以高校院所、科技巨头开展量子计算系统实验室研究为主，尚未形成占据绝对主导地位的技术路线，光量子、离子阱等在量子比特数方面较为领先的路线有被超越和颠覆的可能②。当前所宣称的量子计算机大多为模拟机，只能解决特定问题，距离通用量子计算机还有很长距离。科技巨头的创新热情有助于推动实用器件开发替代技术验证机，只

---

① 量子信息技术发展与应用研究报告. 中国信息通信研究院. 2021－12

② 量子计算技术发展路线与趋势分析. 付震宇、刘凌旗、陈羽臻、董博为. 中国电子科学研究院学报. 2021－08－20

有实现专用量子计算机向通用量子计算机的迈进，才能产出成熟产品并实现民用推广。

3. 量子通信技术的行业应用不断提速

随着量子直接通信等技术的不断突破，量子通信行业将得到快速发展。随着量子密钥分发（QKD）组网技术成熟，终端设备将趋于小型化、移动化，集成量子设备的系统复杂性将不断降低，量子通信将从军事国防、金融等信息安全要求较高的领域，逐步扩展到电信网、企业网、个人与家庭、云存储等领域，连接更多的下游应用入口，形成丰富的应用场景。

4. 量子测量技术持续多路演进

量子测量技术分支众多，技术方案多样且技术成熟度差异较大，广阔的市场前景和迫切的应用需求是量子测量技术和产业发展的重要推动力。原子钟、核磁共振陀螺和单光子探测等基于已有技术平滑升级演进的量子测量方向，其发展将愈加成熟，实用化水平相对更高。而基于量子相干性检测和量子纠缠探测的新技术方向在技术成熟度、设备集成化和工程化水平等方面仍有较大提升空间。量子测量设备的小型化、实用化、芯片化将持续成为研究热点，低功耗、高精度的量子测量装置将为量子测量技术进一步商用奠定基础。

参考文献

[1] 数字经济的发展与未来．石勇．中国科学院院刊．2022－01－20

[2] 大数据的价值发现：4C 模型．刘业政、孙见山、姜元春等．管理世界．2020，36(02)

[3] 大数据白皮书．中国信息通信研究院．2021－12

[4] 新常态“互联网＋物流”大数据应用的思维变革．青岛茂升祥物流咨询有限公司．牛志文．现代物流报．2015－04－17

[5] 大数据发展现状与未来趋势（下）．梅宏．中国军转民．2020－01－10

[6] 动态多维网络视角下人工智能技术创新演化路径研究．武庆圆、何凌南、胡家华．科技促进发展．2021－09－20

[7] 人工智能与智慧建筑．林必毅、王志敏、吴俊杰．智能建筑与智慧城市．2022－01－25

[8] 人工智能白皮书（2022 年）．中国信息通信研究院．2022－04

[9] 三维坐标推动人工智能迈向发展新阶段．刘艳．科技日报．2022－04－15
[10] 全球十大突破性数字创新技术．本刊综合．中国科技产业．2021－05－15
[11] “阿尔法折叠2”预测蛋白结构近原子水平．张梦然．科技日报．2021－07－19
[12] 新技术·新产品．网信军民融合．2021－04－30
[13] 防范人工智能安全风险．李艽达．经济日报．2022－09－27
[14] AI焕新 方兴未艾．杨赞．人民邮电．2022－04－22
[15] 区块链与区域创新发展．斯雪明、刘晓蕾、王飞跃、杨东、张述存．区域经济评论．2020－05－15
[16] 基于区块链的数字身份管理发展现状研究．赵洋、乔志甫．中国安防．2022－03－01
[17] Web3.0：渐行渐近的新一代互联网．姚前．中国金融．2022－03－16
[18] 联盟链技术测试观察与分析．刘虹男、魏凯．信息通信技术与政策．2020－01－15
[19] 区块链白皮书．中国信息通信研究院．2021－12
[20] 浅谈区块链技术在农业领域的应用及前景．山西农业大学软件学院．赵敬轩．山西经济日报．2021－12－07
[21] 展望5G/6G时代的地球空间信息技术．李德仁．测绘学报．2019－12－15
[22] 基于ATSSS技术的固移融合业务分流技术探讨．吕振华．广东通信技术．2021－01－15
[23] 基于5G标准跟踪的移动通信教学实践．吴静．集成电路应用．2021－08－10
[24] 1～6G移动通信系统发展综述．张勇敢、章伟飞、张森洪．信息与电脑（理论版）．2020－09－10
[25] 6G典型场景和关键能力白皮书．IMT－2030（6G）推进组．2022－07
[26] 面向6G的天地一体化信息网络架构研究．徐晖、孙韶辉．天地一体化信息网络．2021－12－20
[27] 6G：让万物智联成为可能．中国科技奖励．2021－07－20
[28] 5G移动通信技术在通信工程中的应用分析．刘昱彤．信息与电脑（理论版）．2021－04－10
[29] 6G室内覆盖展望及关键技术应用思考．刘海涛、刘洋、冯晓丽、宗佳颖．电子技术应用．2021－12－06
[30] 6G愿景及潜在关键技术分析．徐晓燕、韩凯峰、杜滢等．信息通信技术与政策．2022－09－15
[31] 从万物互联到万物智联 运营商全面开启6G布局．唐刚．通信信息报．2021－06－16
[32] 厚植生态底色 描绘企业亮色 晋能控股集团“五个常态化”奋力书写绿色发展答卷．田晓敏．当代矿工．2021－08－22

[33] 5G 数字农场值得期待．董盈、李雪君．黑龙江日报．2022－08－10
[34] 6G 总体远景与潜在关键技术白皮书．IMT－2030（6G）推进组．2022－06
[35] 6G 技术趋势与应用研究．靳欣欣．电子技术应用．2021－12－06
[36] 数字化本质与运营模式进化的探讨．王卫国、陈东、王贤等．信息系统工程．2021－11－20
[37] 数字孪生南水北调工程建设浅析．孙永平、侯煜、侯召成．中国水利．2022－07－30
[38] 数字孪生技术为科技发展开创新机遇．龙小昂、王雷．中国安防．2021－03－01
[39] 迄今最大最详细的宇宙模拟软件发布．电子产品可靠性与环境试验．2021－10－20
[40] 中国 5G 垂直行业应用案例 2020. GSMA. 2020－04
[41] BIM＋CIM 全生命期“智建慧管”技术在江苏园博园项目中的应用．张润东、孙晓阳、颜卫东、边辉、于建伟、于鑫．施工技术（中英文）．2022－03－10
[42] 数字孪生是驱动制造业数字化转型重要力量．刘阳．人民邮电．2019－11－26
[43] 数字孪生在建筑工程领域的应用．沈娟斐、李超、陈岳飞．中国检验检测．2022－05－26
[44] 量子科技发展：从政策到应用．陈赟．中国工业和信息化．2022－09－15
[45] 中国信通院发布《量子信息技术发展与应用研究报告》．信息网络安全．2022－01－10
[46] 潘建伟：我的量子研究之路．潘建伟．神州学人．2014－05－15
[47] 量子计算技术创新与趋势展望．软件和集成电路．2021－09－15
[48] 量子测量技术与产业发展及其在通信网中的应用展望．张萌．信息通信技术与政策．2020－04－15
[49] 数字经济，未来发展的关键增量．王鹏．金融博览（财富）．2022－04－16
[50] 量子计算机“九章”．常河．光明日报．2021－12－18
[51] 2020 年中国重大科学、技术和工程进展．刘志远、祝叶华、徐丽娇、陈广仁．科技导报．2021－02－13
[52] 仿雁群阵列量子空中通信组网构建策略．姚明辉、聂敏、杨光、张美玲、孙爱晶、裴昌幸．物理学报．2022－04－29
[53] 中国电信首发天翼量子高清密话．殿欣．人民邮电．2022－05－16
[54] 基于智能分析的城铁信号系统主动维保模式分析研究．孙毅、邓瑛．运输经理世界．2022－06－15
[55] 量子信息技术发展与应用研究报告．中国信息通信研究院．2021－12
[56] 量子计算技术发展路线与趋势分析．付震宇、刘凌旗、陈羽臻、董博为．中国电子科学研究院学报．2021－08－20

第四章　全球数字经济应用场景

当前，在人工智能、区块链、5G、工业互联网、云计算、数字孪生等新一代信息技术的带动下，全球数字经济蓬勃发展，数字技术在各领域的应用持续深化。本章选取农业、工厂、物流、金融等行业和教育、医院、文化、体育等公共服务领域在全球范围内具有代表性和示范性的数字经济应用场景，分别介绍其建设发展概况、相关实践案例及未来前景，探索数字经济应用场景推动数字技术创新应用，加速数字技术与实体经济深度融合的路径，助推经济社会的高质量发展。

4.1　智慧农场：打造面向未来的农业发展新样板

农业占全球经济生产的6.4%。在全球，至少有九个以上的国家将农业作为经济的主导部门[1]。农业不仅为数十亿人口和为工业和国民经济其他部门提供粮食等基本生活资料，也为大量人口提供就业机会，是整个国民经济长期稳定发展的基础。当今全球面临着人口过剩、自然资源枯竭、气候变化和粮食安全及浪费等诸多问题。为解决这些危机，新一代信息技术在农业可持续发展和农产品高质量供给体系中的广泛应用已成为全球关注的焦点。

（一）智慧农业场景建设发展概况

1. 全球农业向智能化、精准化、高效化的4.0时代迈进

从世界范围来看，当今人工智能、物联网、区块链、大数据、云计算、移动互联网、智能机器人、空间信息等数字技术不断创新发展，加速同土地、劳动力、生产工具、资本、市场、信息等资源要素深度融合，为以“低、

小、散”为特点的传统农业带来了前所未有的变革力量，数字农业、精准农业、智慧农业等现代农业发展的新模式、新业态应运而生，世界农业向智慧化、精准化、高效化的 4.0 时代迈进。在此背景下，世界各国纷纷大力发展智慧农业，新一代信息技术被广泛应用至农业生产、经营、管理、服务等各个环节，不断加强农村基础设施建设，稳步提升农业质量效益和竞争力，提高劳动生产率和资源利用率。例如美国建立了机械化、规模化和精准化的大农业发展模式，日韩加速推进环保型、集约型、可溯源的智慧农业发展模式，欧盟基于内部差异化的发展需求，形成与不同区域相适应的智慧农业解决方案，不断推进科技与农业的协同发展。

2. 新一代信息技术为未来智慧农业发展提供强有力的技术支撑

据估算，到 2050 年全球人口将增加至 97 亿，2010 年至 2050 年间全球农业产量将增长 69%[2]，物联网、人工智能、云计算等关键技术将广泛用于改进分析和提高农业生产能力。例如，在精准农业的支持下使用遥感、GPS、数据分析等科学方法能够有助于提高农业产量并降低潜在的环境风险；利用图像识别、人工神经网络等人工智能技术可以及早发现植物中的疾病，监测作物的健康状况和生长环境，在很大程度上解决资源和劳动力稀缺等问题；使用无人机技术能够辅助开展农田药物喷洒、农田信息监测、空中播种、农业灌溉、作物健康评估、农场安全防护等各方面；通过使用物联网传感器，农民可以通过智能手机或设备实时收集机器和环境数据，进行作物远程监控和产量优化、土壤健康监测、智慧仓储物流配送、自动灌溉、作物可持续预测分析等，不断根据数据进行决策，从而提高生产力和盈利能力。

（二）日本 Spread 公司——全球最大的自动化垂直农场

为应对人口集聚、水资源短缺、极端天气造成的农作物损失以及人口老龄化造成的人力短缺等世界性问题，日本京都 Spread 公司建立了全球最大的自动化垂直农场 Techno Farm，利用 6 年时间扭亏为盈，该农场将先进的栽培技术和机器人生产控制技术进行结合，克服极端天气等不利外部因素的影响，允许任何人在任何地方以相同的标准生产蔬菜，利用自主研发的创新生产系统提供稳定优质的蔬菜供应，实现了农业生产、管理、经营等全过程的自动化。该农场仅使用了传统农业用水的百分之一，人工成本减少 50%，生产损失率仅为 10%，远低于传统农产品的 40%，夺得了 2021 年世界垂直农场大赛最佳设计奖。截至 2022 年，公司品牌名为 Vegetus 的生菜在全日本 4500 家商店销售，在过去的 15 年中已售出超过 9000 万包。预计到 2024 年，该公司在日本国内的日产量将超过 18 吨。

图 1　Spread Techno Farm 及核心产品

图片来源：根据 Spread 日本官方网站整理

1. 综合利用新一代信息技术实现创新生产

一是借助机器人技术实现高度的农业生产自动化。Spread 改变了传统的人工幼苗移植和面板运输方式，从种植、管理、收割到分销都由机器人代劳，通过减少参与种植的工人数量将细菌、异物污染的风险降至最低，从而可以生产出更加健康安全的蔬菜。采用集约化的生产方式将工作空间最小化，成功将生菜生产量由传统每平米 5 株提升至 648 株。二是利用智能控制系统实现栽培环境的优化。运用纳米级过滤技术实现栽培用水循环利用，将用水量减少到 1/100，运用大数据对环境温度进行实时控制，设置 17500 盏独家新型 LED 照明灯，分布在各有 16 层的 18 个种植架上，可模拟白天与黑夜，通过严密监控光合作用程序来促进蔬菜的最佳生长，成功降低近 30% 的功耗，促使生菜的生长速度比户外农场快了 1.5 倍，报废率减少 40%，生产效率提高 100 倍。三是通过智能化设备实时精准检测农产品品质，保障农产品符合消费者需求，实现了供给与需求的有效对接。基于在种植期间从传感器获得的产量模拟数据，预测最适合量产的植物生长条件。借助 AI 系统稳步提高分析精度全面支撑农业生产、管理、质量把控、农产品采购分销等各环节服务。四是借助物联网人工智能技术助力智慧农业管理。Spread 在农场内部署了大量传感器用于收集环境数据和作物的基础数据信息，并利用人工智能技术开展最佳栽培环境模式分析，从中提取出的温度、湿度和养分等最佳栽培环境条件，实现基于产量预测的先进生产管理。此外，Spread 还从全球范围内的各大基地交换数据，与世界即时分享和交流种植相关的心得体会，从而不断提升分析的准确性。[3]

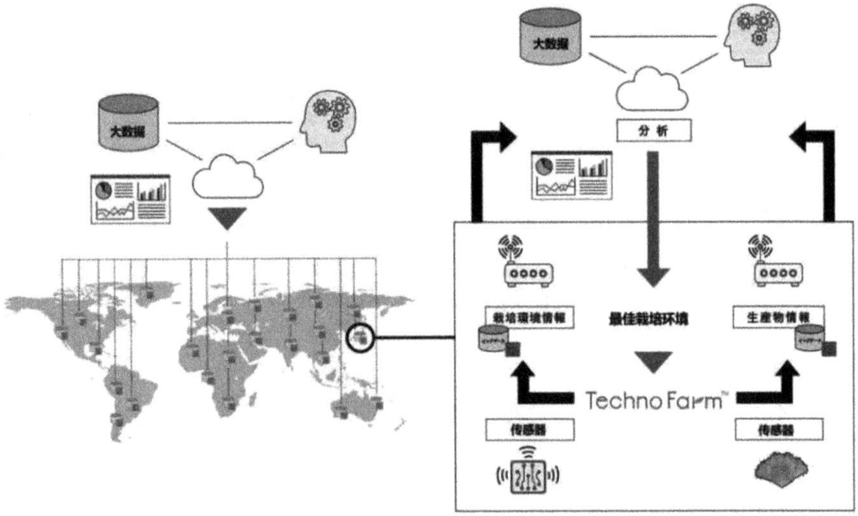

图 2　日本京都 SPREAD，使用物联网和人工智能的智慧生态工厂

图片来源：根据 Spread 日本官方网站翻译整理

2. 建立集成开发到生产销售的一体化经营管理体系

在管理部门设置上，Spread 建立了一支相互协作、无缝对接的综合开发团队。公司设立科学研发、技术开发和产品开发三个核心部门，科学研发部负责开发新作物、栽培技术和材料，技术开发部负责持续跟进自动化、环境控制、照明和其他设备相关的技术进展，产品开发部负责开发新产品、进行产品质量控制和食品加工技术等。各部门通过接收来自生产、分销和销售部门的反馈数据，每个开发团队成员都能够拓宽视野，从而创造出高价值的独有技术和知识产权。在业务运营方面，Spread 建立了一体化经营管理体系，统一从生产到销售的价值链，利用互联网实现了各部门之间从生产、种植、分销和销售团队的数据信息的实时共享，以便立即进行调整和响应。每个单独流程的优化及其统一管理使公司能够最大限度地为客户提供价值主张，为新农业注入新的力量。

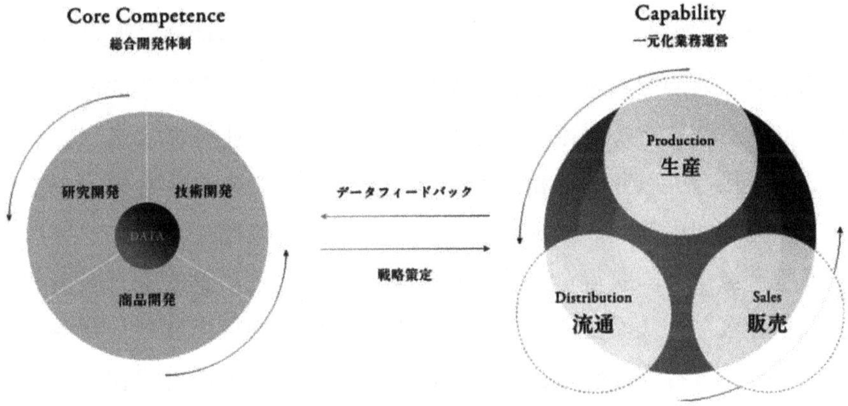

图 3　日本京都 SPREAD 数字化经营管理体系

图片来源：Spread 日本官方网站

（三）英国哈珀·亚当斯大学——全球首个无人农场

英国哈珀·亚当斯大学（Harper Adams University）与 Precision Decision 公司建成了世界上首个无人农场（Hands-Free Farm），在没有任何人进入农场的情况下，由机械完成从翻地、播种、灌溉直至收获的全部流程，并由无人机来监控作物生长。

1. 利用新一代信息技术加快农业生产数字化赋能

利用新一代信息技术加快农业生产数字化赋能。通过构建集环境监控、作物模型分析和精准调节为一体的农业生产自动化系统和平台，借助物联网对不同的农业生产对象实施精准化操作，通过传感设备检测环境的物理参数，对土壤、大气、水等生产环境状况进行实时动态监控，使之符合农业生产环境标准。开发农业决策平台，利用人工智能、机器学习和大数据分析技术，对天气预报、土壤条件、蒸散率和作物压力等关键要素相关的数据进行精准监测、远程监控和实时预警，有效地评估作物的风险水平，大大地改善了农产品品质。利用无人机等设备进行图像捕捉，自动识别某些类型和严重程度的病虫害损害。

2. 构建全产业链的农业数据共享及协作平台，加速智慧农业的发展

构建全产业链的农业数据共享及协作平台，加速智慧农业的发展。平台突破供应商和制造上的局限，整合所有农业 ICT、农业机械、感测器等所有数据。以连接各类农业数据和服务并形成闭“环”为愿景，旨在为农业信息技术企业充分利用各类数据提供支持，鼓励涉农主体开放共享农业数据，帮助农业生产经营主体获得全方位、多样化、一站式的信息服务，以提高生产效率和管理水平，从而实现应用农业数据创新服务的目标期望。利用人工智能和大数据技术将农业研究及实验数据自动转化为全球通用的农艺标准化数据模型，为农业产量预测、农场管理与决策提供强有力的数据支撑，从而显著提高作物产量、质量，并促进农业的可持续发展。

3. 通过数字化技术转变农业生产经营模式

新型生产经营主体是通过数字化技术转变农业生产经营模式的主力军。鼓励互联网企业建立农业服务平台，提升新型生产主体的产销对接能力，对于整个农业生产经营方式由“生产导向”向“消费导向”转变至关重要。通过大力发展农业电子商务平台，不断增强农业生产主体与消费者的产需互动，逐渐将其从单纯的交易平台拓展为生产经营的决策平台，实现根据“消费者吃什么”决定“农民种什么”。订单农业是近年来发展起来的具有典型“消费导向”性质的新型农业生产经营模式，即农业生产主体通过互联网与农产

品购买者签订订单，根据市场需要来组织安排农产品生产，从而有效避免了盲目生产。

（四）智慧农业的未来发展前景

1. 政策利好智慧农业行业发展

智慧农业是农业的根本出路，也是当前各国大力发展的产业，新一代信息技术将进一步推动农业生产经营深度融合。随着互联网的快速发展，农业作为支撑国民经济发展的基础产业正在被互联网、大数据、人工智能等新科技进行重构和升级，互联网已经成为农业发展的重要设施，农业也正在焕发出崭新的力量。在乡村振兴战略、数字化农业战略等多种因素的推动下智慧农业行业前景将更加广阔。

2. 综合运用新一代信息技术促进行业发展

创新技术的不断涌现，从根本上改变了传统农业的发展模式，通过应用物联网技术、人工智能技术、GIS 技术以及大数据技术等使农业从原来看天吃饭的传统农业模式转变为高产、高效、低耗、优质、生态和安全的智慧农业模式，农业农村数字经济潜力将呈现加快释放的趋势。随着物联网技术的不断发展，数据存储，全面感知，数据上云等方式使得智慧农业的传输网络进一步扩大，互联网＋智慧农业模式不断涌现。未来，随着云计算、物联网、人工智能等领域的新技术、新成果的进一步利用，农业生产经营的各环节不断延伸，将促进智慧农业更好地发展。从农业产业数字化看，农产品全产业链大数据建设将加快推进，以此推动农业产量、质量、效益和竞争力的全面提升。从数字产业化看，农业农村大数据中心等新型基础设施建设将加快推进，数字农业新技术新产品新业态新模式将不断涌现，北斗、5G、物联网将加速在农村布局，农业专用传感器、智能装备制造有望成为战略性新兴产业的重要组成部分。

3. 智慧农业将不断带动其他行业可持续发展

当前，全球范围内已经将 5G、互联网、物联网、人工智能等信息技术广泛运用到农业生产全过程中，不断实现农业精准化生产，有效降低农业生产风险和成本，提高农业生产效率。在新一代信息技术的运用的同时，借助

“互联网＋”的模式衍生出具有生态化、数据化、智能化特征的旅游、电子商务、文旅休闲等方向的农业模式，在促进农业规模化生产的同时，也有效拓展了农业市场营销渠道，增加了农民多元经济创收能力，逐步实现小农生产经营方式向现代化农业发展[4]。采用科学信息技术对农业生产赋能，在有效控制生产投入、降低生态环境污染的同时，也能够秉持生态环保发展理念，促使农业现代化发展向着可持续发展的方向迈进。同时，未来智慧农业将继续通过 AI、大数据、云计算等技术，将传统农业“靠天吃饭”的生产模式转变为“可控制”的智能化生产模式，实现精准种植养殖，减少农业系统碳排放，从而达到低碳的目标。

4.2 智慧工厂：引领制造业数字化变革之路

智慧工厂是数字化工厂的进阶。数字化工厂是指利用数字技术，将专业人士在产品设计、制造过程、生产管理、企业管理、销售和供应链方面的知识、智慧和经验整合起来，进行产品设计、生产、管理、销售的现代工厂模式。而智慧工厂则是在全面实现数字化的基础上，利用先进信息通讯技术和人工智能技术，进一步发展为实现工程技术智能化、智能制造、和生产销售智慧化的新型工厂模式，具有自动化、可视化、集成化、精细化、模块化等特征。

（一）智慧工厂场景建设发展概况

1. 六大要素共促智慧工厂建设升级

智慧工厂主要以解决以下问题为建设目标：第一，适应产品生命周期日益缩短造成的产品快速迭代需求；第二，适应大规模个性化定制的小批量生产需求；第三，能够应对市场价格下降和成本降低的需求；第四，实现资源优化配置、能源利用率提升和更高生产效率的要求[5]。因此，智慧工厂建设不仅需要了解企业自身产品的生产工艺和技术装备，同时也应掌握产品从订单下达到销售售后乃至产品生命末期的全流程，具体涵盖以下六大要素：

（1）设备互联：能够实现设备与设备互联，通过与设备控制系统集成，以及外接传感器等方式实时采集设备的状态以及生产完工的信息、质量信息，并通过应用无线射频、条码等技术，实现生产过程的可追溯；

（2）工业软件：广泛应用制造执行系统、先进生产排程、能源管理、质量管理等工业软件，实现生产现场的可视化和透明化。

（3）精益生产：体现工业工程和精益生产的理念，能够实现按订单驱动，拉动式生产，尽量减少在制品库存，消除浪费。

（4）柔性自动化：结合产品生产特点，持续提升生产、检测和工厂物流的自动化程度。例如，产品品种少、生产批量大的企业推行高度自动化，建立“黑灯”工厂；小批量、多品种的企业注重人机结合，建立智能制造单元。

（5）环境友好：即实现绿色制造，能够及时采集设备和产线的能源消耗，实现能源高效利用。如在危险和存在污染的环节，优先用机器人替代人工，帮助实现废料回收和再利用。

（6）实时洞察：通过建立工厂的数字映射，实时洞察工厂的生产、质量、能耗和设备状态信息，辅助各级管理人员做出正确决策[6]。

图4 智慧工厂六大要素

2. 国内外数字领航企业引领智慧工厂多场景应用

近年来，全球各主要经济体都在大力推进制造业的转型升级。在工业4.0、工业互联网、物联网、云计算等热潮下，全球众多优秀制造企业积极开展智慧工厂建设实践，引领制造业各细分产业在生产制造、产品管理等多场景、全流程数字化转型，助力制造业颠覆传统价值创造逻辑，创新开辟价值拓增路径。

具体地，在流程类生产中，辉瑞公司打造智能化物流系统，实现药品生产、配送全过程的质量控制及可追溯管理，杜绝药品质量安全隐患；飞鹤(甘南）工厂建设起包括生产执行系统、实验室管理系统、仓储物流系统、能源管理系统、生产赋码采集系统等在内的生产执行系统，实现全面生产过程的质量控制及过程追溯；尚品宅配实现了从款式设计到构造尺寸的全方位个性化定制，建立了高度智能化的生产加工控制系统，能够满足消费者个性化定制所产生的特殊尺寸与构造板材的切削加工需求[7]。

在离散类生产中，西门子安贝格电子工厂实现了多品种工控机的混线生产；FANUC 公司实现了机器人和伺服电机生产过程的高度自动化和智能化，并利用自动化立体仓库在车间内的各个智能制造单元之间传递物料，实现了最高 720 小时无人值守；施耐德电气实现了电气开关制造和包装过程的全自动化；美国哈雷戴维森公司广泛利用以加工中心和机器人构成的智能制造单元，实现大批量定制；海尔佛山滚筒洗衣机工厂可以实现按订单配置、生产和装配，采用高柔性的自动无人生产线，广泛应用精密装配机器人，实现了机机互联、机物互联和人机互联[8]。

（二）博世晶圆厂——AI + IoT 满足规模化生产需求

2021 年 6 月，在全球“缺芯”愈演愈烈的大背景下，全球汽车零部件供应商博世集团（BOSCH）位于德国德累斯顿的新晶圆厂宣布正式落成。这座价值约为 10 亿欧元的高新技术工厂，是博世 130 多年历史上总额最大的单笔投资，将有助于推动博世、德国乃至欧洲，甚至全球半导体技术的发展。该工厂实现了互联化、数据驱动和自动优化，主攻车用芯片制造，旨在为连接电动汽车提供支持。作为全球最先进的芯片工厂之一，德累斯顿晶圆厂超预期实现了提前半年启动生产，这与其充分发挥技术优势，打造新型智慧工厂密不可分。

1. 实时数据交换显著提升生产效率

德累斯顿晶圆厂主要是做 300 毫米（12 英寸）的晶圆技术，单个晶圆可产生 3. 1 万片芯片。与传统的 150 和 200 毫米晶圆相比，300 毫米晶圆技术将使博世进一步提升规模效益，并巩固其在半导体生产领域的竞争优势[9]。因此，如何提升生产效率来满足大规模产品需求是新晶圆厂必须解决的问题。

集中式数据架构是德累斯顿新晶圆厂最大优势之一。在1万平方米的无尘车间中，博世铺设了300公里的数据线，促使大约100台机器和生产线都实现了数字化互联，并通过中央数据库与复杂的建筑设施进行连接。晶圆厂中来自于设备、传感器和产品的所有数据都被记录在一个中央数据库中，其每秒生成的生产数据相当于500页文本。在短短一天之内，数据量就超过了4200万页，重量可达到22公吨[10]。丰富的数据可以帮助工厂在任何时候都能精准地确认每个晶片在生产过程中的位置、下一步动向，以及何时到达。基于此，全自动化生产和机器设备之间的实时数据交换，将显著提高德累斯顿智能晶圆厂的生产效率。

2. 智能算法改善生产工艺及产品质量

基于设备互联所生成的海量数据，人工智能技术可通过算法模型来对各类数据进行评估分析。现代芯片都是以纳米级进行制造的，且需要在晶圆片上不断累加图案，这些图案纵向连接，可达100多层，重复细微的制程加工步骤对制作工艺提出了非常高的要求，产品质量的保证也面临着相当大的挑战。通过利用人工智能算法，可以最快速度检测到产品中出现的微小异常，这些异常在晶圆片表面以特定错误图案形式出现。通常在这些异常影响产品可靠性之前，专家就会立即对原因进行分析，并及时纠正过程偏差。这是进一步改善制造工艺和半导体质量，以及实现较高水平稳定性的关键。同时，这也意味着半导体产品可以快速地进入量产阶段。

不仅如此，人工智能算法还可以精确预测制造机械和机器人是否需要及何时进行维护或调整。简单来讲，这类工作并不需要按照严格的时间表来进行事后处理，而是能够预判问题并及时进行事前处理。此外，人工智能还应用于生产调度环节，可以在工厂中约100台机器上引导晶圆历经数百个处理步骤，从而节省时间和成本。

（三）华菱湘钢——5G技术成为智慧钢厂建设基石

华菱湘钢是世界上生产规模位居前列的宽厚板生产基地，中国南方的精品钢材生产基地，拥有钢铁全流程的先进技术装备和生产工艺。近年来，华菱湘钢大力推进智慧工厂建设，近 5 年总投资 5.6 亿元，实施 303 个智能制造项目，成功入选工信部 2020 年工业互联网试点示范项目，湘钢 5G 智慧工厂项目写入工信部 5G 案例集。目前，华菱湘钢在厂区及子公司内建设 5G 专网基站达 210 个，建设 MEC（UPF）边缘计算节点 2 个，C-RAN 机房 5 个，园区自管理系统 1 套，实现湘钢厂区、办公楼、科技楼、行政中心及子公司的 5G 网络基础覆盖，并确保了 5G 业务可视可管可控及数据不出园区。

1. 5G + 无人天车提升钢厂自动化作业率

华菱湘钢充分利用 5G 网络高速率、大容量、低时延、高可靠行的特点，融合边缘计算、机器视觉、人工智能等新兴技术，开发了“热轧板坯库 5G + 无人天车”方案。在该方案中，“自动化”库房管理是绝招，能够实现自动化连铸下线入库，异常质量处理，轧制上料、直送上料、物料倒垛、物料倒库、退库、汽运出库等多项工艺环节，大大满足板坯的直装、下线、入库、出库及上料轧制等管理需求。

图 5　工作人员在华菱湘钢五米宽厚板厂无人天车远程操控室内作业

图片来源：新浪网 http://k.sina.com.cn/article_213815211_0cbe8fab020018ryu.html

具体来讲，单层双夹控制这一独特的夹具结构形式，可一次单层夹取两块板坯，同时能有效杜绝板坯掉落，开创了行业应用先河；机器视觉采用耐温防护设计，经受800度以上高温考验，可精准识别来料板坯的坯号和尺寸，准确率高达99.5%，测量精度可达±10mm；板坯入库时，WMS系统自动分配目标库位进行存放，收到加热入炉计划后，可指挥天车自动吊取相应板坯，至入炉辊道上完成上料任务；无人天车系统自动搬运作业时，中控屏可同步进行3D动画展示库房垛位和天车作业信息等。热轧板坯库无人天车系统在华菱湘钢的成功投入使用，使得整个轧钢工艺自动化作业率达到100%，为行业智慧工厂建设树立了新标杆。

2. 5G + AR助力钢厂实现跨国远程装配

精品中小棒生产线是华菱湘钢的重要项目之一，将进一步优化产品结构，提升棒材产品档次，推动华菱湘钢棒材产品向高技术、高质量、高附加值方向发展。同时，华菱湘钢也将这条生产线定位为“打造黑灯工厂、建成5G + 智慧工厂”的示范，对企业高质量发展具有重要意义。

2020年基于受新冠肺炎疫情影响，德国、奥地利等国家的技术人员无法到现场进行设备的安装调试。为了确保精品中小棒生产线项目按期投产，华菱湘钢与湖南移动、华为公司合作，利用已部署好的5G网络，快速开通一条跨国专线，搭建了项目现场工程师与国外技术人员之间的高速率、低时延通信网络，并借助AR技术和高清全景摄像头实现远程装配。通过这套5G + AR的远程协作装配解决方案，位于湖南湘潭的工程师可以将现场环境视频和第一视角画面通过5G网络实时推送给位于德国、奥地利等国家的工程师，国外工程师依托AR的实时标注、冻屏标注、音视频通信、桌面共享等技术，远程配合现场工程师进行装配工作[11]。

5G + AR技术让不同国家的工程师如亲临现场一样紧密协作，可实现高效高质装配。华菱湘钢实现5G + AR远程装配技术在工业建设现场创新使用，具有良好的示范效应。

（四）罗克韦尔——数字孪生变革设备产品研发模式

罗克韦尔是一家深耕OEM（原始设备生产商）市场20多年的冰淇淋机

械设备龙头企业，通过实施全生命周期的智能运维和数字化转型，成功实现了从 OEM 向 ODM（原始设计制造商）的蜕变。新冠疫情带来的产线停摆和愈加激烈的全球竞争，让国内外客户对 OEM 的交货期和产品多样化要求越来越高，OEM 企业迫切希望提高其设计和开发的效率，最大限度地加快产品的上市速度，同时降低成本和调试风险。针对这一需求，罗克韦尔提供了一款基于数字孪生技术的解决方案——Emulate3D。

1. 采用协同设计模式提升开发效率

Emulate3D 通过引入先进的数字孪生和 3D 仿真技术，使原本功能强大的 FactoryTalk DesignSuite 工厂自动化系统设计软件如虎添翼，为机器的设计、测试和实施提供了一种更快速、易于实施的新方法。以数字化的方式实现机器的设计开发为 OEM 制造商带来了一个显而易见的好处，即通过协同设计大幅提升开发效率。传统的机器设计方式中，来自机械、电气和设计等相关领域的人员是在孤立地、或者说独立地设计，并没有一个融合的环境，而现在通过提供数字化的协同平台，可以大大降低机器设计的风险，提高对客户需求的认知，帮助 OEM 制造商更轻松应对设计挑战。

2. 虚拟样机与测试缩短开发周期

以前，很多 OEM 厂商在面对客户提出的具体需求时，需要把样机先开发出来，一般制作一个样机至少要 3～6 个月，有些复杂的机型可能要 1 年的时间。在目前全球紧张的供应链挑战下，最终用户很难接受如此长的周期。而依托罗克韦尔 Emulate3D 的解决方案，OEM 厂商可以借助虚拟样机第一时间把多种设计直观展示给用户，并在虚拟仿真的环境当中，快速实现设备的虚拟测试以及验证。当真实的系统在现场组装并连接到控制系统时，用户不用担心会任何逻辑操作问题，因为这些问题在项目的虚拟调试阶段就已经发现并解决了。

（五）智慧工厂未来展望

1. 智慧工厂的智能制造系统架构将逐步完善

智慧工厂建设具有复杂性、系统性，覆盖设计、生产、物流、销售、服务等产品全生命周期，涉及执行设备层、控制层、管理层、企业层、云服务层、网络层等系统架构，需要实现横向集成、纵向集成和端到端集成。限于资金投入不足、技术研发周期较长以及工艺壁垒等因素，能够打通整个架构体系的智慧工厂建设方案相对缺乏[12]。随着技术水平的不断进步，系统解决方案提供商将不断完善智慧工厂建设的系统架构，以满足各个细分行业的智能制造发展需要。

2. 定制化建设、精益化管理为主要发展方向

智慧工厂建设将越来越注重满足定制化需求，比如，离散生产型企业通常更加关注物料供应与计划执行管理能力，可通过齐套管理、计划管理和生产执行，实现从计划到交付的能力提升；对于连续生产型企业，其智慧工厂建设方案可侧重于设备预防性维护、设备效率管理和生产异常预警以提高生产效率。另外，随着大数据基础条件的日益成熟，智慧工厂也将不断完善精益化管理，比如通过对产品供应链相关数据的分析，预测零配件价格走势、库存等情况，从而克服传统供应链中缺乏协调和信息共享等问题，避免牛鞭效应发生，提升仓储和配送效率，实现供应链优化。

3. 云边协同成为工厂数据处理重要技术路线

智慧工厂一方面需要实时数据采集并立即处理意外情况，另一方面由于生产复杂度与精细度越来越高，生产过程中产生的海量实时数据对云端和网络的压力与日俱增。基于云边协同（云计算＋边缘计算）的智慧工厂能够从海量制造大数据中挖掘智慧工厂生产状态等信息与知识，显著提升人、机、物等智能体对生产指令执行、生产异常监测等的实时、自主响应能力，降低因频繁的云—边通讯交互而产生的网络高负荷，保证智慧工厂运行性能。

4.3　数字物流：智能调度整合优化社会资源配置

近年来，随着电子商务的快速发展，受叠加新冠肺炎疫情影响，物流行业呈爆发式增长态势，对配送运力造成巨大压力与挑战。物流配送是物流运作的主要功能元素之一，对顾客满意度有重要影响。仿真和虚拟现实、计算智能、计算机网络、数据库、多媒体和信息等各类数字技术应用，共同为物流调度整合提供重要支撑，很大程度上提高了物流配送效率，不断优化用户

体验。

（一）数字物流场景建设发展概况

1. 数字技术场景应用呈百花齐放之势

物流配送包括将订单分配给配送车辆、为车辆规划配送路径以及货物运抵交付三个主要步骤。不同步骤涉及到不同的数字技术应用场景，比如，在车货匹配场景下，运用大数据和智能算法可以快速计算得出货物分配最佳方案，避免出现因装货员根据自己经验摆放货物所导致的同一批货的车辆空间利用率不同的问题，且结果比人工计算更高效更准确；在路线规划场景下，通过云计算技术与智能算法可以使物流车辆根据历史经验数据和实时交通信息规划更加优质的路线，充分保障物流车辆能够快速准确到达目的地；在物流监控场景下，可通过物联网、区块链技术搭建物流监控平台，将快递包裹寄件、揽件、运输、末端配送、签收的全流程数据进行上链，确保了包裹流转过程的公开透明，使客户可以随时全面直观地监控到包裹流向；在货物交付场景下，基于大数据运算和人脸识别等技术的智能快递柜是“最后一公里”配送中的重要终端，可以为用户提供货物暂存服务，减少人力和时间浪费。

2. 物流配送以精细化、高质量为特征

当前，即时配送、定时配送、冷链配送等精细化配送方式越来越受到用户欢迎。以即时配送为例，据最新调查显示，中国近 25% 的消费者每月使用即配服务达 10 次以上，每月至少使用一次即配服务的消费者超 90%，预计 2026 年即时配送行业订单规模将接近千亿[13]。数字技术的进步与应用是推动精细化、高质量配送跨越式发展的加速器。比如，人工智能、大数据技术的有效融合，可以帮助即时配送根据历史配送数据建立合理的智能化调度系统，实现商圈订单需求预先部署、网约配送员动态最优匹配、多维度联动交通和根据天气等客观情况制定配送计划。再如，在冷链配送中，通过在物流车辆内安装温度、湿度传感器和光照传感器，可及时将相关信息传送至控制中心，从而根据实时情况作出调整，达到降低果品损耗的目的；另外，利用 GPS 定位和可视化技术对冷链运输中车辆的位置、运行速度、运行轨迹及人员进行远程监控，能够为物流企业进行远程指挥提供及时有效的反馈信息[14]。

3. 无人机配送成为国际争相角逐的赛道

自从2013年物流无人机末端配送概念被提出，省时、增收、环保等正面效应吸引众多行业巨头相继投入巨资，参与到无人机配送的科技升级浪潮之中。2017年冰岛无人机物流公司Flytrex与网上零售商AHA共同启动无人机商业化配送服务，此后，无人机配送在世界各国多点开花。2022年，澳大利亚超市科尔斯宣布与无人机配送服务Wing建立伙伴关系，为堪培拉的客户提供无人机配送杂货；同年，美国零售巨头沃尔玛和亚马逊先后对外宣布将进行大规模无人机配送。技术是无人机配送商业化的基础，中国的无人机技术与美国处于领先地位，以中国大疆无人机为例，近年来牢牢占据着全球70%的民用无人机市场份额，顺丰、京东、阿里等物流与科技龙头企业在局部地区或园区也已开始进行无人机配送试运行。

（二）日立物流——打造以人为本的全自动化配送方案

按照配送主体的不同，物流配送服务可分为配送中心配送、商店配送、仓库配送、生产企业配送四类。配送中心配送的组织者是专职从事配送、业务的配送中心，具有配送数量大、种类多、半径大、能力强等特点，一般由第三方物流企业承担。日立物流是日本最大的第三方物流公司之一，为了解决物流配送运力日益紧张的问题，日立物流开始尝试利用AI和IoT等前沿技术，实现卡车配送计划的全自动化，优化运力资源配置。

1. 充分利用经验者“隐性知识”规划路线

物流配送计划制定往往依赖于老手们的知识和经验，日立物流通过逐一分析经验者头脑中的“隐形知识”，把技术和调整事项转化为可计量的变量。比如，为了将如何有效利用从配送目的地返回配送中心的返程车纳入改善范围中，日立物流充分践行以人为本理念，摒弃过度效率、不考虑运货司机实际能力的冰冷方案，通过大量采访了不同行业的资深人士，并结合公司管理的每日运输数据和GPS记录的每辆卡车的实际运行数据，制作了运转系统的函数，将交货日期、物流中心和配送据点的位置、行驶路线、行驶时间、交通拥堵信息、装货及店铺停留时间、卡车的车型及吨位、司机等信息变量编入算法模型中。负责人只需将货物的数量、配送地点、卡车的出发时间等条件输入电脑，就能在短时间内为数十辆卡车制订出最高效的路线配送计划。

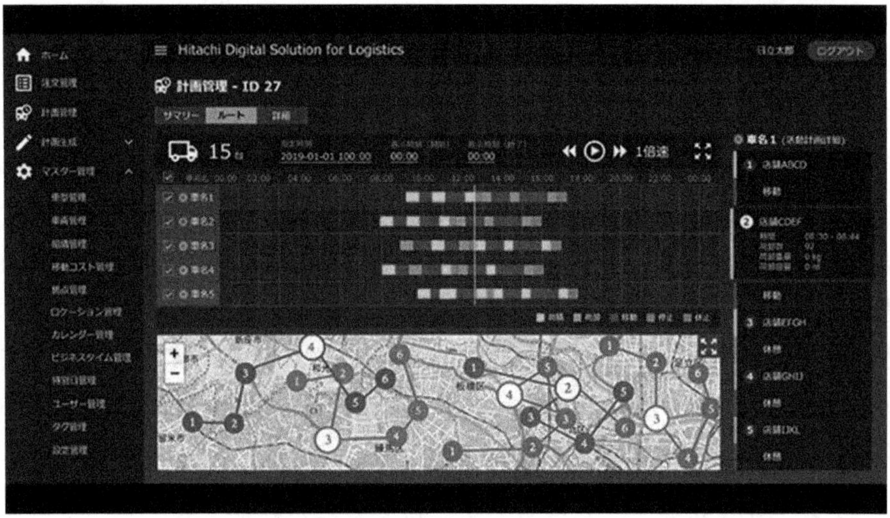

图 6　日立物流全自动化配送计划制定系统

图片来源：日立在中国官方网站

2. 智能化制定泊位分配顺序方便货物装卸

借助数字化的配送计划系统，配送中心的货物装卸也变得更加简单。在人工规划时，泊位会优先分配给交货时间较早的卡车，但这种方式会导致前一辆卡车装货时，其他多辆卡车会浪费等待时间。而通过数字化的配送计划系统，根据配送路线和收货内容制定泊位的使用顺序，就可以大幅削减等待时间。实证试验发现，如果按照这个系统制定的路线进行配送，能够实现卡车数量减少约 10% 的目标，既可以提高运输效率，又能改善劳动环境，减少司机的加班时间。日立物流的配送计划系统不仅适用于便利店的配送，还能通用于制定各种物流领域的高效配送计划。无需人力帮助就能制定配送计划，同时还能提高运输效率，这个系统蕴藏着为更多产业做出贡献的无限可能。

（三）美团配送——以即时配送为王牌奠定行业龙头地位

商店配送的消费者群体通常对配送具有即时性要求，美团配送作为即时配送的第三方服务企业，直接承担零售商家派送服务的功能。目前，即时配送已经从送外卖发展到送万物，拓品类和扩场景也成为即时配送玩家的发力重点，美团配送的配送品类就由最初的餐饮外卖拓展至生鲜、商超、鲜花、药品等领域，服务对象也从平台商家拓展至非平台商家。2020 年我国即时配送市场竞争格局中，美团配送占比高达 47.2%，是即配领域的头部企业。

1. 自主研发“超脑”系统极大提升用户体验

即时配送的消费者群体具有“三高”特征，即服务要求高、价格敏感度高以及时效性高，其中配送时效性是消费者最为看重的一点。基于此，在软件方面，美团历时三年自主研发了“超脑”即时配送系统，包含图灵算法平台、调度系统、规划系统、定价系统、物联网系统、预计到达系统、磅系统、感知系统等八大子系统。

“超脑”系统借助机器学习、运筹优化和 IoT 等关键技术手段，突破了复杂地理数据精准识别、千亿级骑手轨迹挖掘、城市级全局并行优化调度、毫秒级配送路径规划、骑手智能助手等关键技术难题，提出了创新性强、应用价值大的多项即时配送优化模型和算法，构建了完整、高效的即时配送整体技术体系，最终实现了即时配送全链路的精准感知、智能决策和高效执行。数据显示，“超脑”即时配送系统在高峰期可实现每小时路径规划 29 亿次，为骑手规划 1 次路线平均耗时 0.55 毫秒，这种强大的规划与调度能力极大提升了配送效率和用户体验。

2. 无人配送产品创新成为末端运力重要支撑

在硬件方面，美团积极进行无人配送车等产品研究，以补充末端运力。美团无人配送车部分使用了汽车行业标准，基本实现车辆的线控化、数字化、一致性等要求，初步具备标准化量产能力。2021 年 4 月，美团新一代自研无人配送车已在北京顺义正式落地运营，其在前一代基础上进行了多方面升级迭代，装载量达 150kg，容积近 540L，配送时速最高 20km/h。继浦东绿洲康城社区、瑞金医院后，美团无人配送车保供车队已进入复旦大学，为校内师生提供一日三餐的无接触配送服务。截至 2022 年 3 月，美团自动配送车服务在室外全场景累积配送真实订单超 150 万单，自动驾驶里程数累积超过了 100 万公里。另一组数据显示，截至 2022 年 3 月，美团无人机已经在深圳落地 8 个社区，1 个商圈，覆盖 8000 多户居民，完成面向真实用户的订单量超 3 万。

图 7 美团新一代无人配送车

图片来源：搜狐网 https://www.sohu.com/a/586105698_99898710。

（四）马士基航运——链接仓储的多功能智能化物流升级

仓库配送是在仓库保持原有仓储功能的前提下增加配送功能的物流配送服务形式。总部位于丹麦的马士基航运是全球最大的集装箱承运输公司，服务网络遍及全球。多年来，马士基在交付仓储物流解决方案方面积累了十分丰富的经验，同时面向零售、时尚服装、快速消费品、工业、医疗和科技等诸多行业，提供可满足特定行业需求的仓储和配送解决方案。

1. 数字化仓储管理方案提高存货周转率

自 2019 年开始，马士基与 JDA Software Inc. 合作建设其仓储和配送数字化服务。马士基在仓储与配送服务在具有战略地位的仓库，通过一系列的物流解决方案，为客户提供具有优势的端到端营运网络及更为灵活的服务，并为客户实现最具成本效益的配送网络提供最新的流程及系统。JDA 最先进的仓库管理解决方案以多项数字化技术为依托，可实现更高效的存货周转，不仅能够帮助马士基提高仓储流程和效率，还能够帮助马士基的客户在按时交货和成本效益高的分销需求之间取得平衡。以仓库设备管理为例，马士基仓库使用的无人驾驶叉车可适应复杂的工作环境，实现自动化仓库管理和柔性化物流搬运等任务，不仅能够在运送过程中规划出精准路线，还能同时注意避让行人、车辆以及障碍物，精准、迅速的将商品送给指定位置。

2. 数字应用程序促进仓库储位优化管理

2022 年初，马士基宣布探索数字化“仓库储位优化”。马士基通过合作开发数字应用程序，促进仓库储位优化流程定制化发展。该应用程序软件能够实现四大功能：一是商品数据自动分析，根据商品出入库数据和商品规格属性等维度，自动对商品进行分类；二是货位数据自动分析，根据仓库货架布局特点，按存取货物容易程度对货位自动标识；三是自动匹配商品和货位，确定商品的存储区域；四是可视化呈现，自动化建立仓库货架模型，生成货位分布和对应商品的热点图。这些功能为后续配送效率的提升奠定了重要的前期基础。该软件能够实现 97% 的准确率，证明了仓库储位优化的确能够通过数字化技术提升仓库的运营和决策。这些功能为配送服务效率的提升奠定了重要的前期基础。

（五）数字物流未来展望

1. 同城即配将成为物流配送行业重要场景

当前，同城配送已经实现了从最初的送餐饮发展到如今的“送万物”，即时配送与餐饮、买菜、买药、商超便利等传统本地零售业态正在加速融合，不断向全场景、全距离、全时段发展，加速成为本地消费的基础服务设施。未来，一些目前还未触达的细分领域将被逐渐渗透，即时配送也将完成从“跑腿”到“向导”再到“陪伴”的本地生活全服务身份转化。除了对商务函件专送、药品代买等较成熟的非标准即配服务需求提升外，第三方即配平台还将拓展上门试衣、代陪诊等这类本地生活应急需求服务。不仅如此，在用户需求呈现更加个性化、多样化、非标准化的趋势下，同城即配还面临着满足用户的情感诉求的更多可能，通过送“服务”，消费者的情感、情绪等附加值也会进一步提高。

2. 车路协同将助力物流配送实现能级跃升

基于车路协同的自动驾驶技术路线，未来将对末端配送有很大的借鉴意义，产生一些新的解决途径或方案。比如在环境感知方面，以协同感知为主，自车感知为辅，近程只解决自车感知问题，远程靠车路协同帮助解决；在决策信息方面，通过实时交互的所有周边交通主体以及道路的信息情况，不断丰富决策信息；在车辆定位方面，增加路基的高精度定位，对我们原本的单车自动驾驶的高精度定位多了一个途径；在轨迹规划方面，可以实现动态规划，自动生成并根据实际情况不断变化；在行驶控制方面，加入协同控制，与周边车辆共同协商，共同决策路面行驶的下一步计划，在一定程度上提供了安全保障。

3. 数据价值与数据安全的平衡是规范重点

物流信息资源需要有效共享、利用，促进物流业发展。但同时，物流配送又涉及到大量用户隐私信息，如用户出行轨迹、个人背景、支付系统、地理实时位置等。近年来，快递行业频繁遭受外部攻击，数据泄露事件屡屡发生。如何在数据安全性和数据的流通和利用对于数字经济的重要性之间寻求平衡，在切实保障广大用户个人信息安全的情况下，灵活运用数据，做到防范网络安全风险与促进先进技术应用相结合，是未来物流配送行业数字化不断升级需要高度重视的问题。需要通过数据安全实践经验，平衡“个人数据保护”与“数据价值挖掘”这两者之间的矛盾，在法律法规允许的条件下，推动数据共享，发掘数据价值。

4.4 数字金融：精准化信贷服务助力实现普惠金融

数字金融是顺应数字经济时代金融信贷新要求而开拓的数字化场景。从供给端来看，信贷作为商业银行的核心盈利业务，同时承受着“保盈利、控风险”的双重压力，亟需从传统粗放型信贷业务管理向精细化信贷业务管理转型[15]。从需求端来看，中小微企业快速发展，对资金的需求日益强烈并呈现出差异化特点，亟需多渠道、快速便捷的融资途径。

（一）数字金融场景建设发展概况

1. 五大特征颠覆传统金融服务模式

（1）信息与数据互联互通

互联互通包括三个层面：一是最底层系统之间的对接，按照标准化的接口，统一数据格式，实现各方主体之间的无缝连接，实现数据的共享；二是中间层信息流的共享，推动信息流、业务流、信用流和资金流在系统之间的无障碍流动；三是互联互通的最高层，即主体之间的合作与协同，金融机构可基于数据流通共享，借助社会化力量来处理审核筛选客户、评价贷后客户情况等大量贷前、贷中和贷后工作，批量化解决中小微企业的融资问题。

（2）大数据智能核验分析

与传统金融相比，数字金融通过对海量数据的分析与处理，从中寻找相应的规律性，就可以清晰地洞察、了解客户的贷款行为、态度、需求和发展趋势，从而能够进行市场细分、制定高效的服务和营销战略战术。例如，在买方主导市场的条件下，要满足客户的金融信贷需求就必须获得客户的相关数据。谁掌握的客户数据多、数据处理能力强，谁就能准确把握客户的需求，迅速通过实施服务与营销结合，抢占市场先机。另外，通过对大量中小微企业客户日常交易行为的动态数据挖掘，还可以判断其业务范畴、经营状况、信用状况、市场定位、资金需求和行业发展趋势等。

（3）数字化系统管理

系统模块主要包括业务运营，风险管理、组织管理、客户管理、合作管理、财务管理等部分。数字化系统管理具备创新性、开放性、模块化、微服务化的特点，是类似积木式的云端模块化组件系统，能根据场景和业务特点，联通、配置和部署合适逻辑的模块化，即插即用、灵活配置，以适应多变的经济环境和需求市场。同时，系统在功能、性能、体验、界面等各个方面做到最优，体现金融机构经典的管理思想和最新的经营理念。

（4）数字化推广与营销

无论是传统时代还是数字经济时代，客户经营的基本任务都是获客和户均价值提升。基于此，数字金融在营销方面具备在线展业、全网传播、分享裂变、实时互动、精准营销等特征，可以实现多种个性化功能，如提供多类型信贷产品库，通过智能推荐 + 匹配 + 搜索，实现根据客户画像与需求，匹配最适合的产品与服务解决方案；客户可通过信贷产品的专属展示页面进行定向申请，实现客户需求直达企业等。

(5) 第三方智能工具赋能业务

传统金融信贷业务办理耗时耗力，例如需要现场签订合同、走访下户现场调查等，面临无法远程核验身份、人为操作风险高难度强、产生大量纸质文件难整理难保管等问题。数字信贷则可通过嵌入 OCR 识别、生物识别、电子合同、智能报表等第三方工具，协助客户及企业更方面更快捷地开展信贷业务。

2. 全球数字金融以差异化模式发展

在经济发达地区，当前美国征信类数字金融服务蓬勃发展，形成了征信典型模式，即基于全面准确的信用信息而开发的信用报告、信用评分等征信服务和产品，有效揭示信用主体信用状况，解决小微企业、个人与放贷机构之间的信息不对称问题，从而提升信用主体融资的可获得性和便利程度。Zest Finance 公司是美国当前最热门的大数据征信公司，主要通过平台提供个人信用评估服务和放贷服务。公司运用“大数据 + 机器学习”方法构建评分体系，使其处理效率提升近 90%，风险控制性能提升近 40%。美国征信类数据积累起步早，发展成熟，征信服务模式更加灵活高效，有利于数据整合和产品服务创新，为其推动数字金融发展奠定了扎实的基础。

在经济稳步发展的赶超型地区，中国个人征信体系建设不足 20 年，在数据累积方面存在明显短板，信用信息渗透率相对较低，近年来主要通过互联网模式，依托互联网构建金融服务平台，积极运用金融科技手段来探索解决信息主体与金融机构之间的信息不对称问题。如江苏省苏州市采用“政府 + 市场”双轮驱动的地方征信体系发展模式，构建地方性大数据征信金融服务平台，获得人民银行批准设立全国首个“小微企业数字征信试验区”，积极探索征信服务中小微企业融资的新模式；互联网金融科技公司积极创新，陆续推出多样化征信类数字金融产品，不断满足市场主体的融资需求[16]。

在经济落后地区，非洲大部分人口无法获得金融服务或未被充分满足对金融服务的需求，近年来正以小额信贷为突破口开展数字信贷各类创新。小额现金贷是玩家最多的细分领域，参与者主要以运营商和科技公司为主。运营商推出的 Mobile Money 吸引了大量用户，同时大都利用其庞大的分销网络，与银行合作，顺势推出小额现金贷业务。科技公司则通过数字手段，完成 KYC 信贷审核、申请、放款和回款的全流程。在信贷审核方面，小额现金贷通常在数分钟之内即可放款，并通过搜索智能手机数据来确定信用度。新兴小贷公司 Brunch 目前在肯尼亚，坦桑尼亚，尼日利亚等国家运营，通过使用包括 GPS 数据、通话记录等在内的智能手机数据以及诸如银行余额消息和账单收据之类的文本数据，确定用户的信用等级。

（二）OakNorth AI——以产品创新开辟数字金融场景

OakNorth 是一家来自英国伦敦的数字银行，持有英国银行牌照，其核心业务是为中小微企业提供贷款解决方案。OakNorth 为创业者及中小微企业提供额度在 50 万～4500 万英镑、利率在 4% 至 8% 的贷款服务，客户集中在制造业、科技、传媒、金融及消费等行业。

1. 多方数据分析提示贷款违约风险

OakNorth 于 2018 年 11 月发布贷款信用分析产品 OakNorth AI，通过对内外部数据的机器学习及金融建模，同时生成企业的信用报告、定制化结构、与其他企业的对比等信息，之后借贷委员会根据报告为企业提供贷款，并持续跟踪企业的财务及运营数据，及时发现可能存在的违约风险，同时根据行业对比等信息提出预警信号[17]。其他银行也可通过向 OakNorth 购买 OakNorth AI 的使用权来进行更好的贷款管理。目前，荷兰 NIBC 银行与 OakNorth 签署了为期 5 年的协议，由 OakNorth AI 为 NIBC 银行提供全流程信用监控服务。

2. 脆弱性评级助力实现贷款零违约

2020 年受疫情影响，中小微企业面临资金困难的问题，违约风险上升，给 OakNorth 带来风险与机遇。OakNotrh 没有对整个行业做出假设，而是根据每个企业的实际情况来评估企业风险。例如它没有将所有被迫关闭的餐厅客户归为一类，而是考察了哪些餐厅通过线上外卖获得收入，它们有多少现金储备、是否有保险来应对。

根据反向压力测试中收集的数据，OakNotrh AI 创建了“COVID 脆弱性评级”，将贷款客户分成可承受疫情影响六周、三个月或六个月的不同等级，这些信息使银行能够更有效地管理危机带来的信贷风险。OakNorth AI 根据可承受等级为客户提供疫情专项贷款，帮助企业再融资，加快业务恢复以渡经营难关[18]。2020 年，OakNorth 共向英国企业共借出了 50 亿英镑，而没有出现任何一宗信贷违约事件。截至目前，OakNorth 已将其模型在美国、中国等全球多个区域信贷评估业务中进行测试。

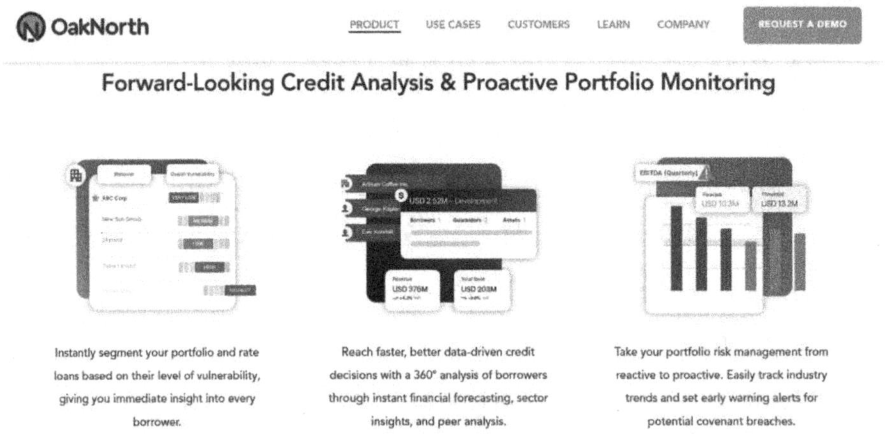

图 8 OakNorth 数字信贷产品

图片来源：OakNorth 官方网站。

正是由于 OakNorth AI 带来丰厚的产品服务收入，同时在成立之初即利用亚马逊云技术服务构建起底层架构，避免了物理网点的投入和运营成本，OakNorth 业绩指标位居全球前 1% 的上市银行之列，股本回报率高达 24% 。

（三）大数据 + 信贷工厂——以业务流程创新开辟数字金融场景

“信贷工厂”模式是指银行进行各项信贷业务流程办理时，通过设计标准化的产品和流程，从前期接触客户开始，到授信过程中的调查、审查、审批，贷款的发放，贷后维护、管理以及贷款的回收等工作，均采取流水线作业，分批进行批量操作，实现标准化管理。这种模式最早是由新加坡淡马锡公司针对小额信贷额度小、频次高等特点而开发出的一种批量化生产中小企业融资产品的运作模式演化而来。中国海口农商银行在“信贷工厂”模式的基础上，借助大数据技术，创新应用“大数据+信贷工厂”模式，旨在解决普惠金融征信情况模糊、贷款额度偏小等痛点问题。

1. 标准化操作模式创建“流程银行”

海口农商银行“大数据+信贷工厂”模式同样参照制造业工厂化方式，以提高小企业信贷服务水平及风险有效控制为目标，将信贷业务切成贷前、贷中、贷后三大模块，形成一套标准、统一的操作模式，以满足“短、频、急”的信贷需求特点[19]，创建“流程银行”。同时，利用场景消费、大数据技术、反欺诈系统、决策引擎等金融科技手段来进行信贷过程的风险管理，通过有力的数字量化系统和智能自动化操作，提高运营效率，减少人工操作，节省运营成本，降低操作风险。

2. 降本增效促进金融普惠成果显著

目前，“大数据+信贷工厂”普惠金融模式在海口农商银行零售贷款业务和信用卡业务中大力践行，具有能够有效预测和识别客户风险、提高业务办理效率、降低运营成本易复制推广等成效。在该模式落地应用两年之后，海口农商银行的零售贷款业务和信用卡业务的人力成本率分别降低 32.50% 和 25.71%，管理成本率分别降低 12.12% 和 10.64%，运营成本整体降低，盈利能力有所提升。信用卡业务年均进件 55.33 万笔，自动审批率为 77%，业务效率显著提升。从社会效益来看，在该模式的助力下，仅 2020 年海口农商银行就实现 459 笔扶贫贷款投放，完成海口市金融办下发的 179 笔任务的 256%，产业扶贫贷款余额 1.8 亿元，带动贫困人口 7014 人，精准扶贫成效显著。

（四）卫星遥感+农业——以技术创新应用开辟数字金融场景

长期以来，在农业信贷工作中，一直存在着农业资产信息获取难、查勘人力成本高、贷款额度和还款周期预估不准确等问题。农村地广人稀，人力成本巨大，平均一笔贷款的勘察成本，可能就达几百乃至上千元。根据中国社科院发布的《中国“三农”互联网金融发展报告》，我国“三农”金融供求缺口超过 3 万亿，中国农村有 69.6% 的农户表示农村贷款不便利，农户和农业生产的信贷需求满足率分别只有 27.6% 和 28.5%[20]。近年来卫星遥感技术快速发展，多家商业银行通过创新运用卫星遥感、图像识别等技术来动态跟踪农作物、林木等生长情况，完善信用评价模型和风险监控机制，赋能农业产业现代化。

1. 获取作物信息以实现贷前价值预估

中国工商银行依托银行内部图像识别平台建设卫星遥感影像分析系统，并在黑龙江、内蒙古等分行率先投入试点，借助卫星遥感技术进行土地确权验证、作物种类识别、长势监控等功能，获取玉米、甜菜等作物的经营信息，并与历史同期长势进行比较，实现产量预测和价值预估。目前试点场景已覆盖种植面积 6457 亩，涉及贷款额超过 300 万元，预计后续将推广至 16.5 万亩，贷款总额超 3000 万元[21]。借助工行卫星遥感影像分析系统，农户只需在银行软件上把自己的地在地图上圈出来，分行便可以轻松获取农户种植主粮作物的经营信息，精确监测农作物的长势情况，从而为授信和贷款提供真实准确的依据。农户圈出的地块是否准确，也可以与农户在政府机构登记的土地流转、农业保险等数据进行交叉验证。

2. 全成长周期监测助力贷后风险评估

从 2019 年开始，蚂蚁集团旗下网商银行就开始积极探索通过卫星遥感技术结合 AI 模型算法获取可信动态数据，并创造性地将识别结果应用到涉农信用贷款模型中。传统的信贷金融机构，只是在农户申请贷款时关注其生产经营状况，而通过卫星遥感技术创新应用，网商银行能够获得农户历史过往所有的生产经营记录、发放贷款以后的实时情况以及考虑他们可能遭受的自然灾害，从而预测作物产量。目前，网商银行以五天为周期，实时更新卫星影像和识别结果，监测农作物长势，判断作物所处的育苗期、拔节期或收割期等阶段[22]，进而对是否能够完成预计产量做出评估，如果长势不佳将及时作出风险预警，提示银行人员快速了解实际情况，尽可能减少贷款损失。

（五）数字金融未来展望

1. 建立健全制度建设，推动数字金融法治化发展

数字金融的基础是数据，但是当前关于数据权属、流转等层面的法律规范不明确，必须从法律层面理清数据权属、流转问题，否则难以从源头上实现数据合规化发展。比如，应规定市场参与主体对其以合法方式获取的数据，以及合法处理数据形成的数据产品和服务，依法享有财产权益。另外，目前数字金

融市场中，以小额贷款公司为主的部分信贷服务主体法律地位不明确，政策与社会歧视下各种发展乱象丛生，融资风险高企，因此未来应进一步明晰数字金融服务主体的市场准入与退出机制，比如从注册资本、发起人、股东、管理层资格等层面做出具体规范，推动数字金融行业的合规化、法治化发展。

2. 推广“监管沙盒”模式，适应数字金融创新化发展

金融创新既能带来创新之收益，亦能带来创新之成本，并诱发金融风险[23]。数字金融发展需要动态平衡创新与监管，既要支持持续创新，促进金融行业活力，也要防范金融风险传导甚至危机爆发。目前，英国、澳大利亚、新加坡等国已尝试推出“监管沙盒”，即通过提供一个“缩小版”的真实市场和“宽松版”的监管环境[24]，在风险可控范围内鼓励金融创新，这种模式有助于探索构建符合本国国情的创新金融监管政策。未来各国应结合自身经济社会发展阶段与数字金融行业发展特点，适时适地采用“监管沙盒”模式，推动数字金融在创新发展与风险防范之间实现动态平衡。

3. 加强数字技术基础研究，促进科技与金融深度融合

互联网、大数据、人工智能等金融科技的应用，是传统金融向数字金融转型升级的技术基础，尽管新一代信息技术有效地促进了传统金融的综合效率提升，但是多数发展中国家地区与经济落后地区的金融科技应用深度有待加强。一方面，加强互联网、大数据、人工智能等新一代信息技术的基础研究将成为重点方向，从理论建构上实现质的突破，破解金融科技的理论难题。另一方面，将数字技术与重点行业领域金融业务深度融合，使“技术先行”优势真正转化为核心竞争力，成为金融服务实体经济的有力武器[25]。

4.5　智慧校园：数智共融描摹未来教育蓝图

智慧校园是现代化教育的重要构成，是教育信息化建设发展的高级形态，也是世界各国在智慧教育上探索的重要实体化工程。5G、人工智能、物联网、大数据等新一代信息技术的涌现和快速发展，赋能校园把“教育、服务到人”延伸扩展到物，提供人与物、物与物信息互联互通的智能化服务，有效衔接校园现实空间和数字空间，优化师生与学校环境、资源的交互方式，

打破时间与空间的界限以及教学体系的层级，完全解构当前的校园形态，颠覆传统被动垂直的管理模式，有利于形成灵活多样的教学方式，培养高素质人才，提高办学质量，推动教育“数智化”发展。

（一）智慧校园场景建设发展概况

1. 智慧校园建设亟待克服多重痛点

随着信息化的不断深入，学校教育正由基础建设发展的实用阶段慢慢迈向创新发展的新阶段，智慧校园建设亟待解决传统校园中存在的多方面痛点。

（1）教学方面：课程的理论与实际的脱离，理论与动手部分的脱离，都是传统学校教育瓶颈。面对不同的专业、不同的学生、不同的教学阶段以及不同的社会环境，需要不断优化教学方式，提升教学效率，优化教学效果。

（2）科研方面：学校科研管理信息化系统建设仍然不够完善，管理人员对科研信息的收集、统计速度慢，科研管理工作效率低，影响科研管理科学决策，不利于科研人员了解国内外有关课题发展水平、科研方向、专业技术等情况，从而做出有生命力和竞争性的科研项目。

（3）管理服务方面：大部分学校仍然保持行政化的管理思路，数据处理“孤岛”到处林立，校园内部各类跨业务部门相关业务数据信息处理系统仍然缺少有效地共享和交互，无法有效解决行政事务处理过程繁琐、跨业务部门相关业务信息处理困难且业务执行工作效率较低等诸多现实问题。

2. 各类技术综合赋能校园智能化升级

智慧校园的搭建需要应用好移动互联、物联网、云计算、大数据、虚拟技术等关键技术。移动互联技术是移动通信技术与互联网技术相结合的产物，是保证智慧校园顺利开展的前提，是师生在校园中随时随地获取信息进行交流互动的基础条件，是灵活开展网络学习必不可少的条件；物联网技术通过前端信息传感器实时获取各类监测信息，是智慧校园分析数据来源的基础，方便校园智慧管理；大数据技术的运用解决了校园信息化管理问题，推动校内数据资源在各部门之间的流通和共享，便于开展教学、科研等工作，实现各部门、院系之间的协同发展；随着校园数据的不断积累，云计算技术基于互联网平台把大量高度虚拟化的计算和存储资源组合管理用于统一服务，使量化、科学的决策成为可能；虚拟技术是以计算机仿真技术、人机接口技术及传感技术等为基础发展起来的一种新兴技术，是利用计算机对复杂数据进行可视化操作与交互的全新方式[26]。

3. “科教管服一体化”，驱动校园智慧化建设

校园本质上属于功能齐全的小型社区，不仅承载着教学、科研等重要工作，也承担着校内师生多样化生活服务的保障供应。在教学方面，智慧校园依托新一代信息技术，逐渐生成情境感知、资源互联、自然交互的智能化环境，教师可通过差异化教学、异质分组、个人独立探究以及在线互动学习等方法进行智慧教育，以泛在化、可移动的教学方式培养智慧人才；在科研方面，智慧校园广泛应用的智慧科研服务平台，不仅可以实现科研新趋势跟踪和项目智能申报，还能完成科研成果实时统计及结项资料自动汇集等工作，使科研活动开展更加高效可靠；在生活方面，智慧校园可以实现人脸识别、无人自助图书借阅、GPS 智能校园导航、无接触式智慧物流等多种细分场景服务体验，为师生提供便捷优质的生活环境；在管理方面，智慧校园管理系统可集成安全管理平台、水务管理平台、电力管理平台等多维度管理子系统，为校园安全、环保、健康运行提供坚实基础。

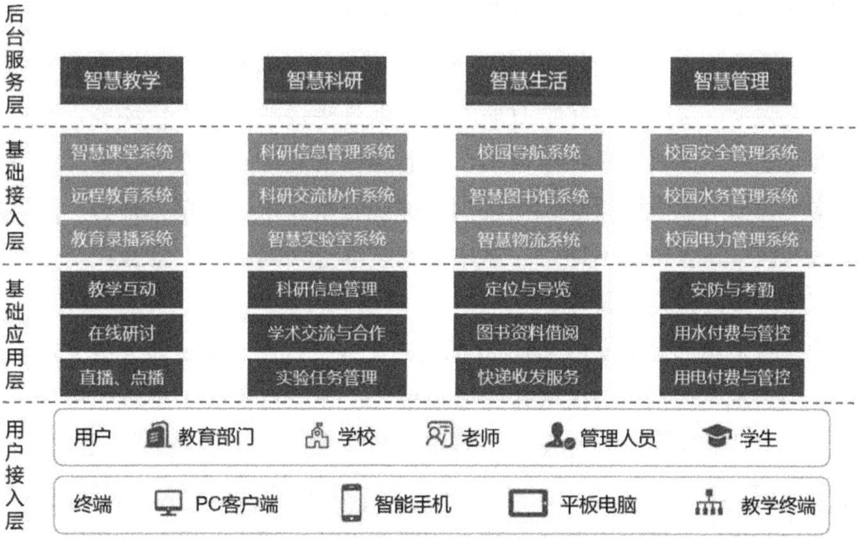

图 9　智慧校园建设基本架构

（二）教学科研——智慧校园数字化应用基础场景

智慧教学和智慧科研是校园最为重视的数字化场景实践。

1. 浙江大学全力打造开放便捷式智慧教室

为满足日益多元化、个性化、智慧化教学需求，浙江大学专门成立了公共教室改造专班，着力推动智慧教室建设，对紫金港、玉泉等校区近 400 间公共教室进行了不同程度的改造。

物联网技术将电脑、投影机、幕布、音响等多种设备连接实现智能控制，教师只需轻轻点击一键上课，全部设备将自动开启，带来无感知、超便捷的信息化体验；基于云平台的“智云课堂”与高清直播录播系统相连接，实现后疫情时代线上线下多种方式融合教学，为学生不受时空限制进行学习提供了便利条件；基于 5G 技术的师生远程互动系统也帮助促进教与学的深度互动，促进学生、师生的交流分享，让课堂教学变得更有活力和高效；另外，公共教室改造在细节中也体现了智慧特点，彰显以人为本的理念，如部分多媒体教室配备可升降讲台，一键轻松实现顺滑升降，满足不同使用者的需求，又如教室信息屏可显示教室使用与预约情况，方便学生合理安排自习地点。

2. 蒙德拉贡大学以敏捷网络构建移动校园

西班牙蒙德拉贡大学建于 1997 年，是西班牙巴斯克地区一所非营利性的合作私立大学。该校学生在学习期间就可以直接接触公司工作环境，甚至直接参与企业合作项目，多媒体教学、线上远程交流与互动需求等各类新兴应用激增。在面对教学区域经常出现用户掉线且难以恢复连接，宿舍、公寓等生活区域网络信号覆盖不均匀、速率不稳定等迫切问题下，蒙德拉贡大学将无线网络升级改造提上日程。

通过在走廊部署了支持 Wi-Fi6 标准的无线接入点，使智能天线支持波随人动，为走廊不规则覆盖区域智能增益信号；在教室部署了整机速率更高的无线接入点，满足用户高并发网络需求；在宿舍部署了敏捷分布式 Wi-Fi 方案，每间宿舍单独部署 1 台无线电用户级，实现无死角覆盖，信号质量好。基于上述改造，敏捷网络更好地满足了高密度接入需求和高校教学应用日益多样化的需求，蒙德拉贡大学的数字人才培养不再受带宽和延迟等网络因素的阻碍，校园里多元化、个性化的教学体验随处可及。

3. 昆士兰大学高性能计算满足科研高需求

为满足前沿复杂的科研需求，昆士兰大学投资成立昆士兰研究计算中心，在充分利用高性能计算、数据存储、数据管理、可视化、工作流和视频会议等先进技术的基础上，帮助昆士兰大学研究人员开展跨学科研究协作，促进学校自然科学、工程、人文和社会科学的发展。

昆士兰研究计算中心通过合作共建的形式成立了云计算平台 QRIScloud，为该校研究人员提供云计算和数据存储服务。在 QRIScloud 平台上，研究人员可以与全球合作者共享数据集；随时管理访问他们的数据集；利用存储在各州和国家研究数据存储基础架构节点中的数据集，整合访问昆士兰的高性能计算设施和专业化的云服务；实现虚拟实验室访问等。另外，研究计算中心还开发了大学内部的高性能数据存储架构 MEDICI，这是一个分布式文件系统，研究者无论在何时何地创建数据、操作数据、存储数据，系统都可以无缝访问到这些数据，开放共享的数据生态极大提升了科研效率。

4. 莫纳什大学以可视化平台加速研究突破

莫纳什大学 E-Research 中心是国际 E-Research 项目的领导者，运营着多个国家项目，可提供多种科研服务，其中，沉浸式可视化服务是其中的一大特色。

莫纳什大学可视化平台运营者莫纳什大学许多先进的、大规模的可视化设备，目标是通过与科研团队合作，创新和促进沉浸式、协作式的数据和环境可视化的新范式来改变可视化实践，并支持和加速大数据时代协同、可视化发现在学术研究中的应用。其中，CAVE2 项目通过混合 2D 和 3D 的虚拟现实环境，让莫纳什大学在数据可视化领域展现卓越能力；Encube 项目是一个用于定性、定量、对比的可视化和分析应用，适用于高分辨率、沉浸式三维环境，该项目被用来观察和比较大脑的扩散 MR 图像、星系中的中性氢图和斑马鱼的共聚焦显微镜图像；Supercell 项目是对澳大利亚内陆地区以及珊瑚礁的精密激光扫描和摄影测量进行的渲染，可以让水下环境一览无遗[27]。

（三）生活服务——智慧校园数字化应用特色场景

校园作为城市内的重要社区网格，具有占地面积大、基础设施庞杂、管理对象多元等特点，是城市的一个具体缩影。除教研之外，校园还具备部分生活场景，在一定程度上具有公共服务特征。践行以人为本理念，营造安全舒适的学习生活环境，是世界各国校园在智慧化建设中愈加重视的命题。

1. 南洋理工大学数字导航设计丰富校园科技感

新加坡南洋理工大学是新加坡第一个在校园内提供数字导航地图的大学。这款校内专用数字导航地图，是亚洲最大的室内地图项目，展示了南大智慧校园的愿景，即利用数字技术和科技手段来支持更好的学习和生活体验。这款导航地图具有强大的信息支撑系统，囊括了校园内 4000 多个地点与景点，用户可以快速地获取实时的、精细化的方向指导。最具亮点的是这款地图对于室内的描绘与模拟，如在地图上搜索李伟南图书馆时，地图可以清晰的呈现出该图书馆的周边结构，其周边的走廊、门店，乃至是桌椅的放置都有了一定程度地还原。

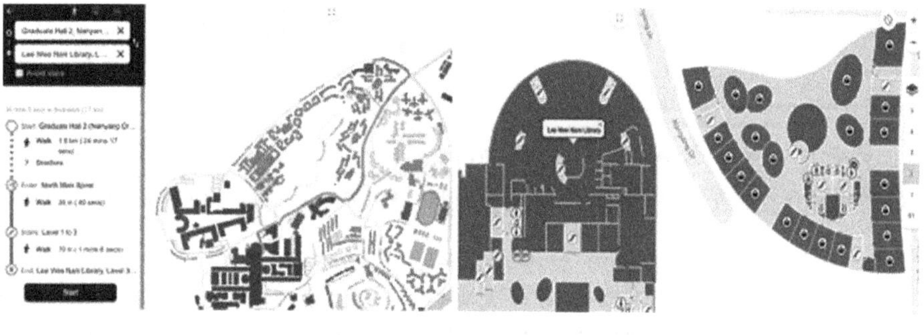

图 10　新加坡南洋理工大学校内数字导航地图

图片来源：NTU 网站

2. 中山大学秉承高效学习理念打造智慧图书馆

中山大学图书馆拥有百余万册（件）馆藏，其中包括上万册的珍稀善本，其智慧图书馆是该校信息化升级重点工程，也是该校智慧场景搭建的成功范例。首先，在图书馆出、入口的安全防盗门禁采用了“RFID 标签 + 磁条”的新型双模防盗模式，可对粘贴有超高频 RFID 标签和磁条的流通文献进行扫描、安全识别，以达到防盗和监控的目的，实现馆内大厅无人值守；其次，在馆外设置自助预约书柜，读者通过图书馆网站，预约单本或多本图书，系统可自动通过短信或微信的方式通知读者在规定的时间内到预约书柜刷借书卡取所预约的图书，满足图书馆每天大量的图书预约需求；最后，馆内图书的分拣和管理采用了新型分拣系统，能分拣批量堆叠图书，将多本堆叠在一起的图书分离成单本序列进行分拣，该设备还具有不撕书、不卡页、易清洁、易更换、稳定性高等特性。

3. 东京工业大学应用边缘计算建造智慧停车场

每一所设立在大都市的校区都会遇到停车难的问题，坐落于东京都目黑区的东京工业大学校区也不例外。作为日本理工科大学的榜首，东京工业大学研发了一套建立在边缘计算基础上的智慧停车系统，充分发挥东京每一分土地的价值。学校通过将图像识别与停车场运营管理系统部署在停车场的边缘微服务器，利用停车场出入口和内部的摄像头采集进出场车辆、车牌图片，进行车辆实时识别并匹配车主信息，从而精准记录车辆的进出时间，为进场车辆提供空位引导；当车辆离开时，还能够帮助车主快速定位车辆精准位置，用最短时间找到自己的爱车，并支持无现金扫码支付、精算机现金支付、扫码支付混合等方式的快速支付；此外，停车场系统可根据摄像头监测到的可疑事件或者可疑人员，以及烟雾、火光等险情，自动发出警报，从而提升停车场的安全性。边缘计算 + AI 的模式，减轻了云端算力的负担，加快了处理的速度，提高了停车管理的效率。

（四）智慧校园未来展望

当前，智能化升级代表了数字经济时代最为热门的发展方向。校园作为国家高素质人才培养与聚集的场所、先进技术萌芽生长的温床，在数字化建设方面具有得天独厚的优势，更应走在各行各业数字化转型的前列，为社会数字化发展做出示范。未来，智慧校园在数字化探索中还需在体制机制完善、治理模式创新、科研深化融合等方面不断发展，牢握社会发展需求的时代脉搏。

1. 体制机制不断完善，树立可持续发展新理念

在智慧校园建设推进过程中，智慧化的全局性、综合性与校园行政管理制度中的“副职分管制”之间的矛盾将逐渐凸显，需要进一步健全完善智慧校园体制建设，通过加强顶层设计来制定好近期和远期云网端一体化推进、

系统应用升级、数据架构的整体再设计等重点工作规划；其次，建立“业务驱动、技术引领、标准统一、融合协作”的工作机制，切实保证持续、充足的资金投入和合理、稳定的专业技术队伍规模，完善复合型人才培养体系和人才吸引机制，推动学校管理向以服务为中心的模式转变，以智慧化发展理念及技术手段促进高校治理现代化。

2. 持续挖掘数据价值，创新校园治理新模式

数据资源是推动校园智慧化发展的关键要素，如何挖掘并利用好数据价值是智慧校园未来建设的重要命题。当前，各类数据分散在校园不同的系统应用中，一方面由于其过于分散，缺乏有效整合，导致数据只能在较低级的层面发挥价值，很难加以凝聚并在更高层面完成建模；另一方面，数据只能通过单点传递给用户，有效性低，阻滞大。未来智慧校园建设应敢于打破数据与教学、科研、服务、管理等要素的紧耦合关系，建立统一的数据管理机制，完善数据标准，丰富共享数据，建立数据治理的闭环工作体系，切实提高数据质量，建设数据分析平台，实现数据驱动智慧服务，推动审计、校友等欠缺领域的业务系统建设，真正实现管理信息系统全领域覆盖。

3. 科研融合不断深化，形成科研协作新生态

科研是创新成果产出的重要方式，未来智慧校园建设应注重与科研团队开展深度合作，聚焦支持科研创新活动、科研资源共享与挖掘的过程，以信息技术拉近科研人员的交流距离，构建科研协作数字空间，用大数据技术助力学术评价和科研决策，形成信息化创新生态视角下的科研创新活动的数字空间。具体来讲，在基础设施服务方面，可通过搭建科研设施与仪器共享平台实现科研工具的开放共享；在科研管理方面，借助智慧校园平台，建立预算、核算、绩效评价和监督四位一体的管控体系，实现科研、财务及审计部门的有效联动；在科研交流方面，可通过建设智慧图书馆服务科研平台，发挥好数字信息资源服务职能，不断丰富沉浸式互动式体验来创造良好的学术交流环境。

4.6 智慧医院：智慧医疗未来发展新态势

互联网和数字化发展不断为医疗健康领域带来颠覆性的变革，在供给侧，

人工智能、机器人、精准医疗、3D 打印、虚拟现实、远程医疗等新技术正逐步被应用在医疗服务中，不断降低医疗成本、提升效率和优化质量。在需求侧，科技不断改变患者对医疗的期望，越来越多的患者希望能够在日常生活场景中得到更加高效、便捷、舒适的医疗服务。在这样的背景下，医院作为医疗服务体系的核心逐步成为智慧城市建设中最重要的组成部分。智慧医院大量运用日趋成熟的大数据、物联网、移动互联网和人工智能、云计算等技术，通过建立互联、物联、感知、智能的医疗服务环境，整合医疗资源，不断精简医疗服务流程，规范诊疗行为，提高诊疗效率和质量，从而达到辅助医院管理决策，实现医疗服务智慧化和精细化管理的目的。

（一）智慧医院场景建设发展概况

1. 三大趋势不断改变传统医院发展道路

一是从单纯的疾病治疗到健康管理的转变。当前人们不断提升的健康理念及对生活品质的追求，使得消费者需求从“医疗”向“健康”延伸，包括健康管理、健康生活、疾病预防和康复护理等全周期服务。2018 年我国设立国家卫生健康委员会，以改革创新为动力，将以治病为中心转变到以人民健康为中心，为人民群众提供全方位全周期健康服务。新加坡设立保健促进局（Health Promotion Board）通过宣传循证医学与疾病预防知识，鼓励居民养成健康的生活习惯，降低疾病发生率与进展风险。二是新型问诊方式逐步被广大患者接受。传统医院为所有人提供医疗服务的传统模式正被逐步取代，医院与其他医疗服务提供方（如家庭医生、诊所、药房、康复中心等）开始深入整合，形成相互依存的生态系统。数字技术不断推动医疗服务的去中心化，越来越多的患者开始适应和接受赴药房、诊所、三级医院进行诊疗、网络问诊等新形式进行互动和咨询[28]。三是以大数据不断驱动医疗服务创新。日本通过云技术对全国范围内的医疗数据进行整合，对接国民健康保险、生活保护、给付管理等八大系统，推动日本医疗体系向“智慧医疗”稳步迈进。中国国家卫生健康委在总结江苏、福建、安徽、山东、贵州等地健康医疗大数据区域中心试点建设经验的基础上，加快构建全国一体化的健康医疗大数据中心协同创新体系[29]。

2. 全球各国加速推进智慧医院建设与发展

美国在智慧医院技术应用方面处于全球领先地位，超过 30% 的美国医院已能够熟练使用 HER（电子健康记录）系统；新加坡投入了大量资金用于数字化整合医疗生态系统，并出台一系列数字化目标、平台和应用程序，以扩大医疗服务范围、提升质量和价值；日本宣布将在未来五年内建立 10 所围绕人工智能设计的新医院，旨在解决医生资源短缺问题。中国加速推进“互联网 + 医疗健康”，利用大数据技术解决医疗改革进程中的关键问题，同时建立医疗机构智慧服务分级评估体系，为智慧医院的发展指明了方向。上海市第十人民医院、上海交大医学院附属仁济医院引入 IBM 公司的人工智能“超级医生”沃森，患者只需将基本信息、癌症转移、局部复发、化疗方案等情况告诉“超级医生”，不超过 10 秒，沃森就能提供个性化定制的医疗方案。安徽省立医院和科大讯飞合作建成的智慧医院，投放了智能导诊机器人“晓医”。

（二）美国梅奥诊所——“全球最智慧医院”代表

美国梅奥诊所（Mayo Clinic）是世界最著名的私立非营利性医疗机构，拥有 73000 名员工，每年为全球 130 个国家和地区的逾 130 万名严重或复杂病症患者提供服务，常年在《美国新闻与世界报道》（U. S. News & World Report）和美国“最佳医院荣誉榜”（Best Hospitals Honor Roll）的医院排名中位列第一，并因其在人工智能、数字成像、远程医疗、机器人技术等方面的显著优势，连续三年被《新闻周刊》评为“全球最佳智慧医院”（Top Smart Hospitals in the world）。

1. 打造智慧化全生命周期健康管理服务体系

通过数字化的服务创新，打造以患者健康为中心、覆盖全生命周期的预防、筛查、疾病预测、诊断、治疗、康复等智慧健康管理服务体系。一是率先打造面向科技初创公司的“梅奥诊所平台加速器计划”（Mayo Clinic Platform_ Accelerate）[30]，为科技初创公司提供严格的模型验证和临床试验数据，建立诊所、供应商、制药公司、医疗设备公司、健康科技初创公司、患者互相协作的一体化平台，共同利用数字技术推动诊断、治疗和运营改进的创新。在梅奥创投（Mayo Clinic Ventures）的协助下，梅奥诊所每年提交

500项以上的发明专利和100项以上的专利申请，47%为已商业化的揭露专利。二是成立了诊所内部的数据统计分析平台，建立持续改进分析临床数据的人工智能和机器学习模型，不断辅助医学研究者改善临床管理。设立包含超过30PB临床数据的存储库，并与谷歌建立了10年合作伙伴关系，确保数据安全。三是建立涵盖远程医疗、虚拟预约、远程监测、个性化服务等功能为一体的健康管理平台，为患者提供多方位服务。2020年，梅奥诊所还专门任命了一名首席数字官进行企业范围内的数字化战略，并成立了数字健康中心（CDH）。作为梅奥诊所的数字化转型中心，CDH利用数据、分析、机器学习和人工智能来帮助改善患者健康，并通过数字渠道向世界各地的患者提供监测、诊断和治疗建议。

图11　明尼苏达州罗切斯特市的梅奥诊所

图片来源：KEREM YUCEL/法新社/盖蒂图片社

2. 将人工智能技术广泛应用于临床医学研究和疾病治疗

在新冠病毒大流行期间，梅奥诊所高度关注人工智能技术、自然语言处理和互联医疗设备，加快开展数字技术与医疗、科学研究等方面的融合研究。梅奥诊所在迅速发展虚拟会诊、远程ICU功能、远程患者监测和其他数字计划的同时，还将人工智能用于临床用途，目前，梅奥诊所已将人工智能技术用于严重复杂心脏、脑卒中、心血管、认知衰退等疾病问题的早期风险预测和诊断，准确率高达 85%。[31]

在心脏病治疗方面，梅奥诊所与谷歌云等公司开展合作，将大量患者数据输入计算机，利用自然语言 API 将庞大而复杂的数据集转换为结构化数据，帮助临床医生更好地跟踪、分析和预测患者电子健康记录中的数据信息，不断改善医疗决策、诊断和治疗方案。[32] 同时，梅奥诊所建立了管理、医护和跨学科专业人士创新合作机制，持续性发现问题并提出创造性解决方案。例如：在医生查房、大型手术、医学检测等不同场景中配备算法工程师和数据工程师，通过机器学习技术在患者开始出现症状之前共同发现异常数据，检测识别心脏功能的细微差异，该算法能够以 80% 的准确率准确识别房颤患者。在放射学研究方面，梅奥诊所利用人工智能技术对医学图像进行分割、配准、融合、压缩、重建等，其人工智能团队通过追踪肿瘤的结构、开发 CT 数据智能分析算法等自动识别和检测良性和恶性病变，极大提高了癌症患者的被检出率。

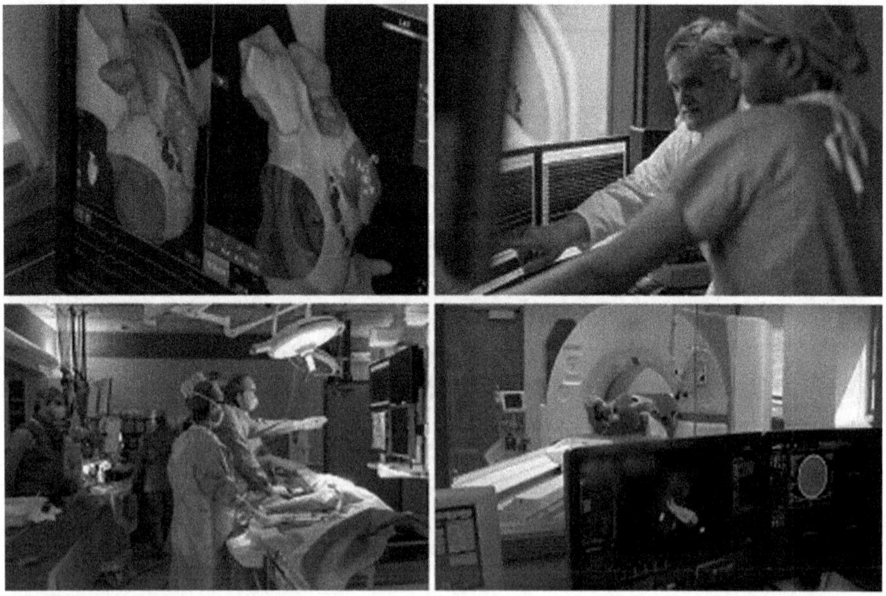

图 12　梅奥诊所 AI 实验室会诊、机器学习工程师（左）在梅奥诊所观察心脏起搏器

图片来源：梅奥诊所官网

（三）广东省第二人民医院——“全场景智能战略”

广东省第二人民医院在智慧医院的建设上一直走在全国的前列，多年来坚持每年投入收入的1.3%用于研发信息化建设，2020年投入4900万元。2021年3月，医院与华为公司合作建立了以患者为中心，将云、5G、人工智能等新技术应用于医疗、护理、教研、管理等各个领域，建立了全国首个医院人、财、物全要素管理协同的“全场景智能医院”，持续提高就医体验、诊疗效率和质量以及医院运营管理水平，将“互联网＋医疗健康”建设推上新台阶，2021年“5G智慧医院建设项目”入选国家级“5G＋医疗健康应用试点项目”。

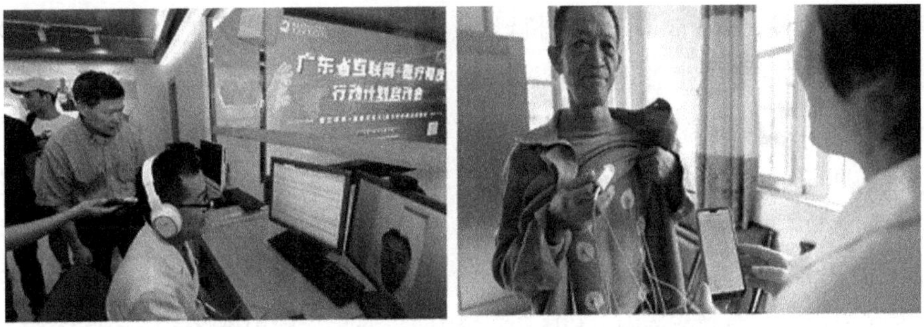

图13　村医通过互联网医院连线广东省第二人民医院医生；村医使用互联网“AI医生”为村民做心电图

图片来源：广东省第二人民医院

1. 打造“互联网＋医疗健康”的新型医疗服务体系

广东省第二人民医院在国务院办公厅《关于促进“互联网＋医疗健康”发展的意见》、国家卫生健康委员会、国家中医药管理局《互联网诊疗管理办法（试行）》等文件的指导下，在华为全栈混合云平台的支撑下，率先实现了以“互联网＋分级诊疗”模式下沉省级优质医疗资源，以“互联网＋社区就诊”模式实现慢病患者就近防治，以“互联网＋全预约就诊”模式提升患者就医体验，以“互联网＋三医融合”模式方便医保患者就医，以“互联网＋先诊后付”模式建立医患互信，实现医疗公共服务多元化，成功打通优质医疗资源与基层的连接通道，让群众享受到更加公平、高效、优质、便捷的医疗健康服务。广东省第二人民医院开发了全球最大的中文医疗词库和知识图谱，并基于北京、江苏、广东数十家三甲医院3亿份“脱敏”病例而打造出的相当于主治医生水平的互联网“AI医生”，能够提前为医生提供信息采集和数据判断，将看病时间减少了一半。目前，医院已为广东省2200个贫困村的村医疗机构提供B端服务，并通过医联体将服务延伸至西藏林芝、贵州福泉等地。同时，还借助各类IoT设备与应用，实现健康管理与医疗服务的衔接与整合。

2. 从不同的用户角度出发“触摸”全场景智能医院

面向患者，通过打造全流程智能就医，探索在风湿免疫科、神经内科、心血管内科、皮肤科等科室进行试点，患者用手机挂号后，可实现5G线上高清视频问诊，再完成线上缴费、拿药等，有效减少等待时间，全面提升就医体验。开发5G智能巡逻测温机器人、5G洗消机器人、基于物联网的输送管理系统、5G手卫生管理系统、5G医疗废弃物管理系统等联合助力疫情防控，降低医院交叉感染风险。

面向医疗救助人员，通过打造智能工作站，实现“上车即入院”。当急救中心接到急救需求时，医护人员可利用5G救护车、移动CT车、帐篷医院等各类5G医疗设备迅速为患者完成CT、超声检测、血压、心电图等检测，并将数据实时传输至医院、急救指挥中心和应急救援中心，同时医院内部将同步启动MDT多学科“云会诊”方案，迅速确定救治方案，有效提升工作效率与应急安全水平。

面向科研人员，打造基于人工智能技术的临床科研一体化平台，通过平台科研人员能够将患者临床病历数据结构化和标准化，并对临床数据进行数据分析和采集，满足不同临床医生的科研诉求，提升科研与创新水平。

3. 利用数字化技术实现医院的精细化管理

广东省第二人民医院一是在医院内部部署了超过500个智能摄像头，实现院内人员轨迹的实时追踪、5G+AI摄像头能够自动识别、300多个急诊护理台一键式报警，提升医院对人、事、物的提前预警与防范能力。借助智能设备与云计算提升医院整体的安防能力，图像识别可对“医闹”、“黄牛”等抓拍预警；人行轨迹查询有助于家属找回、路线追踪等；手环、胸卡实现人员定位与门禁联动。[33]二是打造基于物联网、人工智能、5G、Wi-Fi6等技术的万物互联智慧病房。通过智能机器人、手环、智能大屏、智能输液器、VR眼镜等数字设备，实现智能化的身份识别、生命体征监测、输液监控、物品配送、VR 远程查房、“叮呗医生” AI 随访等功能，为患者提供院前、院中、院后连续性的医疗服务和全生命周期的闭环管理。三是面向医院管理人员，打造基于智能化数据分析的精细化运营中心“智慧大脑”，建设具备 3D 功能的“院长驾驶舱”，实现全院急救情况、安防消防情况、住院信息、医疗收入、绩效考核等人、财、物数据的全方位可视化管理和一键调度，为管理者科学管理决策提供强大的技术支撑。

图 14 广东省第二人民医院智慧大脑

图片来源：广东省第二人民医院

（四）京东健康互联网医院——数字驱动全场景、全链条健康管理

当前医院的智慧化转型的不仅包括医院本身的信息化和智能化升级，还包括健康医疗服务的在线化和平台化发展。在国家《关于积极推进“互联网 +”行动的指导意见》和《关于推进分级诊疗制度建设的指导意见》等政策制度的引领下，加之新冠肺炎疫情带来的看病难等问题的加剧、老龄化日益严重的客观背景下，互联网医院成为智慧医院发展的重要趋势。截至 2022 年 6 月，中国已审批设置超过 1700 家互联网医院，越来越多的公立医院和民营企业也纷纷加入互联网医院的建设，开展互联网医疗服务。京东健康互联网医院于 2017 年上线，是中国首批取得互联网医院牌照的独立设置型互联网医院之一，截至 2020 年 12 月 31 日，平台入驻超过 11 万名医生，全年日均在线问诊量超过 10 万人次[34]。

1. 建立的互联网专科中心服务模式

京东健康互联网医院从 2019 年底开始创立涵盖预防、治疗、康复等一体化发展的专科中心服务模式，线上建立了包括心脏中心、耳鼻喉中心、呼吸中心、糖尿病中心、精神心理中心等在内的 25 个专病专科中心，并入驻近百位权威专家和顶级名医。专科中心利用人工智能、大数据、物联网等技术，结合京东全产业链资源、冷链物流等供应链优势建立患者、医生、专科中心之间的联系，通过医药、智能管理、商品供应链等多方资源的整合，满足不同层次的医疗健康需求。

2. 构建全场景、全链条的一站式立体服务生态

京东健康一是联动各地的医生联盟、医学会等共同推动慢病管理的落地。以广东为例，京东健康与广东省疾控中心共同联合当地的医生专科联盟，构建慢病防控体系，联盟或学会内的每一位医生都可以在平台上成立云诊室，并通过数据的追溯搭建区域慢病数据防控平台。二是通过智能硬件设备对患者监测数据进行有效管理。患者在购买血压计、血糖仪、手环等设备等智能设备后，可自行将相应数据上传至云诊室，互联网医院根据不同年龄段的监测和预测数据对患者进行综合干预和主动随访。三是提供专业的专属医生团队满足患者个性化和精细化管理服务需求。患者可按月度、季度、年度购买健康服务包，互联网医院将为患者提供从一对一医生问诊、购买药品、居家监测、个性化运动和饮食方案制定到家庭成员健康档案管理、咨询指导等一站式家庭健康服务。

3. 以“互联网 + 健康医疗”推动家庭医生持续发展

借助京东健康的互联网医疗服务技术，北京市丰台区全部 21 个社区卫生服务中心的社区家庭医生在线为辖区居家居民提供在线购药、用药指导、慢病问诊咨询和复诊、送药上门等数字化医疗健康服务[35]，并远程开展居家健康监测工作，为新冠肺炎疫情背景下的社区居家居民，特别是慢性病患者或特殊人群等提供更有力的健康服务保障。对于家庭医生无法解决的疾病问题，将会依托京东平台强大的专家资源线上转接至专科医生或直接转至线下进行处理。同时，社区家庭医生可通过小程序等智能工具将健康监测问卷发送给社区居民，居民只需通过移动端及时上传个人健康情况等信息，更加便捷地获取和使用远程医疗健康服务。

（五）智慧医院的未来发展前景

1. 数字技术将持续重塑医院的全过程管理

目前，在全球人口老龄化、大量慢性病快速增长、人类寿命的不断延长的背景下，医院的医疗负担日益加剧，智慧医院将借助大数据、人工智能、云计算、物联网等数字化技术的不断突破加速驱动健康管理的数字化、网络化和智能化升级，持续优化医院的自动化水平，大幅提升医院生产的效率及精准度。随着政府对智慧医院投入的加大、大量有利政策的出台、数字技术的不断进步将持续刺激智慧医院的发展。同时，科技公司和医疗保健提供商之间合作、并购的增加也将为智能医院的繁荣和发展创造更加有利的条件。

2. 智慧医疗发展和监管政策将大量涌现

智慧医疗问世以来，已经形成了成熟的理念和体系。对于个人用户而言，智慧医疗可以促进更好的健康自我管理，未来医疗服务内容将更加个性化。对于医疗机构而言，智慧医疗可以降低成本，缓解人员压力，实现物资信息统一管理，提升患者就医体验。对于研究机构而言，智慧医疗可以降低研究成本，缩短研究时间，提高整体研究效率。在宏观决策方面，智慧医疗可以改善医疗资源不平等的现状，推动医疗改革的进程，促进预防策略的实施，降低社会医疗成本。但在智慧医院发展的过程中仍然存在数字技术发展不够成熟、数据互联互通共享交换难、法律规范制度的缺失、个人信息和隐私等数据安全存在风险、针对互联网医院的激励体系尚未建立等诸多问题，未来患者、医生、卫生机构、科技公司、政府将不断加强合作和协同，大量针对智慧医疗发展和监管的相关政策将大量涌现。

4.7 智慧博物馆：新时代博物馆运行的新模式

智慧博物馆突破传统实体博物馆因观念、技术、场地、展陈能力限制，探索借助互联网、虚拟现实、数字孪生、3D 技术等技术的应用，实现博物馆管理、保护、服务等方面的数字化和智能化，驱动传统博物馆管理理念、管理制度、管理流程等管理模式的变革，形成了以博物馆业务需求为核心，以数字化技术创新为支撑，线上线下相结合的新时代新型博物馆发展模式，促进文化和科技的深度融合。

（一）智慧博物馆场景建设发展概况

1. 博物馆管理和发展理念逐步从“以藏品为中心”向“以人为中心”过渡

在管理理念上，传统的博物馆大多以部门为单位，随着博物馆资源整合、开放、共享的逐步推进，单打独斗的业务模式已无法适应新时代对博物馆的要求[36]，博物馆的开放性日益增强，例如欧盟委员会建立整合欧洲 21 个成员国主要科研机构自然历史馆藏的大型科研基础设施 DiSSCo，谷歌、微软等知名企业同世界各地博物馆联合推出“全球博物馆”计划，打造跨部门、跨区域、跨行业的博物馆资源交互共享的云平台，共建数字技术下博物馆发展生态联盟。同时，传统的“以藏品为中心”的博物馆也逐步向“以人为中心”“以社会关系为中心”转变，博物馆新的运营模式和生态系统正在逐步形成。[37]

在功能定位上，传统实体博物馆在时间、空间与展示形式上的内在局限性，制约了博物馆的社会教育和文化传播能力，而数据可视化技术对博物馆的收藏和展陈理念产生重要影响，博物馆从传统的以“收藏、保管、研究”为中心向“教育、研究、收藏”转变，更加凸显了教育、知识文化传播以及公共服务的重要作用。越来越多的博物馆利用数字化技术推动智慧文博场馆建设，在丰富藏品展览形式，打造虚实结合、智能交互的体验场景的同时，不断拓展“云”上数字文化产品和服务，让文物“转”起来、“智”起来、“动”起来。

2. 以新型基础设施、新技术为基础实现的全面感知、实时交互等为博物馆创新发展提供了新路径

伴随着社会与博物馆理念的转变，新型基础设施、新技术日益渗透到博物馆展览、演绎和研究等各个方面，为智慧型博物馆的快速发展提供了良好的外部环境，博物馆逐渐从被动的技术推动逐渐转变为主动引导各项技术的应用。新冠肺炎疫情的蔓延不断加速博物馆的数字化进程，国际上知名的大英博物馆、英国自然历史博物馆、美国大都会博物馆等纷纷加速布局新型数

字化博物馆建设，以弥补博物馆内容挖掘、展览展示、社会传播等方面的不足，博物馆管理开始“从经验驱动”向“以数据驱动”转变。同时，博物馆进一步向智慧化方向发展，由以往的被动式适应发展转变为自主学习、智能控制、主动探索，新技术大大提高了博物馆的保护、管理和服务水平。[38]

与此同时，全球超前谋划布局的6G网络同日益成熟的数字孪生、人工智能、三维全景、虚拟现实、全息投影、物联网、云计算等新一代信息技术和新型基础设施相互配合，使博物馆的人、物、空间、环境、大数据的智能互联和有机融合成为可能，“复原”展品、“复活”展览对象、带给人们更强烈的视觉和听觉上的感受的同时，最大限度的突破时间和空间的限制，拓展展馆的内容承载量，“物、人、数据”三者之间的双向多元信息交互向智慧化方向发展，进一步重塑博物馆的业务流程，革新博物馆的内在机制，拓展博物馆的延展空间。

（二）智慧管理——智能交互的数字孪生决策平台实现博物馆智慧管理

1. 辅助博物馆规划建设

利用数字孪生技术对博物馆开展模拟仿真与建设，辅助项目超前策划高效协同。三星堆博物馆在新馆建设中首次采用数字孪生、BIM建模和人机交互等技术进行智能规划设计与科学评估，通过高精度的三维方案多角度推演，实现建筑方案、功能布局、关键工艺、项目重难点、施工模拟、智慧工地的数字化模拟仿真与监控，达到提升场馆规划质量、提高施工效率的目的。

2. 博物馆智能运营与维护

借助大规模的各种物联网传感器，采集博物馆的各种设备的运营管理、用户行为等数据，综合运用人工智能、算法赋能等技术，实现对博物馆的全方位智能感知。例如英国自然历史博物馆在馆内设置15000个传感器，实现馆内温度、湿度、振动、菌落、光线等监测数据的自动采集处理和博物馆异常情况的自动预警；法国卢浮宫、美国大都会艺术博物馆、美国克里夫兰艺术博物馆等均接入了数字孪生管理系统，形成安防、消防、人防、应急等系统之间的联动机制；上海市历史博物馆对馆内及周边进行了超精细三维数字化复原，实现了建筑内外的1∶1数字孪生，对接政务、环境天气、观众等多维实时动态数据，赋能智慧博物馆建设。[39]

3. 观众行为数据智能采集和应用

利用视频跟踪、人脸识别等技术对参观者行为数据进行智能化采集分析，辅助智能策展和设备优化，持续优化参观体验。例如埃及博物馆和微软联合开发名为“Museum Eye”的交互式混合现实系统眼镜，通过微表情追踪、手势追踪等技术实时记录参观者在每件展品的消耗时间和互动行为；新加坡国家文物局在博物馆中引入物联网，通过传感器了解参观者在特定展览中停留的时间，辅助策展人策划展览。

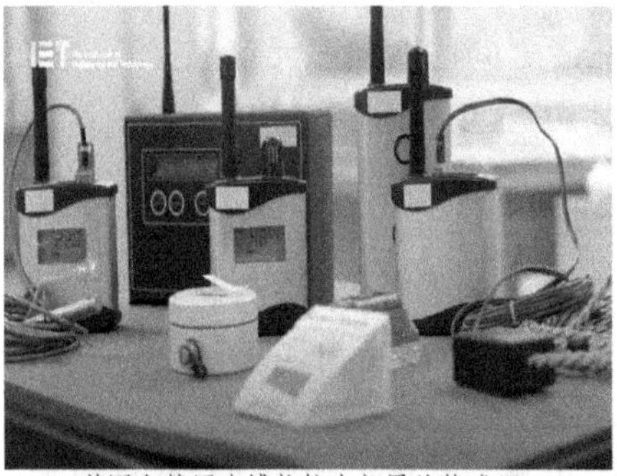

英国自然历史博物馆内部署的传感器

上海市历史博物馆数字孪生

埃及博物馆交互式混合现实系统眼镜

（三）智慧保护——智能预防性保护实现文物智慧化保护

1. 辅助考古发掘，立体化、全方位记录考古现场数据

海尔卡奥斯在三星堆考古现场打造了全国首创的数字孪生云平台，辅助开展 3D 数字化扫描、存档、建模等工作，实现文物从考古发掘、文物清理、资料整理、藏品入库、文物展出的全流程、全周期保护，为后续文物的学术

研究和修复提供全面的数字化档案支撑。

2. 模拟复杂工艺精细加工和文物修缮维护，以数字化技术驱动文物保护

俄罗斯埃尔米塔什博物馆部署了 5G 试验区，将虚拟显示技术、触觉技术和机器人技术相结合[40]，采用数字孪生技术先映射、构建出与加工材料或者文物一模一样的数字孪生模型，对文物的材质、受损状况进行模拟，利用遥控机器手臂进行艺术品修复，让世界各地艺术修复大师远程完成高精度修复工作，最大程度减少修复中的失误。[41]

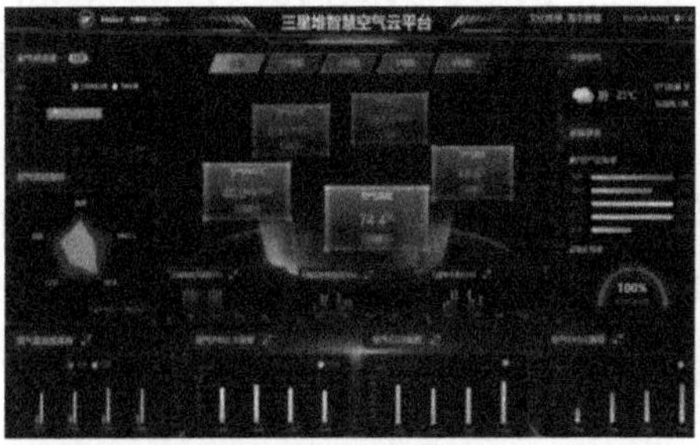

三星堆考古数字孪生云平台

俄罗斯埃尔米塔什博物馆文物修复机械臂

英国自然历史博物馆标本数字化扫描

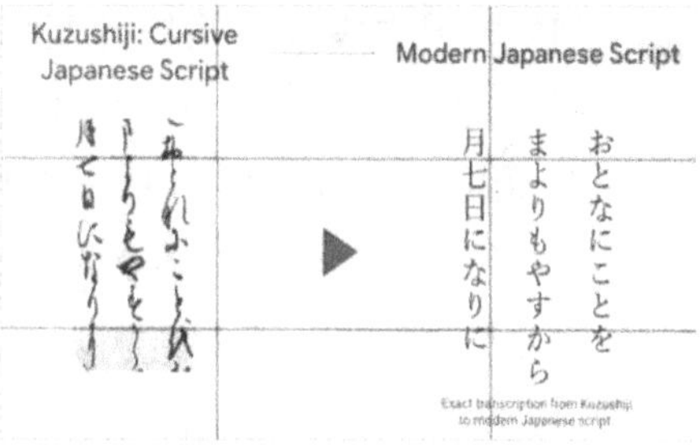

日本国家文献研究博物馆古草体翻刻

3. 利用新一代信息技术技术为科学研究提供数据支撑

新一代信息技术技术打造藏品数据中心，让藏品数据“连”起来。基于深度学习等技术，实现藏品资源、文本、音频及视频等异构数据关联和聚类，加速开展全球生物多样性、人类文明变迁等方面的研究。例如英国自然历史博物馆将 8000 万件藏品进行数字化，目前已向全球研究人员、科学家免费在线提供了 493 万份标本，为保护生物多样性、物种入侵、药物发现、农业研发以及矿产勘探等提供数据支持；日本国家文献研究博物馆利用谷歌公司的深度学习技术和 TensorFlow 平台，将目前全球仅有 0.01% 能够无障碍阅读的

"古草体"古籍翻刻为现代日语，加速推进日本古代史的研究进程。

（四）智慧服务——藏品智能化和多场景沉浸式体验实现智慧服务

1. 构建博物馆大型知识库，让静态的历史文化知识"动"起来

一方面利用机器学习、知识图谱等技术全面、生动的展现藏品信息。大英博物馆和谷歌创建"世界博物馆"项目（The Museum Of The World），将全球非结构化、无显示关联的藏品数据映射到一个跨越公元前后的 3D 时间轴上，从藏品类型、历史演进、制造工艺等不同角度构建高度关联的知识图谱及演变规律。另一方面，打造交互式的数字孪生互动导览系统，解锁观展新形式。例如意大利夫人宫博物馆推出了基于 5G 和人工智能技术的 R1 人形机器人，带领公众"玩转"博物馆；敦煌研究院和腾讯打造 AI 虚拟数字讲解员"伽瑶"，带领更多人领略敦煌文化的魅力。

2. 多维交互沉浸式体验，重现文物背后的历史时空情景，让文物"活"起来

例如韩国国立中央博物馆与互联网巨头 NAVER 公司合作将镇馆之宝"治愈山岳"搬进亚洲最大元宇宙平台"ZEPETO"，参与者可以凭借自己的虚拟化身在博物馆定制的 3D 地图中与同伴尽情互动社交；日本科学未来馆通过纱幕投影、幻影成像、环绕式影像等多种形式，引发公众在兼具趣味性与知识性的活动中深入思考科技发展与地球演化、与人类自身发展的关系；三星堆打造全国首个大型沉浸式数字交互空间《三星堆奇幻之旅》，将考古发掘大棚、数字博物馆以及古蜀王国等场景进行即时云渲染，为用户提供全新的沉浸式体验。

3. 结合 IP 商业化运作、NFT 加密技术等盘活文博数字资产价值，让博物馆更富有当代生命力

例如敦煌博物院博物"官"化身网红达人频繁活跃在直播、短视频中，为博物馆代言、访谈；英国大英博物馆与 NFT 平台 LaCollection 合作拍卖；四川成都金沙遗址博物馆打造《金沙之夜・回望长安》剧本游，利用展厅场景与博物馆公共空间开展游戏大闯关；湖南省博物馆马王堆和蚂蚁链联合推出四款数字藏品，其中龙纹的三维藏品上线 28 秒就宣布售罄。

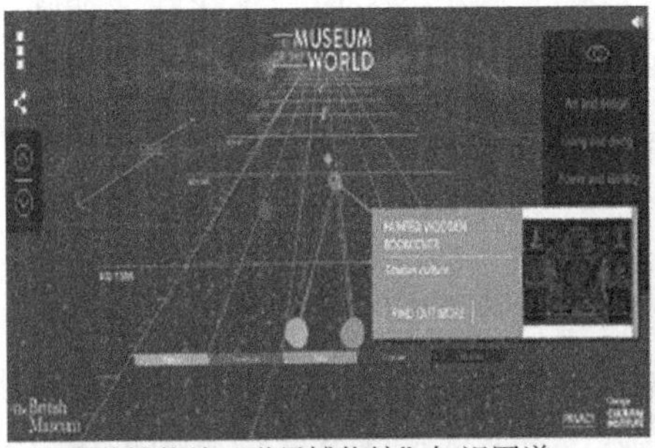

大英博物馆“世界博物馆”知识图谱

意大利夫人宫博物馆R1人形机器人

敦煌博物院AI讲解员“伽瑶”

韩国国立中央博物馆元宇宙平台

日本科学未来馆

（五）智慧博物馆的未来发展前景

1. 推进博物馆数据资源的跨域链接，打造可持续发展的数字孪生博物馆

在博物馆规划建设阶段，探索借助6G、数字孪生、BIM建模、物联网等技术引擎开展博物馆模拟仿真、科学评估与智能规划设计，以智能物联网体系获取博物馆空间、资源、管理、设施等全要素数据资源，保障硬件设施竣工投用，缩短建设周期、不断提升规划质量。利用区块链、知识图谱等技术，打造线上线下联动、虚实结合的策展平台，实现展览全维状态实时感知，提高策展科学性和展览影响力。

在博物馆的运行管理阶段，打造数字化博物馆的智慧样板。探索实现博物馆内外的1∶1三维数字孪生，通过智慧集成和数字孪生平台将馆内“人、物、空间”等各要素全面数据化的同时，通过标准化的接口建立与国内外博物馆、图书馆、档案馆、文物研究机构等机构之间的相互关联，推动展览馆藏、公众参观行为、天气交通、知识图谱等各类数据的互联互通，最大限度实现博物馆管理数字化和智慧化。

积极构建社会公众参与的博物馆可持续发展生态。以数字化技术加强公众与博物馆连接，通过互联网传播、社会参与、跨界合作等方式，创造平等、多元、包容的参与环境，激发公众参与博物馆策展、藏品信息拓展、文创产品开发等的热情，实现价值共创。

2. 营造共生产业创新生态，支持博物馆创新全产业链发展

超前布局 6G 网络等领先一代的数字技术创新，通过数字孪生打造博物馆的“眼睛”和“大脑”。采用揭榜挂帅、技术挑战赛等新型组织方式，充分调动国内外高校院所、技术型企业的积极性，联合开展技术研发和关键技术攻关，加快人工智能、知识图谱、AR、VR、MR、全息投影、3D 打印、物联网等技术在博物馆中的应用，为博物馆事业创新发展提供技术支撑。

加快博物馆数字产业布局。基于数字孪生博物馆、智慧博物馆建设与发展，加快构建覆盖技术研发、创意设计、创新服务、科普教育、商业等全产业链的博物馆数字产业生态体系，逐步形成以文化为内核，前沿科技为驱动，以超现实叙事、视听体验、沉浸式场景为载体的首都科技文化传播和文化消费的新兴产业体系。

大力实施“博物馆 +”战略。找准博物馆与教育、科技创新、旅游商业、传媒设计、城市规划等应用场景的契合点，促进博物馆发展与社会各界跨界融合，推动“文化 + 科技”智慧化场景在更多行业领域的应用落地，通过对博物馆数字文化资源的再利用创造新的文化和经济价值。

3. 创新数字治理模式，打造数字经济在博物馆领域的示范场景

提升博物馆数据管理，推动数据分级开放。构建数字资产全生命周期的管控策略，完善覆盖博物馆管理、藏品、观众信息等数据管理和分级管理制度体系，保障数据的完整性、精准性、安全性，加速数据应用开发，最大程度释放博物馆数据价值。形成数据标准引领，建立覆盖博物馆全生命周期的数据采集、存储、交换、应用等全流程的标准体系。

注重数据安全风险防范，形成多元共治格局。依托数据孪生博物馆建设，建立基于大数据、人工智能、区块链等新技术的数据统计监测和决策分析体系，完善数据安全风险应急响应处理流程和机制。强化协同治理，联合行业组织、科研机构、企业等就博物馆的数据安全风险评估、防范、处置等方面

开展协作，实现数据的安全管理和隐私信息的有效保护。

4.8　数字体育：以 2022 年北京冬奥会为例

（一）2022 年北京冬奥会的数字化应用概况

2022 年北京冬奥会综合使用了多项数字技术，将数字经济的应用场景体现在冬奥的各个方面，让其成为了科技与体育融合的一次标志性赛事。北京冬奥会成功带动中国三亿人参与冰雪运动，数字技术的应用场景不仅让冬奥本身与科技完美结合，更是助力了相关产业的发展，推动了包括交通出行、餐饮住宿、购物消费、旅游观光、医疗卫生、通信服务、票务娱乐等多个数字产业化和数字经济发展进程。北京冬奥会的数字冬奥生动实践不仅向全世界展示了我国数字经济发展的最新进展，也向全社会呈现了北京全球数字经济标杆城市建设的阶段性成就，对于引领国际国内数字经济发展具有十分重要的意义。

（二）数字技术为创意的实现打开了巨大的想象空间，打造沉浸式观赛体验和现场氛围

1. 阿里云上奥运助力碳中和

以往的夏季和冬季奥运会大多依靠卫星传输，均需要搭建大量承载奥运所需的 IT 机房、转播中心等基础设施，奥运会闭幕后基础设施往往被拆除，浪费了大量的人力、物力和资源。2022 年的北京冬奥会是世界首届由云计算替代传统 IT，将奥运会核心系统 100% 和赛事转播全部放在云端的奥运会，累计为超过 3.2 万运动员、志愿者、工作人员等冬奥相关工作人员提供服务，成为奥运史上最重要的技术变革之一。北京冬奥会采用中国阿里云的云计算技术，将赛事成绩、信息发布、运动员抵离、医疗、食宿、交通等信息系统迁移至阿里云上，并首次通过“奥运转播云”进行实时赛事直播，基于阿里云向全球转播超 6000 小时的精彩内容，在转播时长、方式、收视等多方面，均打破冬奥会的历史记录。奥运转播云将许多工作迁移至远程，降低了奥运现场工作量，大幅缩短了应用开发和部署流程。比起平昌冬奥会，北京冬奥会现场的转播人员减少了 32%，转播中心面积缩小了 20%，但转播内容却多

出 400 小时。

同时，云上转播能够更好地与 AI、3D 建模等技术相结合，一方面能够提供类似“子弹时间”的高自由视角观赛特效，另一方面，借助云高并发、低延时特性，再由智能算法对多机位信号进行分析和 3D 建模，将超慢动作、全景观看的电影特效式画面，带进冬奥赛事转播中[42]。阿里云还开发了“AI 云智剪”功能，通过理解比赛内容、分析运动员动作，实时生成多种类型的集锦视频，在冬奥期间共生产出 39878 段素材，覆盖了超过 200 场比赛。此外，阿里云通过云数据中心不仅避免了大量 IT 基础设施的重复搭建，而且进一步将能耗降低 70%，相当于每年多种 400 万棵树。

2. 京东方 8K 超高清显示技术让赛事“零距离”

北京奥运会开幕式中采用了京东方的 8K 超高清显示技术，在国家体育馆内部署了面积达 10393 平方米、世界最大的 8K 超高清地面显示系统，该系统支持 100000：1 超高对比度、3840Hz 超高刷新率、29900x15096 超高分辨率，高亮度、高色域、高对比度的绚丽色彩配合超高同步性的流畅画面，还可以承受零下 30 度的极端低温，在京东方软硬融合多重防护机制的加持下，还可承受 5000 次以上的高强度踩踏。通过搭载 BOE（京东方）自主研发的超大规模显示模组控制与同步系统，紧密追踪运动员行进轨迹。同时，在长达 5 个月的高强度排演及冬季零下 30 摄氏度的极端低温雨雪天气，地面显示系统依然能实现稳定运行。

3. 美国英特尔为观众提供前所未有的观赛体验

英特尔公司一是首创 3D 运动员追踪（3DAT）技术平台，利用 4 个高度灵活、移动迅速的摄像机捕捉运动员的形态和运动情况，应用算法从生物力学机制的角度对运动员的动作进行分析，并从标准视频源中提取运动员的关键骨骼点信息、身体关键部位的姿态、运动轨迹和位置信息等，应用姿势估计算法和生物力学算法进行三维重建，生成生物力学数据并输出运动表现分析。该平台可将数据在 20 秒内最终交付给广播端口，把运动员的相关信息（比如姓名、国籍、实时速度等）更直观地呈现给观众，通过不同颜色的轨迹让裁判员和观众清晰直观地对比不同运动员之间的差异。二是通过 360 度 VR 技术平台，捕捉整个运动场地的三维数据，从任意角度进行直播，定格精彩画面，并实现360度快速回放，为观众营造感受体育运动魅力的虚拟世界。开发轻量化、高分辨率显示、低延时和高刷新率的VR头盔，极大地防止眩晕和不适，用户可以较长时间佩戴头盔欣赏VR视频，让观众身临其境的感受强烈现场感。

英特尔公司3D运动员追踪（3DAT）技术平台

（三）数字技术全方位保障运动员生活和训练

1. 数字赋能疫情防控，为高效抗疫筑起智慧防线

在全球新冠疫情扩散蔓延的背景下，北京冬奥会成功实现了闭环管理的疫情数字化管控，为赛事的顺利举行创造了关键的有利条件。一是提前下发冬奥会手册至各国运动员、官员、媒体人士和其他参与者，明确规定世界各地的赛事参与者应在到达北京前14天下载由北京奥组委开发的名为“My 2022”的APP并报告健康情况，纳入“健康监控系统”（HMS）。冬奥会期间，在核酸检测基础上，通过健康通行码对相关人员进行大数据管理。连接手机APP的刷芯电子体温计能自动实时采集体温并在出现异常数值时向数字监控系统发出警报。二是在冬奥会的多个场馆部署公共空间气溶胶新冠病毒

检测系统，并设置临时检测站，实现了场馆内空气的病毒监测预警和快速检测，45 分钟完成自动化一体检测，检测灵敏度比传统检测手段提高了 3 倍，为冬奥会提供全面新冠病毒检测保障。

2. 智慧餐厅实现无人、高质量服务

冬奥会的智慧餐厅占地面积 5400 平米，能同时容纳 1700 余人用餐，配备了 120 台制餐机器人，机器人主厨可实现 24 小时点餐、制餐、出餐全流程自动化服务，可同时服务数千人。智慧餐厅设置了接受过长期实践检验的中西餐烹饪机器人，其烹饪水平不亚于优秀厨师。此外，智慧餐厅还建立了后厨物流运输系统和信息控制系统，系统设置了多种针对肉类和蔬菜的食材智能加工设备，在设备完成自动或半自动加工后，单臂和双臂协作机器人会将加工好的食材取出，放入锅具，开始按照程序自动烹饪。在整个物流、加工和烹饪过程中，智慧餐厅的食品安全系数非常高，几乎不需要工作人员干预，在疫情防控的环境下，可避免工作人员和运动员的直接接触，最大限度地节省人力物力。

3. 美国英特尔 Mobileye 为运动员出行保驾护航

在冬奥会期间，英特尔在超过 500 辆为运动员、技术官员、媒体等提供的公交大巴上，搭载了 Mobileye Ⓡ 8 以及专为城市大型车辆设计的 Shield + 4，这些能够实时发出警告的人工智能安全系统，利用计算机视觉技术，扮演辅助驾驶角色，持续扫描前方路面，一旦行人或骑车人进入危险区域，系统就会实时发出视觉和声音警报，提醒司机采取行动，为运动员平安出行保驾护航。[43]

（四）数字技术保障场馆管理与运营

1. 美国英特尔数字孪生系统大幅提升管理效能

在冬奥会期间，英特尔公司打造 VSS 数字孪生场馆模拟仿真系统，对 12 个竞赛场馆、3 个奥运村、主媒体中心、北京冬奥组委等多个场所进行了数字孪生，将场馆与活动过程三维可视化、动态化、参数化，把真实的场馆复制成一个数字化、虚拟化的线上场馆。该系统一方面将现实世界的物联网等智慧场馆应用的真实信息与其数字孪生虚拟世界完美融合，为赛事管理方和场馆运营方提供虚拟现实的智慧管理手段，节约成本，提升效率，实现科学防范；另一方面可以基于3D数字孪生模型和云渲染技术开发赛道模拟、摄像机位模拟、观众座位观赛视角模拟、场馆内导航等服务，让运动员、转播商、场馆方和观众通过5G网络访问基于3D数字孪生场馆的云服务。北京冬奥会使用的数字孪生场馆模拟仿真系统主要解决了三大问题：一是运动员、教练员和裁判员无须来到现场就能挑选自己心仪的房间，类似VR看房；二是帮助负责奥运转播的奥林匹克广播服务公司模拟拍摄角度，选择合适的机位摆放位置；三是协助奥组委工作人员更好地工作，使他们能通过仿真系统随时对场馆内设施提出修改意见，减少实地勘查的时间成本，让体育场馆更加人性化和智能化。[44]

2. 虚拟数字人为奥运服务提供新路径

在“相约北京”奥林匹克文化节开幕式上，虚拟歌手洛天依以一首歌曲《Time to Shine》受到广泛关注，成为第一位登上奥运舞台的中国虚拟歌手；阿里巴巴推出冬奥宣推官数字人“冬冬”，每天进行带货直播，全方位介绍北京2022官方特许商品零售店的冬奥周边商品；北京市科委、智谱AI、凌云光和北京广播电视台联合打造“冬奥手语播报数字人”，对《国家通用手语词典》收录的8214条通用手语进行采集和录制，更好地服务听障人群；科大讯飞、中央电视台通过人工智能技术，打造了一个记者王冰冰的虚拟形象，通过声音标注、机器深度学习算法等构建发音声学模型，解锁了东北方言、英语等多达31种语言技能；微软打造虚拟天气主播“小冰”，为参赛选手和观众实时播报气象指数。阿里云开发的基于云平台的“Cloud ME”实时模拟现场对话，“元宇宙”概念在冬奥会上变成现实。

（五）数字冬奥的未来发展前景

1. 新兴技术借冬奥不断改善居民生活方式，引领智慧城市建设

此次冬奥会使用的尖端“云转播”技术、8K高清视频技术、服务型智能机器人等将带来更广泛的区域间产研合作场景，科技成果在提升北京冬奥会办赛水平的同时，还将被更多地应用于推动社会发展及改善人民生活。在新一代信息技术的支撑下，冬奥新技术将融入未来居民生活，为世界探寻更

好的未来城市生活解决方案。因冬奥会而产生的技术创新、模式创新，在带动北京作为“双奥之城”在数字化时代的发展，使北京成为智慧城市建设先行者的同时，将逐步扩散到我国每个城市，世界每个角落，惠及数字化时代下的每一个人。

2. 科技冬奥将带动相关产业创新发展

冬奥期间先后测试了200多项技术，涉及60多个细分应用场景，未来将进一步拓展冬奥科技的应用场景，推动项目成果与业务领域服务结合，形成产业联动，促进产业结构优化，带动整个经济实现全面、协调和可持续发展。持续推动科技冬奥成果在城市治理、民生发展等领域发挥作用，加快新一代信息技术、新型显示、人工智能、媒体转播、体育科技等方面新技术的示范应用，加速推动云转播、8K、氢能利用、人工智能、5G产业发展，带动形成新的经济增长点。[45]

3. 推动绿色低碳发展，全面实现碳中和

北京冬奥会为节能环保采取的一系列措施，如低碳能源、低碳场馆、低碳交通、低碳办公等，为世界其他城市提供了值得借鉴的经验，更是为全世界提供了一套切实可行的中国方案，以实践证明了大型体育赛事低碳环保与精彩规范完美融合的可能性。北京冬奥会的这些低碳理念，将为未来低碳环保设施建设、节能减排等指引方向。

参考文献

[1] Pathan M, Patel N, Yagnik H, et al. Artificial cognition for applications in smart agriculture: A comprehensive review [J]. 农业人工智能（英文）, 2020 (1): 15.

[2] Kassim M. IoT Applications in Smart Agriculture: Issues and Challenges [C] // 2020 IEEE Conference on Open Systems (ICOS). IEEE, 2020.

[3] Spread Co., Ltd. Techno farm Innovation [EB/OL]. [2022-10-27]. https://technofarm.com/innovation/

[4] 卢大洋，李凤．乡村振兴背景下数字农业发展的路径研究［J］．南方农机，2022，53（04）：116-118+121.

[5] 刘程杰．福耀集团汽车玻璃智能工厂建设战略研究［D］．福建：福建师范大学，2021.

［6］智能工厂的发展现状与成功之道［EB/OL］. https://www. diyifanwen. net/c07o321l0666j6mw9sjhs44p5c1cp9m00du5_ 1. html，2022－10－19.
［7］智能工厂建设的主要模式及国内外发展现状［EB/OL］. https://www. renrendoc. com/paper/206100595. html，2018－08－21.
［8］智能工厂的成功之道：进行智能工厂整体规划［EB/OL］. https://new. qq. com/rain/a/20211209A030PH00，2021－12－09.
［9］博世投资10亿欧元建车用芯片工厂，计划年底实现量产［EB/OL］. http://www. dg8. com. cn/jishu/37199. html，2021－09－27.
［10］谭晶宝. 博世不再“芯荒”［J］. 汽车观察. 2021，(06)：62－63.
［11］华菱湘钢中小棒线实现5G＋AR跨国远程装配［EB/OL］. http://www. csteelnews. com/qypd/ywjx/202005/t20200515_ 31559. html，2020－05－15.
［12］国内智能制造系统解决方案领域发展趋势简析［EB/OL］. https://max. book118. com/html/2021/0527/6234102120003152. shtm，2021－05－29.
［13］中国即时配送行业趋势研究报告［R］. 北京：艾瑞咨询，2022.
［14］王晓丹，沈思强. 大数据在水果冷链供应链中的应用［J］. 中国果树，2021，(01)：100－103.
［15］林坚军. 商业银行智能信贷管理的思考与实践［J］. 金融电子化，2018，(11)：19－21.
［16］单建军. 征信类数字金融服务模式的美国经验及启示. 海南金融，2020，(09)：67－72.
［17］李梦宇. 欧洲领先数字银行的发展及启示［J］. 国际金融，2019，(11)：23－28.
［18］OakNorth：欧洲最具盈利能力的金融科技独角兽［EB/OL］. https://36kr. com/p/714350634348802，2020－05－19.
［19］陈洁. 常熟农村商业银行小微信贷工厂建设研究［D］. 吉林：吉林大学，2018.
［20］中国“三农”互联网金融发展报告［R］. 北京：中国社科院，2017.
［21］卫星遥感进田间　破解农民贷款难［EB/OL］. https://static. nfapp. southcn. com/content/202109/01/c5699768. html，2021－09－01.
［22］卫星遥感技术打开农村信贷新空间［EB/OL］. https://szb. farmer. com. cn/2020/20201019/20201019_ 007/20201019_ 007_ 1. htm，2020－10－19.
［23］程雪军. 论互联网消费金融对传统消费金融的冲击效应与竞合机制［J］. 兰州学刊，2022，(02)：43－57.
［24］互联网金融数据隐私保护的国际监管借鉴及启示［J］. 中国农村金融，2021，(11)：33－35.
［25］尹振涛；程雪军. 数字消费信贷的内涵、优势与发展建议［J］. 中国银行业，

2021，(12)：86 – 88.

[26] 罗万丽，王蕊．“互联网 +”时代高校智慧校园建设与应用探析［J］．数字教育，2018，4 (02)：33 – 38.

[27] 陈文波；张洋．澳大利亚大学 e-Research 科研合作［J］．中国教育网络，2018，(08)：4.

[28] 麦肯锡医疗健康行业白皮书．未来已来：智慧医院发展之路［R］．麦肯锡，2019.7.

[29] 国务院办公厅关于印发“十四五”国民健康规划的通知［J］．中华人民共和国国务院公报，2022 (16)：17 – 31.

[30] Heather Landi. Mayo Clinic launches AI startup program to help early-stage companies get market-ready [EB/OL]. [2022 – 10 – 9]. https://www.fiercehealthcare.com/health-tech/mayo-clinic-launches-ai-startup-program-help-early-stage-health-tech-companies-get.

[31] Krittanawong, C., Zhang, H., Wang, Z., Aydar, M., & Kitai, T. (2017). Artificial Intelligence in Precision Cardiovascular Medicine. Journal of the American College of Cardiology, 69 (21), 2657 – 2664.

[32] Isabelle Bousquette. Mayo Clinic Assessing Google AI Tool as It Seeks More Insights From Patient Records [EB/OL]. [2022 – 10 – 10]. https://www.wsj.com/articles/mayo-clinic-assessing-google-ai-tool-as-it-seeks-more-insights-from-patient-records – 11648159790.

[33] 龚晨．广东省第二人民医院：“全场景智能医院”如何打造？[EB/OL]．[2022 – 10 – 15]．https://www.hit180.com/49882.html.

[34] 国家远程医疗与互联网医学中心、健康界．2021 中国互联网医院发展报告［R］．健康界研究院，2021.

[35] 程子姣．新京报北京市丰台区与京东健康合作，可远程开展居家健康监测工作 [EB/OL]．[2022 – 10 – 21]．https://www.bjnews.com.cn/detail/1669711306169554.html.

[36] 王开．基于藏品数据的博物馆在线学术社交网络建设研究［J］．博物馆管理，2022 (01)：28 – 36.

[37] 翁淮南．新发展理念下的中国博物馆发展趋势探析［J］．文博学刊，2020 (01)：60 – 67.

[38] Byungjin Choi & Junic Kim, 2021. “Changes and Challenges in Museum Management after the COVID – 19 Pandemic,” JOItmC, MDPI, vol. 7 (2), pages 1 – 18, June.

[39] 周群华，谭珊珊．上海市历史博物馆数字孪生系统建设与博物馆数字化转型［J］．中国博物馆，2022（02）：30－35.

[40] 周继洋．5G 时代的智慧博物馆建设［J］．中国建设信息化，2019（09）：54－57.

[41] 朱磊．5G 技术在博物馆领域的应用初探——以中国（海南）南海博物馆为例［J］．中国博物馆，2020（04）：127－131.

[42] 赵广立．光明网．百年奥运的历史性一笔：云上冬奥［EB/OL］．［2022－10－15］．https://m. gmw. cn/baijia/2022－02/15/35518826. html.

[43] 带来全新数字化体验，英特尔释放科技力量［EB/OL］．［2022－10－15］．https://baijiahao. baidu. com/s?id＝1724838799164061730&wfr＝spider&for＝pc

[44] 冬奥会背后的数字技术［EB/OL］．［2022－10－15］．http://www. liangjiang. gov. cn/Content/2022－02/20/content_ 10309330. htm

[45] 袁燕军，王熙．北京冬奥会科技冬奥产业布局及建议［J］．科技导报，2022，40（02）：107－112.

第五章　数字经济发展新兴企业

目前，数字经济是继农业经济、工业经济之后的主要经济形态，已成为全球经济增长新动能，数字经济的发展离不开市场中企业的探索与应用，本章聚焦数字经济领域的先锋队——新兴企业，围绕数字经济产业领域的基础层、应用层、场景层，选取全球数字经济领域成立十年以内的、具有高成长性和高发展潜力的企业，描述数字经济时代新兴企业如何找到发展切口，开展的技术创新、模式创新，以及给传统产业数字化以及数字产业化带来的革命，为产业数字化和数字产业化提供新的发展视角。张瑞敏说过“没有成功的企业，只有时代的企业”，随着全球数字化浪潮的推进与发展，数字经济领域会有越来越多的企业生长起来，数字经济产业发展赛道也会更加丰富和多元，数字经济时代新的发展生态。

5.1　Relay Therapeutics：超级计算和前沿实验技术加速药物精准发现

在医药行业有个著名的“双十定律”，即一款新药从研发到上市平均需要 10 至 15 年的时间，花费超过 10 亿美元，时间成本和资金成本都巨大。目前，大多数药物的靶点是蛋白质，通过药物和靶标蛋白的相互作用，致使其生物途径或功能改变，进而达到治疗的效果，因此蛋白质结构及其动力学研究是新药研发的关键，从全球范围看，美国在蛋白质结构预测及创新药的研究开发中领先地位。2020 年 11 月，谷歌母公司 Alphabet 旗下 DeepMind 公司开发的人工智能程序 AlphaFold2，在蛋白质结构预测大赛 DASP14 中获得冠军，这是人类有史以来第一次把蛋白质结构预测做到了基本接近实用的水平，一时成为轰动生命科学领域的热点话题，并被 Science 杂志评选为 2020 年十大科学突破之一。如果说基于人工智能的 AlphaFold2 对蛋白质折叠结构的准确预测是新药开发的软件，那么基于超级计算的分子动力学模拟将使得药物发现的过程从“大海捞针”转向“精准设计”，给新药开发装上了“加速器”，为新药研发按下加速键。2016 年成立的 Relay Therapeutics 公司就是一家结合超级计算技术和前沿实验技术来改变药物发现过程的精准药物公司。

（一）创始人 David E. Shaw：引领超级计算的“超级跨界”

1. 从超级计算研究到量化投资之王

Relay Therapeutics 四位创始人之一的 David E. Shaw 博士是公司的科学家，更是一位传奇人物。David E. Shaw 于 1980 年获得斯坦福大学计算机博士学位，毕业后到哥伦比亚大学计算机系任教，在计算机还处于单板机的时代，他就开始使用非冯 · 诺依曼超级计算机开展大规模并行计算的研究。1986 年，David E. Shaw 离开哥伦比亚大学进入华尔街，在摩根 · 斯坦利的分析交易技术部门工作，主要研究将计算机技术用于金融投资。1988 年，David E. Shaw 离开摩根 · 斯坦利，募集了 2800 万美元创立了自己的对冲基金 D. E. Shaw & Co. ，利用最先进的高速计算网络，较早将定量和计算技术应用于投资过程，开创了投资定量交易浪潮，David E. Shaw 也被福布斯杂志称为量化投资之王（King Quant）。

2. 从量化投资之王到生物大分子模拟超级计算机

除了将超级计算应用于量化投资，David E. Shaw 也研究用计算机技术解决一些化学领域的问题。2001 年，David E. Shaw 成立了私立科研机构 D. E. Shaw Research，专门研究生物大分子计算，集聚了生物、化学、计算等多个领域高端人才，于 2008 年推出了能够高效模拟分子动力学的 Anton 超级计算机，Anton 比业内最好超级计算机的运算速度快一千倍，并在 2013 年推出了更高性能的 Anton2，而 D. E. Shaw Research 在蛋白质折叠和分子动力学方面的成果发表在 Nature、Science、Cell 等顶级学术期刊上，成为这些领域的标杆成就。

3. 生物大分子动力学模拟与药物发现的结合

随着生物大分子模拟的顺利开展，David E. Shaw 将在分子动力学计算模拟领域的研究与生物医药结合，在2016年联合加利福尼亚大学旧金山分校教授兼化学系系主任 Matthew Jacobson、布兰代斯大学生物化学教授兼霍华德·休斯医学研究所研究员 Dorothee Kern 和麻省理工学院生物工程系的高级讲师 Mark Murcko 三位博士成立了以计算为特色的药物发现公司——Relay Therapeutics，旨在让药物发现更加高效。

（二）Dynamo 平台：基于蛋白质运动的药物设计

在生物医药领域，诸多公司基于静态的蛋白分子结构来进行药物的设计与开发。实际上，在真实的生物环境中，蛋白分子的结构随时会出现变化，会发生翻转、扭曲、卷曲和折叠等，生物大分子发生和药物发现相关的构象动态变化通常在微秒量级。Relay 的 Dynamo 平台从关注微妙调节蛋白质构象及其变构位点的角度切入，跨越结构生物学、生物物理学、化学生物学等领域，将计算机技术和生物实验进行整合，提供了“关于蛋白质构象的动态性质如何调节功能”的关键见解，联合实验技术、超级计算机、机器学习等快速展现蛋白质的“舞姿”，进而进行创新药物的设计和开发，进而对以前难以处理的蛋白质靶标进行药物治疗。

1. 集成生物、计算领域的“十八般高精尖武艺”

Dynamo 平台集成了大量新兴的实验技术和计算技术，其中包括用于蛋白靶点的结构和功能研究的 X 射线晶体衍射，可以在原子水平解析蛋白结构的冷冻电镜，可以获得蛋白动态构象变化、别构效应、结构信息的氢氘交换质谱等近10项代表实验技术最前沿、价格不菲的大型仪器设备，也包括超级计算机 Anton2、晶格模拟、可在一天内对超过10亿个分子的虚拟库进行筛选的虚拟筛选、自由能扰动模拟等计算机软硬件技术。值得一提的，超级计算机 Anton 被誉为分子动力学界的“秘密武器”，2013年推出的 Anton2 与 Anton 相比在性能、可编程性和容量方面取得了显着提升，在相同节点数的情况下，速度比 Anton 快十倍，速率为85μs/天，极大地扩展了全原子生物分子模拟的范围。2021年，D. E. Shaw Research 推出新一代超级计算机 Anton3，它的模拟速度比 Anton2 快了10倍以上，分子动力学模拟速度比通用型超级计算机快了100倍[1]。基于 Dynamo 平台，借助 D. E. Shaw Research

的超级计算机，Relay 将传统的基于结构的药物设计（Structure-Based Drug Design）推向新一代的基于动态的药物设计（Motion-Based Drug Design）。

2. 计算和实验能力的结合，为药物研发插上“翅膀”

目前，Dynamo 平台主要应用在药物研发的三个阶段：靶点调制假设、确定化学起始点和候选药物选择。[2]

靶点调制假设：首先利用团队蛋白工程技术合成全长靶点蛋白，利用冷冻电镜、室温 X 射线晶体衍射等一系列可视化方法，获得对靶点蛋白动态构象的大量实验数据；然后在计算平台中部署这些实验数据集，以生成蛋白质在长的、生物学相关的时间尺度上移动的虚拟模拟，利用模拟结果来开发如何更好地调节蛋白质行为的独特假设，并为新治疗剂确定潜在的新型变构结合位点。

确定化学起始点：计算和实验能力的结合使得 Relay 对靶点有更深刻的了解，能够基于生理相关活动、以配体为中心来计算筛选和设计，进而快速确定潜在化合物。借助机器学习驱动的 DNA 编码平台（Relay DEL），能够产生更多的化学系列和潜在疗法，以进行先导物优化。

候选药物选择：一旦定义了化学起始点和先导物，就需要进行优化以获得具有所需特性的分子。Dynamo 平台将先进的机器学习模型和分子动力学模拟与药物化学、结构生物学、酶学和生物物理学能力紧密结合，以预测和设计将实现最理想特性的化合物，包括效力、选择性、生物利用度和类药物属性。计算和实验的结合，避免了完全依赖于实验室中开展耗时又昂贵得迭代过程，这使得 Relay 能够更快速有效地优化分子。

3. 专注精准肿瘤学和遗传病——布局精准靶向小分子治疗新药的研发管线

传统靶向药物采用蛋白酶活性位点或催化功能的药物，而某些蛋白酶底物会与药物之间进行竞争，从而会降低药物体内疗效，产生耐受性；此外，某些蛋白酶活性位点非常类似，靶向活性位点的药物对其他相似蛋白酶可能会造成一系列的交叉反应，进而造成人体内环境的紊乱。靶向药研发开始转向靶向调控蛋白质变构位点的小分子药物研发，而针对蛋白酶变构位点药物的设计更像是如今的“面部识别”技术：要完成本人认证，静态照片已经不行了，而是需要“点点头”“眨眨眼”等的动作来实现认证，针对蛋白酶变构位点的药物也是如此，它们通过靶向变构位点控制蛋白酶的功能活性，进而实现更精准的控制。因此相比活性位点，变构位点具有更高的选择性、有效性和安全性，但基于变构位点的抑制剂用传统方法筛选耗时长、研发成本高[3]。Relay 公司依托 Dynamo 平台布局了乳腺癌、胆管癌以及基因疾病相关的蛋白质靶点药物研究管线（见图），未来还可能进入精准肿瘤学和遗传病以外的其他治疗领域。

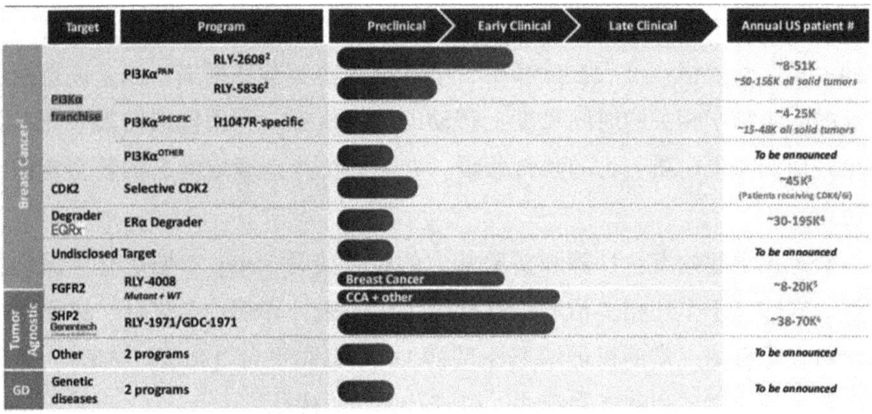

Relay 公司精准医疗布局的管线

（来源：Relay 官网）

目前，Relay 公司进展最快的是药物为 RLY－4008，这是第一个选择性结合 FGFR2 的、高特异性的口服抑制剂。FGFR2 的基因改变是多种癌症发生的原因，然而 FGFR1 与 FGFR2 这两种蛋白质的结构就像“同卵双胞胎”一样，目前的药物在阻止 FGFR2 的同时也抑制了 FGFR1 的活性，而 FGFR1 活性被抑制会造成血液中磷酸盐水平升高，如果切换药物剂量，则会限制药物的有效性。

Relay 公司通过超级计算机 Anton2 对 FGFR1、FGFR2 蛋白质原子更长时间的行为进行模拟，发现看似相同的蛋白质会以不同的方式运动，也就是说二者的运动方式不同。从模拟结果来看，FGFR1 上的襟翼更松散，并且比 FGFR2 上更频繁地从缠结的氨基酸块向外延伸，基于二者的不同，Relay 公司筛选出了 RLY－4008 抑制剂。临床前研究显示，RLY－4008 在癌细胞系中表现出 FGFR2 依赖性的抗癌活性，在缩小肿瘤同时，对其他靶标（包括

FGFR 家族的其他蛋白）影响极小，具有良好的抗脱靶特性。在临床试验中，接受治疗的患者在症状上也得到了缓解，约 80% 的患者达到放射学肿瘤缩小，而且患者的耐受性良好，大多数治疗后出现的不良事件为低级不良事件且可管理，没有 4 级或 5 级不良事件，大大规避了传统靶向药物的副作用。2022 年 1 月，RLY－4008 获得 FDA 颁发的用于治疗胆管癌的罕见药病资格认定，并继续招募患者加入扩展队列。

第二个进展较快的药物是 RLY－1971，它是一种针对 SHP2 的强效小分子抑制剂。SHP2 属于蛋白酪氨酸磷酸酶 PTP 蛋白家族，与乳腺癌、肺癌等多种癌症的发生密切相关，抑制 SHP2 既能抑制癌细胞生长，同时还可激活免疫系统的抗肿瘤作用，SHP2 成为了治疗癌症的重要靶标，但传统 SHP2 小分子抑制剂难以投入临床使用，对 SHP2 抑制剂的开发一直广受关注。而 Relay 公司开发的 RLY－1971 能够结合并稳定 SHP2 的非活性构象，在临床前研究中表现出显著的抗肿瘤活性，2020 年 12 月，Relay 公司与罗氏（Roche）旗下基因泰克（Genentech）达成合作，以开发和商业化 RLY－1971，基于合作基因泰克将承担 RLY－1971 的开发，并有可能扩展到多种组合研究中；2021 年 7 月，基因泰克在临床试验中启动了 RLY1971 与 KRAS G12C 抑制剂 GDC－6036 的联合研究。

此外，还有 RLY－2608，用于 PIK3CA（PI3Kα）突变体乳腺癌肿瘤患者的抑制剂，也是已知的第一个新型变构口袋中的变构、泛突变和异构选择性 PI3Kα 抑制剂。2021 年 12 月，FDA 批准 RLY－2608 进入临床阶段。

（三）药物管道的持续推进：资本的支持与发现平台技术的拓展

药物研发具有高成本、高风险、长周期的特点，Relay 公司药物发现平台能够观察大规模和微妙的蛋白质运动，为药物设计过程确定提供了新的思路，也吸引了资本的注意，Relay 公司从成立到上市仅用了 4 年多的时间，背后也离不开资本的支持。

2016 年 9 月，Relay 公司获得大健康行业领域风险投资机构——三石风险投资（Third Rock Ventures）5700 万美元的 A 轮融资。2017 年 12 月，Relay 公司宣布完成 6300 万美元 B 轮融资，该轮融资由 BVF Partners 领投，GV（前身为 Google Ventures）等 32 家参与其中，融资资金用于推进肿瘤候选药物管道研发。2018 年 12 月，Relay 完成 4 亿美元的 C 轮融资，由软银愿景基金牵头，原有投资者也参与了这轮融资，其中软银投资 3 亿美元，这也反映了资本市场对 Dynamo 平台在突破性疗法以解决各种疾病方面潜力的认可，此次大规模融资使得 Relay 公司能够大大扩展并推进药物管道，以及公司队伍的扩建。2020 年 7 月 15 日，Relay 公司在纳斯达克上市募集资金 4 亿美元。截止 2021 年，Relay 公司有 9.58 亿美元将能满足至少到 2025 年的运营。

除了资本的支持外，Relay 还积极拓展 Dynamo 平台的技术支撑，2021 年 5 月，Relay 以超 1.7 亿美元的价格收购 ZebiAI。ZebiAI 是一家将 DNA 编码库数据应用于药物发现的公司，2020 年 ZebiAI 曾与谷歌达成一项长年服务与合作协议，专注于机器学习的应用，以加速小分子疗法的鉴定。此次收购，ZebiAI 带来了庞大的实验数据库和拥有深厚专业知识的团队，而 ZebiAI 的方法与 Dynamo 平台的结合，有可能预测更多类似药物的化学起点，缩短先导物优化周期，还增加可以并行开发的程序的数量和范围。此外，Relay 公司透露还将在这些领域开展进一步的投资。

（四）结语

现代实验技术和医疗实践为生物制药带来了海量的数据资源，Relay 公司将计算机领域的超级计算、机器学习、人工智能等信息技术与生物制药相结合，用前沿数字技术不断提高肿瘤药物研发的精准度，大大缩短药物研发周期，提升了疾病与死神赛跑的“加速度”，也为精准医疗的未来带来了“无限可能”。

5.2 Carbon：用 3D 打印技术推动全球制造业数字化转型

随着数字经济的蓬勃发展，传统制造业正在通过数字化技术向智能制造转型升级。以数字建模等数字化技术为基础 3D 打印，是将金属、陶瓷、塑料、橡胶、树脂等材料逐层堆积制造出实体物品的新兴制造技术，实现了制造方式从等材、减材到增材的重大转变，改变了传统制造的理念和模式。数据驱动是 3D 打印本质特点，从设计到优化、仿真到工艺以及全周期的设备维护均是数字化过程，3D 打印的全数字化过程，对数字经济的发展和数字技术的应用发挥了积极的促进作用。

自 2019 年新冠疫情爆发以来，全球抗疫物资短缺，而 3D 打印等技术得到快速地创新和应用，为迅速提供物资发挥了巨大的作用。其中，目前全球估值最高的 3D 打印独角兽企业，Carbon 公司表现尤为卓越，每周生产鼻咽拭子和防护面罩分别超过 100 万支和 18000 个，利用 3D 打印快速制造的优势缓解了防疫产品供应短缺的问题。

Carbon 公司于 2019 年获得 E 轮投资，规模高达 2.6 亿美元，估值达到 24 亿美元，已经成为继 3D Systems 与 Stratasys 之后在光固化领域最有成就的公司。它集硬件、软件及材料与一体，创建可扩展的完整数字化制造平台，为众多企业提供 3D 打印数字化解决方案，其在材料、设备方面的深入研发，对于整个制造业来说都将具有里程碑式的意义。

（一）颠覆传统 3D 打印，提出更快速、更精准的 3D 打印新模式

Carbon 公司位于美国硅谷，成立于 2013 年，是新兴的 3D 打印行业中最热门的初创公司之一，最初获得 6.92 亿美元融资，成为 3D 打印界拿到融资最多的初创公司。

数字光合成（Digital Light Synthesis，DLS）技术是 Carbon 的独家开创性的 3D 打印技术，该工艺利用数字光投射、透氧光学器件和可编程液体树脂相结合，来生产具有卓越机械性能、分辨率和表面粗糙度的 3D 零件。连续性的打印工艺避免了零件中产生层线，能够提供可与注塑成型零件相媲美的表面质量；使用的材料嵌入热激活可编程化学物质，可以实现工程级机械性能和高分辨率特性。

“3D 打印工业主要是由一层一层地打印二维对象的机械工程师完成的，但是我们不要一层一层地来，我们让他们直接拉出来。” Carbon 的 CEO Joseph DeSimone 这样介绍其 3D 打印的新模式。

Carbon 的 DLS 3D 打印技术兼顾了材料性能和应用的广泛性，利用光和氧气快速地把树脂变为可直接推上市场的产品，并使产品达到以往其他材料无法达到的表面质量、速度和产能。同时，也让设计师和工程师创造出用传统生产方式无法完成的复杂的几何结构，打开了新产品的可能性。其突破性

的 DSL 技术与高性能树脂的推出，逐渐威胁到注塑成型的地位，并将 3D 打印技术推向了批量制造和终端部件制造的前沿[4]。

在商业模式方面，Carbon 采取设备租赁模式，一方面降低了终端用户尝试 Carbon 技术的初期投资压力，另一方面也使得终端用户在面临 Carbon 后期设备技术更新的时候，能更轻松地切换到更新版本的设备[5]。目前，Carbon 的 3D 打印技术已经在汽车、航空航天、医疗和消费等领域得到了广泛应用并为生产带来经济价值，其客户遍布 17 个国家，并持续在全球范围内扩张。

（二）汇集软硬件及材料创新，提供行业领先的数字制造解决方案

1. 明星硬件：DLS 技术驱动的 3D 打印机

多年来，Carbon 公司相继推出 M1、M2、M3 和大幅面 L1 等 3D 打印机，持续优化迭代技术和产品。

2016 年，Carbon 公司推出 M1 3D 打印机，惊艳了全世界。M1 上使用了连续液面生产技术（Continuous Liquid Interface Production，CLIP）和工程级反光膜材料，首次打印出具有工程级机械属性和表面粗糙度的高分辨率零部件，且打印速度比传统的 3D 打印机提升了 25 ～ 100 倍。借助于互联网连接（云计算）和大数据，M1 每天可收集超过 100 万个过程控制数据点。基于云计算的体系结构确保了其最新功能、性能增强和树脂都能够即时推送给用户，而基于浏览器的界面，使打印机可以在网络内部运行，免去了软件安装或兼容性问题[6]。

2017 年推出的 M2 是 Carbon 的主打机型，性能相比 M1 又提升了 1 倍，具有速度快、精度高等特点，可使工程师从模板设计扩展到大规模生产，非常适合生产具有复杂功能（例如穿线或内部通道）的较小零件。M2 具有一个内置的打印计划程序，可以根据环境的变化随时修改打印过程，实现高效生产。更重要的是，M2 可以用来进行部分医疗设备的 3D 打印[7]。

2022 年，Carbon 发布了两款全新的基于 DLS 系统的机型 M3 和 M3 Max，针对高端原型设计和制造流程，进行了大量升级和改进[8]。M3 和 M3 Max 打印稳定性更高、速度更快、表面质量更好，打印的模型精度也更一致。另外，这是第一款可由客户自行安装的 Carbon 打印机，用户可以在几个

小时内完成安装。

2. 出色的软件：Carbon Design Engine

软件是 Carbon 链接创意和生产的桥梁，也是 3D 打印数字驱动的核心，Carbon 非常注重软件的开发和创新，通过软件持续对其机器组合 M1、M2、M3 和 L1 3D 打印机的性能进行完善和优化。

2021 年，Carbon 面向所有的用户推出了晶格设计软件 Carbon Design Engine，这款设计软件是基于云的，将计算负担放在 Carbon 的服务器上，可以帮助工程师快速创建晶格设计，使工程师在数小时内从想法变成功能性晶格部分，它可以用来方便地选用不同的点阵晶格结构，实现设计师的构想，让产品可快速迭代并推向市场[9]。Design Engine 的主要特点是一种接近自动化的方式来创建共形和多区域点阵，这使得在产品中生成有效点阵的速度更快。用户在尝试不同设计时可以准确预测和改变产品的机械性能，从而帮助用户调整设计并缩短开发时间。软件采用交互式界面，可同时制作 5 种不同的结构设计，即便对于最具挑战的外表设计，该软件也可以提供共形晶格结构设计，并减少生成设计后繁琐的修改步骤。此外，该软件是基于云的，将计算负担放在 Carbon 的服务器上，而不是工程师的计算机上，因此可以快速创建晶格设计，帮助创作者在数小时内从想法变成功能性晶格部分。Carbon 计划 2022 年开源其 3D 打印晶格设计软件[10][11]。

2022 年 8 月，Carbon 收购了设计软件开发商 ParaMatters，这是 Carbon 的首次收购。ParaMatters 以创建 CogniCAD 而闻名，CogniCAD 是最早广泛使用的增材制造生成设计和拓扑优化程序之一，对 ParaMatters 的收购是 Carbon 设计软件的一个关键扩展，扩大了其软件产品的拓扑优化能力，可以解锁更复杂、更高性能部件的自动创建，使用户在更短的时间内创造出更好的产品。利用其改进的程序组合，Carbon 将能够解决现代设计平台的市场空白，使用户能够在新产品迭代中充分利用 3D 打印[12]。

3. 突破性材料：3D Printing Materials

材料是影响 3D 打印应用的关键，它直接决定了终端用户能否使用。Carbon 的材料具有多样性，最初推出了几款专有的光敏树脂，如硬质聚氨酯（RPU）、弹性聚氨酯（EPU）、氰酸酯树脂（CE）、原型树脂（PR）等，这些材料复杂的化学成分使其能够创建出具有一系列机械属性的各种部件。使用这些突破性材料制造出来的零部件属性类似于注塑成型的同类产品，可以适用于各种应用[13]。

Carbon 坚持可持续发展的理念开发新材料，针对传统树脂 3D 打印零部件比较脆的问题，在树脂材料中加入了可控的热固化组份，利用光固化成型之后的烘烤处理大幅度提升材料的强度，使之能够用于最终零部件或工具夹具的用途。Carbon 还推出可编程树脂——RPU 130，这是一种采用 Carbon 的 DLS 技术研发的适用于汽车行业的新树脂材料，它结合了 Carbon 多种现有树脂如 RPU 70、FPU 50 和 EPX82 的优良特性，具有良好的强度、硬度和耐高温性，为很多高性能的应用提供了更可持续的解决方案，代表了增材制造领域材料开发新的突破[14]。

4. 独特的服务：混合型 SaaS

Carbon 的商业模式与其技术一样具有创新性。Carbon 是第一个在制造业采用了混合型 SaaS 业务模式，通过租赁模式提供其所有 3D 打印机，搭建从“创意到生产”的平台。在此模式下，Carbon 每年会向客户收取一定的费用，提供一个专业的服务团队，致力于预测和解决客户的需求。Carbon 利用其接入互联网的软件体系结构来收集业务数据，并提供预测服务模型，以及出色的机器更新和用户体验等。这种租赁模式使得制造行业有了专业的数字化后勤团队，也为用户省去了大量的采购和维护成本。

（三）3D 打印技术赋能制造业数字化

1. 工业领域的数字化制造：汽车零部件

Carbon 与福特汽车合作开设先进制造中心，使用 Carbon 强大可靠的打印机、专有的 DLS 技术和创新的 EPX82 材料，高速、高品质地设计和生产汽车零件，包括福特 Focus 的 HVAC（加热、通风和冷却）维修零件、电动车弹性体垫圈、福特 Raptor 适配插头和福特野马 GT500 电动驻车制动器以及减震保险杠等。在生产效率方面，Carbon3D 打印机的打印速度远远超过其他 3D 打印机，且生产的零部件特性与注塑件具有相似甚至更好的性能，能够满足严格的行业特定标准[15]。

同时，Carbon 和兰博基尼也进行了广泛的合作。2021 年，Carbon 为兰博基尼的 Super SUV Urus 车型生产了带有 Urus 标签的新型纹理油箱盖和空气管道夹，为其首款混合动力量产车 Sián FKP 37 3D 打印中央和侧面仪表板通风口。此通风口的生产是由 Carbon 独特的 DLS 技术与兰博基尼非凡的设计和工艺的完美结合，制造过程直接在 Carbon 的数字制造平台上快速地实现从设计到生产的整个过程，从最初的概念转变为最终部件仅需要 3 周时间，零件交货时间缩短 12 周，完全改变了传统制造中耗时且昂贵的加工步骤，大大简化了生产流程。而且，Carbon 的 EPX 82 材料完全满足兰博基尼对所有汽车部件的高标准要求。

Carbon 与福特、兰博基尼、宝马等汽车厂商的合作是汽车数字化生产创新的完美案例，标志着 Carbon 的数字制造平台可以让汽车制造商以其他制造技术无法实现的速度、质量和成本生产更多领先的零件，而 3D 打印也为概念车的制造提供了更多选择[16]。

2. 医疗设备的 3D 打印：鼻咽拭子、防护面罩

随着新冠病毒疫情在全球爆发，全球供应链体系被打破，关键医疗安全和检测设备出现了严重的短缺。3D 打印以其特有的数字化优势打破传统制造的地域限制，能够进行在线建模、共享数据模型及网络协同生产，短时间内完成从设计到本地生产和就近服务，在一定程度上缓解了医疗设备短缺的燃眉之急。

NP 棉签是受疫情造成的供应链中断影响最严重的社会必备产品之一。Carbon 在疫情爆发期间与多家医疗机构合作，设计新型晶格结构的鼻咽拭子并使用其特有的 DLS 技术和材料进行 3D 打印。这款鼻咽拭子从概念到上市仅用了 3 周，其独一无二的晶格结构在方便医护人员采取样本的同时也改善了病人的舒适度。一次可打印数百条每周可生产超过 100 万支以支持病毒检测，而且每个条带都有独特的序列号，便于追溯。3D 打印的应用满足了新冠病毒检测设备极端短缺的需求，也为医疗产品设计生产带来了新的突破。

另外，Carbon 还将其开放源代码设计公开，其他人可以在其网站公开进行访问，帮助各地区缓解疫情期间的面罩匮乏问题[17]。

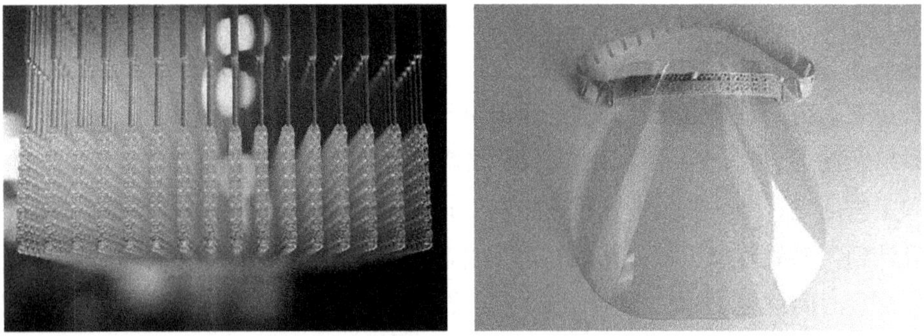

3D 打印的鼻咽拭子面罩

（来源：Carbon 官网）

3. 消费领域的颠覆性制造：3D 打印跑鞋

随着 3D 打印技术的发展，应用逐步由工业领域过渡到消费领域，其中最具代表性的就是阿迪达斯利用 Carbon 的 3D 打印技术所制造的 3D 打印跑鞋。

传统制造方式量产一款新鞋子，往往要经过设计、试样、开模、切割、组装等多道工序。而 3D 打印鞋只需两个步骤：设计和打印。Carbon 和阿迪达斯利用 17 年的跑步者数据创新设计了一种可调晶格结构，根据跑步者脚部的精确轮廓对鞋子进行建模，借助 Carbon 的数字光合成（DLS）技术和设备、软件以及材料打印出传统制造无法生产的高性能跑鞋中底。从设计的角度来说，这种制造方式设计自由度更大，可以进行一体化设计，简化流程，提高设计效率；对于生产者，减少了鞋的制作工序，缩短了产品的上市周期，大大降低了人力成本，而且制造过程无需注塑生产工艺所使用的模具，避免了资源的浪费；对于消费者，则可实现定制化，并提升了鞋的性能和迭代速度；打印的鞋子还可回收再利用，更环保。目前，Carbon 设计软件可以实现在 18 秒内生成网格，打印一双鞋底只需 20 分钟，鞋的制造周期缩短 9 倍之多，节省 57% 的材料。在 Carbon3D 打印技术的支持下阿迪达斯现已实现 100 万双鞋中底打印，这意味着 3D 打印运动鞋已经可以实现量产。3D 打印颠覆了传统的制鞋模式和消费，将为消费品的制造和商业模式带来新的革命。

（四）结语

数字化驱动的 3D 打印技术给传统制造业和消费领域发展带来了新的机

会，Carbon 的目标就是推动全球数字 3D 制造的“新世界”。随着应用的不断深入，Carbon3D 打印设备的功能和服务体系将更加完善，打印材料将更加多样化，3D 打印技术与机器人、人工智能等结合，将对传统的生产方式和供应链管理带来深远的影响，引领全球制造业新一轮的革命浪潮。

三、Aurora Innovation：驾驶员即服务（DaaS）模式推动自动驾驶技术安全、快速落地

近些年，全球电子商务快速发展，快递物流等行业对货车司机的需求越来越强烈，然而由于各种原因货车司机行业缺口很大。美国卡车运输协会数据显示，2021 年美国卡车司机缺口 8 万人，创下历史新高；2021 年财联社的一份报告《英国经济面临“十万火急”难题：去哪里找十万货车司机?》，披露英国货车司机缺口高达 10 万，货车司机短缺对英国石油等大型公司的运营也造成了影响。全球范围内，货车运输的产业规模达 4 万亿美元，劳动力和燃料成本的升高给货车运输公司带来巨大压力，而自动驾驶技术将成为越来越多公司的选择。自动驾驶技术起源于美国，随着人工智能、机器视觉、全球定位系统等软硬件的发展，目前自动驾驶技术在全球发展迅速，Aurora Innovation 就是一家 2017 年成立的，从解决货车运输面临的难点问题出发，开展自动驾驶技术研发，并致力于推动自动驾驶技术安全、快速商业化落地应用的公司。

（一）创始人团队：自动驾驶技术领域的“梦之队”

Aurora 公司由克里斯·厄尔姆森（Chris Urmson）、斯特林·安德森（Sterling Anderson）和德鲁·巴格内尔（Drew Bagnell）创立，三位创始人是自动驾驶领域的领导者，有非常丰富的经验。创始人之一克里斯·厄尔姆森（Chris Urmson）早年在卡内基梅隆大学攻读机器人方向研究生时，连续三年参与了国防部高级研究项目局（DARPA）举办的机器人驾驶挑战赛，这个挑战赛被誉为自动驾驶技术的摇篮。由厄尔姆森担任技术领队的卡耐基梅隆大学团队还获得了 2005 年沙漠挑战赛亚军，并成为 2007 年获得城市挑战赛的冠军团队，获得了 DARPA 的 200 万元美金奖励。2009 年开始，厄尔姆森担任谷歌自动驾驶项目——车伕（Chauffeur）的负责人，在车伕项目分拆

为独立的公司 Waymo 之前，厄尔姆森负责该团队的日常运营[18]，是推动谷歌自动驾驶项目的重要力量，领导该项目从研究阶段进入到即将成为现实的阶段。

2016 年底厄尔姆森离开谷歌，并作短暂休整后，于 2017 年初联合斯特林・安德森和德鲁・巴格内尔成立了 Aurora。斯特林・安德森是麻省理工学院机器人方向的博士，曾主导开发过一套无人车安全监控框架，能使人为错误导致的车祸减少 78%，曾在麦肯锡公司担任高管，后来入职特斯拉主导了特斯拉 Model X 的开发，并负责自动驾驶 Autopilot 项目团队。

德鲁・巴格内尔是厄尔姆森在卡耐基梅隆大学读研究生时的同学，曾在卡耐基梅隆大学任教，是人工智能领域机器学习方面的专家，后来入职优步（Uber）公司，是优步公司自动驾驶业务的核心人物，在加入 Aurora 之前，在深度学习和机器视觉方面有长达十八年的研究经历，现在担任 Aurora 的首席技术官。可以说这三位创始人均为全球自动驾驶领域当之无愧的领军人物，为 Aurora 自动驾驶系统提供了足够的技术实力保证，截至 2021 年底，公司已经组件了 1600 余人的团队，人才团队覆盖机器人技术、机器学习、硬件设计、软件工程、系统工程和安全等领域。

（二）软硬一体的自动驾驶技术，加快自动驾驶落地[19]

1. 通用型平台技术，具备广泛的适用性

Aurora 公司开发了自动驾驶系统 Aurora Driver，这是一个为多种车型建设的通用自动驾驶技术平台，包括了硬件套件，控制车辆的软件，以及系统接口。Aurora Driver 建立在一个共同的架构上，可在多种车型和应用程序之间进行调整和互操作，它能够与轿车、厢式货车、8 级卡车等不同类别、不同型号的车辆进行集成，服务于货车、乘客出行、货物交付等多种商业应用。截止到 2021 年底，Aurora 的自动驾驶系统已经成功集成在 8 个不同的车辆平台。此外，基于通用平台的开发，增强了 Aurora 在其他场景的竞争优势，比如货车在高速公路速度安全自动驾驶的能力，也可以迁移到乘客出行领域。

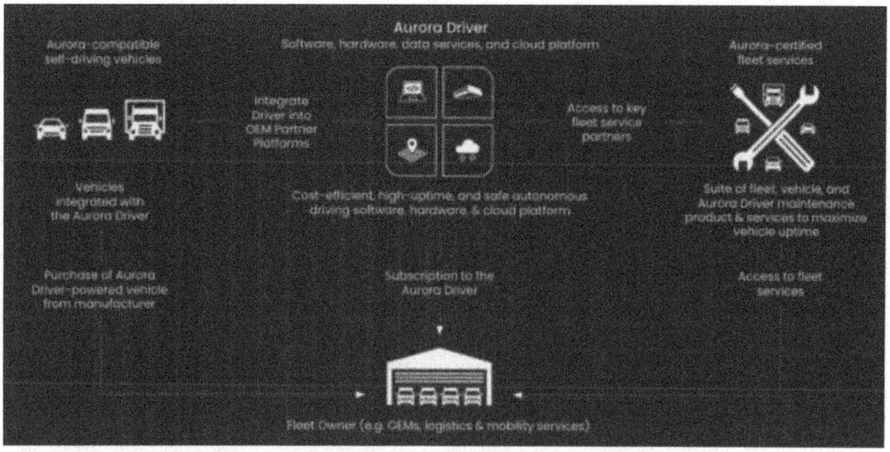

Aurora Driver 通用平台

（图片来源：Aurora 官网）

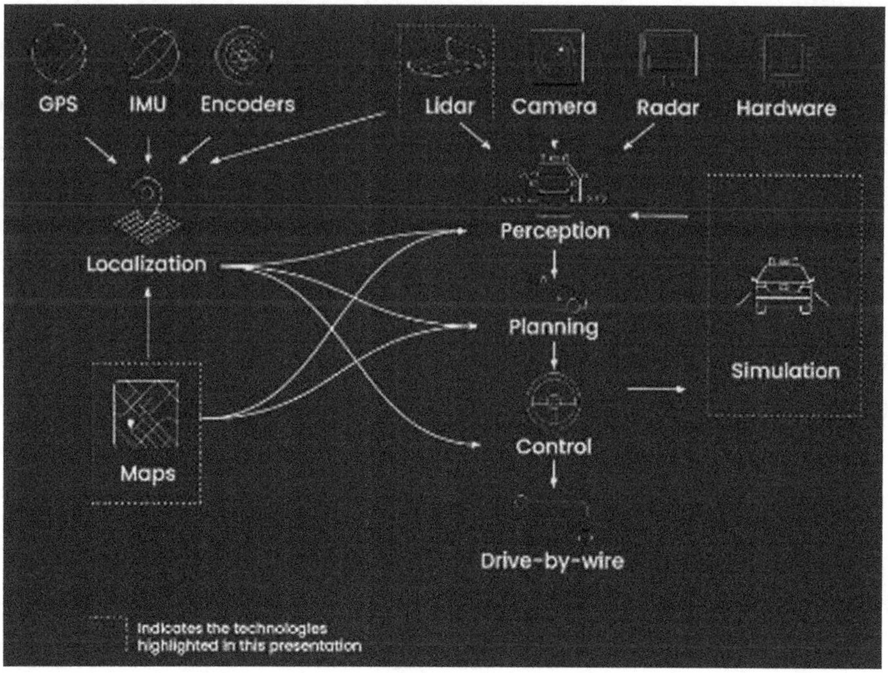

Aurora 自动驾驶堆栈

（图片来源：Aurora 官网）

2. 结合不同类型传感器，全方位感知环境

Aurora 自动驾驶的感知系统结合了高分辨率摄像头、4D 成像雷达、激光雷达和高性能计算等先进设备与技术。其中，激光雷达是汽车实现自动驾驶的关键技术，是解决高级别自动驾驶落地的关键所在，Aurora 在 2019 年收购激光雷达公司 Blackmore，并在 2020 年推出自己的 FirstLight 激光雷达，该款激光雷达使用专有的调频连续波技术（也就是“FMCW”），与传统的调幅脉冲激光雷达相比，FMCW 具有更高的动态范围、更好的全天候性能、单光子灵敏度，而且不容易收到太阳和其他传感器的干扰，不需要配备敏感的光电探测器。2021 年 2 月，Aurora 宣布收购 OURS Technology，该公司成立与 2017 年，正在开发 5D 激光雷达，可以实现五个维度测量：XYZ 轴 + 反射率 + 速度，OURS 在集成硅光子学方面的技术能力将大幅度降低 Aurora 新一代激光雷达 FirstLight 的系统成本，减小尺寸，提高稳定性，进一步推进自动驾驶商业化步伐。

为了推动新一代激光雷达的规模化生产，Aurora 将在蒙大拿州博兹曼建造一个 78000 平方英尺的工厂，来研发和生产下一代 Aurora 的 FirstLight 激光雷达。此外，公司还与蒙大拿州立大学合作开展一系列最先进的激光雷达测试。

3. 重视现实世界里程积累，更强调虚拟测试

在自动驾驶行业的大部分公司都专注于现实世界的里程积累之际，Aurora 更强调虚拟测试，在虚拟测试方面投入了大量资金。2021 年 10 月，由皮克斯资深工程师创建的 Colrspace 团队加入 Aurora，Colrspace 的团队将最先进的计算机图形学和机器学习与数据驱动的方法结合起来，用于重建 3D 对象和材料，并可在现实环境中部署，为 Aurora 的扩展虚拟测试套件提供了最先进的技术保障。对于 Aurora 来说虚拟测试是一个无形的工程加速器，凭借其行业领先的虚拟测试套件，每天可以运行数百万次模拟测试，这使得该公司能够在各种场景和驾驶条件下训练和评估 Aurora Driver 的软件堆栈，在软件加载到车辆之前尽早发现边缘情况并及时发现错误，Aurora 虚拟测试套件可以自己改变细节，从道路上遇到的单一场景中创建无数的排列，甚至可以模拟道路上没有遇到过的场景，可以快速测试成千上万种可能的变化中自

动驾驶系统的反应，能够帮助自动驾驶技术更快、更有效的迭代，进而实现更安全的驾驶。而且 Aurora 特有的虚拟测试套件测试成本远低于实际道路测试，可以减少对道路测试的依赖。Aurora 认为这是培训和测试自动驾驶技术的最快、最安全的方式。

此外，虚拟测试套件还可以优化 Aurora 的故障管理系统。Aurora 的故障管理系统（Fault Management System）旨在主动监测 Aurora 的自动驾驶车辆的健康状况，包括自动驾驶软件、传感器和车载计算机。当检测到问题时，FMS 将进行干预，将车辆导航至安全停车位置，以解决问题。

4. 适用于自动驾驶的可扩展高清地图

地图不仅仅为自动驾驶提供导航，还在自动驾驶汽车的安全行驶中发挥重要作用，目前很多地图主要考虑全球定位精度，本地精度不高，并不适合自动驾驶车辆。自动驾驶技术需要的是高精度、实时性的地图，适用自动驾驶的地图不仅仅需要的道路形状、坡度、曲率、方向等信息，更需要高架物体、防护栏、树、道路边缘类型、路边地标等大量细节数据，精度要求达到厘米级。Aurora 的策略是将地图分解为小的碎片，地图碎片优先考虑局部的准确性，有助于自动驾驶系统能够尽可能准确地知道附近物体的位置。地图碎片使得地图的实时性大大增强，重建地图碎片的内容仅需要几分钟的时间，而且实时部署的地图碎片能够较快传输，相比其他方式，地图碎片更加高效、快捷。此外，在 Aurora 的自动驾驶员在新的区域实践时，新增加的地图内容不会改变原有内容，也不需要编辑或重新发布以往的地图。

（三）深入协同发展战略，加速自动驾驶技术商业化

1. 发挥各自优势深度合作，推动建设自动驾驶生态

Aurora 公司为了加快自动驾驶技术的商业化，并不自行研发生产自动驾驶汽车，而是专注于自动驾驶技术开发，与汽车制造商、车队运营商、物流服务商等开展深度合作，让传统车企做自己擅长的造车，而 Aurora 专注自动驾驶汽车底层技术的研发，为车企、车队运营商等提供建立自动驾驶系统和服务。用创始人厄尔姆森的话说“既然我们要花数年时间才能让无人驾驶技术发挥作用，而且还要花几年的时间来制造出这项技术适用的汽车。那么为

何不能找合作伙伴，让两者并行发展，这样我们就可以更快走出去，拥有比其他人更快的规模效应。”

除了与美国卡车销售市场占有率 50% 的 PACCAR & Volvo 合作之外，Aurora 与施耐德、联邦快递、Covenant 物流公司、沃纳企业公司等建立合作关系，部署货车自动驾驶十点路线。此外，Aurora 还收购了优步公司的自动驾驶业务 ATG，优步公司也向 Aurora 投资 4 亿美元，两家公司建立了深度合作的伙伴关系，使得 Aurora 能够访问优步公司与出行需求和经济相关的专有匿名数据，通过对数据的分析和模拟进一步优化产品。

在乘客出行领域，Aurora 正在研发部署 Aurora Connect 产品，与全球销量第一的乘用车制造商丰田（Toyota）公司合作装备了一支 Aurora Driver 自动驾驶丰田 Sienna 车队，将在德克萨斯州达拉斯 – 沃思地区的高速公路和郊区街道测试其车辆，重点是测试高速公路路线的自动驾驶。

2. 自动驾驶即服务的商业化模式

Aurora 的定位为全堆栈自动驾驶解决方案供应商，专注于提供自动驾驶技术，帮助车企拥有自己的自动驾驶车辆，而不是让自己成为出行运营商，也就是说，Aurora 的客户不会是个别卡车司机或乘车乘客，而是经营出租汽车的物流公司和企业，为此 Aurora 提出了驾驶员即服务（Driver as a Service，DAAS）的商业模式，将 Aurora Driver 作为一种服务进行交付。因此，Aurora 与汽车制造商、车队运营商、移动和物流服务等进行合作，让车队运营商从合作的汽车制造商那里购买搭载 Aurora Driver 解决方案的汽车，订阅自动驾驶服务，合作伙伴可以通过该模式按每英里进行收费。此外，Aurora 公司还利用经过 Aurora 认证的车队来运营自己的出行和物流服务。可见，Aurora 的这一商业模式属于轻资产模式，在未来具有较高的资本效率。

3. 差异化竞争策略，积极开展自动驾驶商业货运试点部署

与大部分自动驾驶技术开发公司从乘用车的自动驾驶技术出发不同，Aurora 选择从货车自动驾驶系统研发切入，进而拓展到出租车等领域。一方面美国的州际高速公路系统是一个比城市街道更有结构化的环境，行人、非机动车和交叉十字路口的通道有限，运送货物也避免了解决乘客乘坐舒适性的复杂性；二是货车运输具有大规模的结构化的需求，能够大容量、快速部

署，进而实现盈利；三是高速公路上的货车可能重达 8 万磅，时速 65 英里，要实现自动驾驶对感知能力要求较高，特别是远距离的感知以便适当地计划和采取行动，而 Aurora 的 FirstLight 激光雷达能够解决这个问题，因此对于 Aurora 公司来说在部署高速公路的卡车运输是一个有利的市场切入点。基于商业、技术和监管等多方面综合考虑，Aurora 计划于 2023 年底在德克萨斯州推出自动驾驶货车产品 Aurora Horizon，因为该州拥有美国最大的货运市场，有利的商业和监管环境，而且气候条件温和，非常适宜自动驾驶货车的行业发展。2021 年，Aurora 与货运、物流公司合作，开展自主货运商业化试点项目，在车辆运营商的监督下定期自动运输货物，并探索在自主货运产品中整合优步货运公司的数字货运网络。2021 年 9 月，Aurora 在达拉斯和休斯顿之间交付联邦快递货物，自商业试点开展以来，不仅优化了车队运输效率，保持 100% 准时，而且安全事故为零。

（四）结语

如今，全球汽车工业正面临一场全新的革命，越来越多传统汽车企业、创新者进入自动驾驶领域，自动驾驶的战场越来越白热化。Aurora 公司集聚了自动驾驶技术领域的梦之队，以其过硬的软硬件技术，从货车运输领域切入，与汽车制造、物流等领域开展深入合作，建设自动驾驶生态，创新自动驾驶服务模式——DaaS 的服务模式，积极推动自动驾驶的商业化应用。未来，自动驾驶技术带来的不仅仅是出行方式的改变，更是社会结构的革命。

5. 4 Uipath：全球机器人流程自动化（RPA）行业领导者

自动化、智能化是企业管理和发展的趋势和必经之路，尤其在近几年新冠疫情及经济下行等重重挑战和压力下，如何成功实现自动化转型，已经成为广大企业迫切需要解决的问题。新冠疫情全球肆虐加速了无人办公、数字化建设的进程，机器人流程自动化（Robotic Process Automation，RPA）成为企业最为关注的业务自动化解决方案。RPA 未来，自动驾驶技术带来的不仅仅是出行方式的改变，更是社会结构的革命。它是一种软件技术，可以轻松帮助用户创建、部署和管理软件机器人，模拟人类行为，与数字系统和软件进行互动，完成一系列的重复性、低价值、无需人工决策的固定性流程化操作，有效提升工作效率，减少错误，为企业减少大量的成本。

UiPath 是 RPA 行业增长最快的企业，是全球 RPA 行业的领导者，它顺应全球数字经济发展的潮流，为企业提供机器人流程自动化解决方案，使用计算机视觉、机器学习和自然语言处理等人工智能技术来自动化管理系统中的部分繁琐工作，并处理各种重复性行政工作帮助企业实现流程自动化，加速数字化转型。

（一）人手一个机器人：定位 RPA，实现企业全面自动化

UiPath 的 CEO、联合创始人 Daniel Dines 是一名自学成才的开发人员，2005 年在罗马尼亚创办了 DeskOver 公司，成立之初，主要为微软、IBM 等公司提供技术外包服务——创建自动化脚本。2012 年 DeskOver 看到了自动化市场的巨大发展潜力，公司重整业务，转变为企业提供自动化业务流程，投入全新的 RPA 领域，推出第一款基于 Microsoft Workflow Designer 的桌面自动化机器人。2015 年，公司名称改为 Uipath，在美国注册成立，自此开启了高速成长模式，总人数从最初的 10 人迅速增加至目前的 3000 多人，企业客户从 2016 年的 100 家增加到 10000 多家（其中包括 Uber、Google、Amazon、Yahoo 等全球财富 500 强科技公司），成为 RPA 领域的超级独角兽，也成为全球增长最快、价值最高的 AI 企业软件公司之一。

“比尔·盖茨曾提出过微软的使命是让每个家庭的桌上都有一台电脑。我希望每个人都有一个机器人”这是 Daniel Dines 对公司提出的目标。他的理念是，由机器人代替员工完成高度重复性工作，比如企业各部门间的沟通联系、报表输入输出及数据统筹整理等，然后通过在员工间的普及由下至上推广至部门及企业层面，从而实现企业全面自动化。

UiPath 中国区全球服务总监陈磊这样解读公司的理念：“所谓全面自动化企业，首先需要在企业层面建立一支可共享的机器人团队，从而能够自动化工作分配给机器人池，使其承担大批量的、端到端流程的重复性工作；更进一步，就是为每一位员工创建机器人助手，实现人手一个机器人，从而提升每位员工的效率；再者，没有 IT 背景的员工也能通过平台与工具实现自动化开发，人人都是开发者；最后，在工作流程的方方面面部署人工智能，进

一步扩展任何自动化机会。”[20]

（二）Uipath：打造全球优质RPA软件

1. 跨软件执行任务，实现高度自动化

RPA是第一个将用户界面（UI）和应用程序界面（API）结合的自动化技术，它使自动化技术摆脱了底层应用程序的约束，使它能够扩展到简单的后台管理之外。

RPA可以做到低成本和快速的跨软件部署，是位于其他软件产品之上的自动化层，它就像实体机器人完成预先编程的操作一样，在电脑上模仿员工进行重复性和规则化的工作。这些工作就是RPA名称中所说的流程，它们包括多个涉及不同软件、不同屏幕界面的任务，比如读取屏幕信息，移动鼠标，打开另一个屏幕，用虚拟键盘将读取的信息输入到应用软件（如excel表格或数据库）中；或者打开浏览器复制商品链接，通过沟通工具发送给客户，再打开excel记录客户的重要信息等。RPA可以将这些工作流转变为一模一样的软件工作流，实现完全复制的直观效果。高度自动化的跨软件执行任务是RPA的一项特色属性，是目前其他任何替代方案做不到的，对企业具有较大的吸引力。

由于RPA实现了跨应用程序自动化，自动化的用例（Use Cases）得到了极大的扩展。RPA对自动化技术的革命在于能够使用现有的UI来复制必要的业务流程，并且能够利用UI和API来复制员工工作的细节。基于模拟用户行为的开发方法，与其传统自动化相比，RPA的自动化流程范围更大[21]。

2. 双轮驱动，面向不同的用户需求

从国外到国内，大部分RPA厂商都有一个RPA“人人可用”的愿景，即通过降低软件使用难度来实现其易用性，实现“人手一个机器人”的目标，让企业实现全面自动化。

UiPath是双轮驱动的战略。其中“一个轮”是底层应用的开发工作完全交给IT团队或者外包团队；“第二个轮”是其中的一部分开发工作，特别是贴近业务层面的应用，可以由“平民开发者”自己完成，这就需要给“平民开发者”提供一个简单易用的工具。UiPath既可以提供底层复杂的技术开发能力，又可以提供简单的平民化应用。用户可以通过 UiPath 提供的卓越中心创建标准化的自动化流程，为了保证质量，还可以通过卓越中心审阅、提升“平民开发者”的代码。而且，在企业自动化的任何一个环节（从发现、构建、管理到最后的运行、参与和评估的整个流程），UiPath 的自动化平台都会有一个产品或者多个产品支撑它的业务，能够一站式、快速帮助实现用户业务的全面自动化[22]。

平民化开发是 UiPath 区别和独立于其他 RPA 平台的关键优势，它是指非专业的普通业务人员也可以借助 UiPath 平台，独立开发适合自己的机器人自动化程序。也就是说，它可以极大简化开发的难度，易用性大大提升，帮助实现每个人都能设计和开发出专属于自己的辅助机器人。

为了提升 RPA 的易用性，在产品的设计上，UiPath 搭建了低代码平台 Apps，使没有 API 也能连接浏览器选项卡及旧版网页，使 IT 基础偏弱的员工通过友好界面与通用集成、预设模板实现人机交互过程；在服务上，UiPath 推出 RPAaaS（RPA 即服务）模式，跟使用其他 SaaS 应用一样简单，只要在网页登录客户端就能简单开发、配置以及管理业务流程，企业无需投资昂贵的基础设施、前期许可成本和大规模实施的高额咨询成本，大大降低了企业自动化的开发应用难度和成本。

3. 实现企业自动化生命周期，构建端到端自动化平台

2020 年，UiPath 推出业界首个端到端超自动化平台，平台通过充分利用流程发现工具与员工众包决定自动化内容，解决了端到端自动化生命周期问题。UiPath 的产品跨越了整个自动化的生命周期，从发现自动化流程的需求到建立自动化流程再到管理和使用，平台均构建了不同的模块化产品来实现不同的功能。

UiPath 平台由三个集成组件组成：UiPath Studio、UiPath Robot 和 Orchestrator，集识别、构建、管理、运行、互动及交付功能于一体。首先，通过平台识别要自动化的任务和流程，快速构建集 UI、API、AI 于一身的自动化，获得丰富的低代码构建环境，由简入繁实现自动化；然后，帮助企业管理、监管并衡量整个自动化程序，并维护其安全；在 Uipath Automation Cloud 中获取现成的 SaaS 机器人，让机器人与员工一起完成日常任务，实现

机器人与员工高效地协同办公，为所有员工提供数字化助理，辅助完成日常任务；最后，快速构建应用程序，更轻松、直观地使用自动化。

此外，UiPath 端到端自动化平台还推出分析、可视化等功能。比如，用 AI 分析后端系统和应用日志。UiPath Process Mining 可通过创建可视化效果，来描述业务流程、偏差以及标出自动化效果最显著的位置。通过提供业务流程的全局视图，展示人和计算机的交互过程，Process Mining 为客户提供一种数据驱动方法来发现并持续改进他们的流程。UiPath 平台设置了 Automation Hub（自动化中心），在这个中心，用户企业内所有员工都可以提供自动化创意，为机器人卓越中心创造一种游戏化或者众包形式的功能理念，从而收集自动化机会、管理机器人渠道，将员工从企业各个角落的乏味任务中解放出来，卓越中心的管理人员可以审核其可行性，进一步分配开发资源，然后再分给机器人去完成。UiPath StudioX 是面向业务用户的自动化设计平台，StudioX 与客户建立了密切的合作关系，它允许更广泛的主题专家快速将工作实现自动化，而无需开发者资源或编码技能。通过端到端自动化平台和民主自动化的构建，UiPath 为客户内部的自动化做出了巨大的贡献。

（三）UiPath RPA：为企业数字化转型提速

1. 推动制造业数字化转型：让供应链更高效

实体机器人已经彻底改变了基层工厂。而如今，软件机器人正在改变制造业的方方面面。UiPath 为制造业的研发、运营、供应链管理、客户互动及员工效率等方面带来很大的变化。

在新冠疫情中，为了提高供应链效率，减少耗时且无附加值的任务，施耐德电气基于 UiPath 的 RPA 技术，搭建了一条新的供应链，为位于欧洲各地的施耐德电气园区提供来自国际分销中心的个人防护设备。由于这些园区没有通过施耐德自己的 ERP 系统连接到任何一个国际分销中心，员工需要负责在很短的时间内处理订单。引入 UiPath 的 RPA 技术后，软件机器人可以为这项任务实现自动化，并搭建一个通用邮箱，能够将订单的处理时间从 4 个小时缩减到 2 分钟，还能够快速发现订单下达时的错误通过 RPA 技术的使用。通过使用 UiPath 平台，施耐德电气不仅大大提高了供应链的效率，还在很大程度上减少了员工的重复性耗时任务，使员工得以将精力重新投入到核心业务上。

2. 加速银行业数字化转型：让业务流程更优化

RPA 是帮助银行业实现数字化转型的关键工具，它加速了银行丰富场景的落地，以智能化的数字化能力为银行业商业模式、运营模式的创新与重塑提供了新的途径。

RPA 是瑞丰银行的数字化变革途径。在使用 RPA 之前，瑞丰银行的部分业务流程存在着十分明显的问题：流程繁琐，重复性工作多，人手不足，难以在规定时间内完成等，这些都直接影响到银行的业务发展。经过前期的 PoC 概念验证，以及多个产品之间横向对比，瑞丰银行最终选择了 UiPath 的企业级 RPA 平台，并在总行业务部门对 UiPath RPA 进行试点应用。

从 2020 年 7 月份起，瑞丰银行开始逐步部署 UiPath RPA 机器人，主要应用于批量信息维护、网页数据自动抓取等流程，覆盖财务、零售、普惠、运营等多条业务线。通过部署 UiPath 平台，瑞丰银行不仅节约了成本，还在诸多关键流程中大大提升了效率。例如，在一个流程中，由于使用机器人处理数据，单笔业务时间由 5 分钟缩短至 25 秒，速度提升达 10 倍以上；此外，银行还可以让任意多个机器人同时运行该流程，在节省人力成本的同时提高了敏捷性[23]。

3. 助力医疗保健业数字化转型：使数据处理更快、更安全

当软件机器人接管数千个繁琐、重复的任务和流程后，医疗保健系统中的每个人，包括患者、合作伙伴、护理人员、管理员、社群等都能受益良多。

Max Healthcare 是印度北部最大的医院网络之一，每天需要处理大量患者事务数据。从记录客户详细信息到处理索赔和政府医疗保健计划的数据协调，所有这些都需要高度的准确性和效率。手动处理如止庞大的信息不仅耗时，而且可能出现大量的错误，并引发安全问题。

UiPath 将软件平台部署在 Max Healthcare，并在平台上开发机器人，来对手工索赔流程进行自动化。从 Outlook 与 PDF 文件中提取客户相关信息，然后以 CSV 格式填充数据，最后将其与客户端数据库集成。UiPath 平台成功减少了一些重复流程中所需的人为干预，流程监控与管理效率的提高大大缩短了周转时间，索赔处理的周转时间至少缩短了 50%，而 CGHS 和 ECHS 则缩短了 65%—75%，通过数字化技术不仅大大降低了成本，还提高了 Max

Healthcare 的安全性与合规性。此外，利用 UiPath 的 RPA 平台，为中央政府卫生计划（CGHS）和退役军人医疗保险基金（ECHS）计划创建全新的数据录入方案。

（四）结语

随着数字技术的发展，产业数字化进程不断加快，越来越多的企业走上了数字化转型之路，数字化设备在企业中的运用也越来越广泛，机器人流程自动化的需求也越来越迫切。UiPath 公司通过 UiPath 平台及相关工具的开放利用，深入挖掘企业 RPA 流程需求，帮助企业快速梳理复杂的业务流程，打通不同系统、部门之间的壁垒，进而找到 RPA 的落地场景，帮助企业提升运行效率，让更多企业发现数字化、信息化的巨大价值。

5.5　卡奥斯：以用户为中心创造工业互联网发展生态

数字经济对企业处理信息的能力要求越来越高，市场瞬息万变，用户需求也在快速变化，要求企业迅速适应以匹配用户需求。张瑞敏曾在工业互联网专题报告会上提到“所有的企业都应该尽快转型，要么成为工业互联网的一个节点，要么出局”。中国是制造业大国，中小企业在制造业中处于重要地位，对于处在数字化转型时期的中小企业来说，数字化转型犹如一场惊心动魄的手术，并不只是安上一个智慧大脑、装上机器设备那么简单，更是更新企业的“新陈代谢”系统，需要打通采购、生产、管理等各环节，通过数字化来连接各方资源。工业互联网概念起源于美国，但随着中国制造业数字化的推进，也积累了一套赋能数字化转型的经验。面临数字化转型的难题，海尔一边不断进行自我革命，一边开放自身资源、打造生态，助力更多企业完成数字化转型，并在 2017 年海尔推出物联网时代生态品牌——卡奥斯工业互联网平台，赋能更多企业数字化转型。

（一）卡奥斯：海尔数字化转型结出的“硕果”

随着家电消费市场的变革演化，消费者的需求变得更为复杂和个性化，早在 2005 年海尔就提出了“人单合一”的概念，自 2007 年开始，海尔以业务流程再造为基础，以订单信息为中心，开始进行信息化改造，2008 年，海尔上线了订单信息流、物流、资金流“三流合一”的全球信息化增值系统(HGVS)。从 2012 年开始建设互联工厂，从大规模制造向大规模定制转型，在“人单合一”模式推动下构建了包含 U + 智慧综合平台、用户交互定制平台、零距离即时营销平台、开放创新平台、模块商平台、智能制造平台、智慧物流平台、智联服务平台等在内的“1 +7”平台体系，这个平台体系就是 COSMOPlat 的前身，2017 年海尔正式对外部开放 COSMOPlat 平台，中文译为“卡奥斯”，寓意为创新的万物之卵，孵化出众多新物种[24]。卡奥斯平台是海尔在探索如何满足消费者个性化需求的同时实现规模化效应，以及如何解决个性化需求与规模化制造之间矛盾的过程中，不断摸索与修正而产生的，也是海尔人单合一模式在数字化时代的落地，它的出发点和归宿都是用户需求，从用户需求出发，最终实现人与物的智能互联。

与美国第四次工业革命“从软件到硬件”，和德国工业 4.0“从硬件到软件”不同，卡奥斯的出发点和归宿都是用户需求，是以用户驱动的全流程、全要素、全价值链的工业互联网平台，围绕用户需求构建生态系统，实现人与物的智能互联，赋能每个行业的企业进行数字化转型[25]。也就是说，卡奥斯代表着一种全新的生产主张，用户资源直接与产线资源实时连接。就像张瑞敏所说的“数字化不仅仅等同于算法，而是为了让用户的个性化体验展示的更好、更可迭代”，卡奥斯平台是把数据变成产品的一部分，进而通过数据和服务不断拓展产品价值空间。

卡奥斯平台赋能的企业数字化转型，不仅是数字化生产，更是对企业组织架构、组织能力的升级迭代，对企业来说是一场“数字革命”。因为在卡奥斯看来无人工厂并不是智能制造，智能制造是一个体系，是满足用户个性化需求的生态体系，而卡奥斯就致力于建设这样一个能够为企业数字化转型提供生态的平台。现在卡奥斯的数字化转型服务已经从家电领域拓展到化工、食品、服装、装备、应急物资等 15 个行业领域[26]，在全国建立了 7 大中心，包括山东半岛经济带中心、长三角一体化中心等，覆盖全国 12 大区域，并在全球 20 个国家复制推广[27]。

（二）卡奥斯工业互联网平台：去中心化、价值共创的生态平台

1. 基于大规模定制的广泛合作平台

卡奥斯平台的核心是大规模定制——以用户为中心的非线性制造模式，这一模式的核心在于将用户需求接入制造全流程，借助物联网、互联网+和大数据技术为创造顾客体验提供平台和条件以精准洞察需求，通过创新赋能平台将零碎的、独立的需求转换为场景需求，在平台上集成供给侧的能力、知识、资源，为场景需求提供敏捷、低成本的、系统化的服务解决方案，实现需求从零碎化到规模化到平台化[27]。通过用户全流程参与、人机互联，形成可吸引攸关方共创用户价值的生态圈，通过用户、企业和资源多边交互，在生态中创造价值、分享价值，推动商业模式的变革。

例如，在卡奥斯平台的数字化技术和以用户为中心的大规模定制的支持下，房车代加工传统制造企业康派斯不仅实现平均生产周期从原来的35天降到了20天，生产整体原材料的采购成本下降了7.3%，基于个性化定制还提升了产品溢价，使康派斯成为房车行业大规模定制互联工厂的样板企业。随后，卡奥斯还推出了Sindar房车露营行业生态品牌，为用户带来智慧房车+智慧营地的"硬件+软件+平台生态"整体解决方案，康派斯也作为Sindar生态解决方案的重要生态伙伴，开启了从智慧房车到智慧出行场景方案的全流程定制化服务，为用户带来"车、行、游、住"的综合智慧出行体验[28]。

所以，与其他类型工业互联网平台不同，卡奥斯平台更强调企业的向生态企业转型，不仅要通过数字化降本增效，更要做强企业的生态力。卡奥斯平台并不限于海尔集团的供应商，也不规定哪个供应商参与什么项目，而是针对平台上提出的需求，所有供应商都能提供解决方案或参与合作寻找解决方案——现在合作的供应商、尚未有合作的供应商，乃至不同行业的供应商都可以参与，卡奥斯平台促进了价值链各环节企业的广泛合作，让平台成员更快、更有效地组织和执行工作，可以减轻对其他成本高昂的选项的需求，帮助企业价值链有机进化[29]。

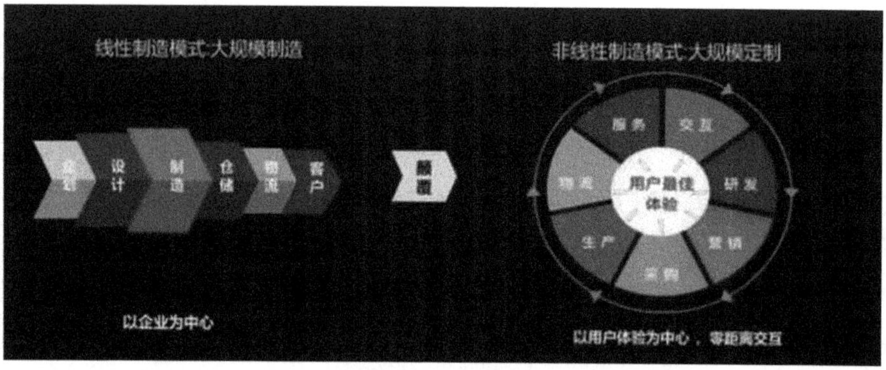

卡奥斯平台模式

2. 平台架构差异化：变“数据流”为“价值流”

卡奥斯平台架构由四层组成，用信息技术将资源层、应用层和模式层关联起来，术打通了以往相互隔离的信息系统，将端到端的距离变为零，实现全流程、全链路打通。底层是资源层，以开放的模式聚集全球软件资源、服务资源、业务资源、硬件资源等，形成平台资源库；在资源层的上面是平台层，支持工业应用的快速开发、部署、运行、集成，实现工业技术软件化，各类资源的分布式调度和最优匹配；平台层之上是应用层，通过模式软化、云化等，为企业提供具体互联工厂应用服务，形成全流程的应用解决方案；最上面是模式层，依托互联工厂应用服务实现模式复制和资源共享[30]。

卡奥斯平台在边缘层、平台层（工业 PaaS）、应用层（工业 SaaS）传统工业互联网架构的基础上叠加了强调商业逻辑和最佳实践的 BaaS 引擎。BaaS 引擎包括工业机理模型、数字孪生体、数字空间、知识图谱等，其中工业机理模型基于海尔 30 多年的制造经验而建立，旨在将无序散乱的数据有机组织起来，提供设备增值、产线工艺优化、产品故障诊断等服务，激活数据生产要素价值，实现“输入数据，输出价值”[31]。

3. 数字平台模块化：低试错成本、快速复制

COSMOPlat 是一个边云结合的分布式结构，采用私有云 + 公有云的混合云技术架构与资源生态，具有即需即供、弹性部署、横向扩展的综合服务能力。核心是 1 个平台（COSMOPlat）7 个模块（交互定制、开放创新、精准

营销、模块采购、智能制造、智慧物流和智慧服务等）在多个行业建立一个架构，把相关模块封装成可复制、可推广的云化解决方案，针对智能制造节点、供应链节点、设计定制和研发这些节点，通过节点交换汇聚数据，利用模块将数据流转换为价值流，对不同需求的企业进行数字化赋能；与此同时，模块间又能依托网络效应、利用标准化接口形成松散耦合，通过泛在物联、知识沉淀、大数据分析、生态聚合、安全保障5大能力，实现卡奥斯工业互联网平台灵活部署、跨行业快速复制[32]。

卡奥斯研发了软硬一体的大规模定制套件，提供了14个场景、共64款软件硬件产品，这是一个可组合的产品图谱，基于产品图谱形成服务体系，支撑制造资源的泛在连接、弹性供给、高效配置，提供跨行业、跨领域、多场景的数字化转型方案。不仅为模具、电子、化工、建材、服装等行业，精益化管理、个性化定制、数字化研发、网络化协同等领域提供解决方案，还搭建了政企合作的市场化工业互联网综合服务平台。

（三）跨界赋能：点亮企业数字化转型的“灯塔”

1. 拥抱新技术，持续锻造科技“内核”

在具体应用场景中，卡奥斯创造了一系列行业融合应用，实现了关键设备的百分之百互联。其中包括基于数字孪生的模块化设计和仿真验证、从供应商到工厂端到端数据透明及数字化协同调度、5G + UWB高精度定位下的大数据分析及生产过程优化、5G + MEC边缘云赋能高精度高质量的生产、智慧节能云服务平台等。一系列技术赋能让互联工厂实现商业模式、产品研发模式、生产模式、质量管理模式和消费者服务的全方位变革，让产业链的链接形式随着消费者需求灵活变化[33]。

2022年，卡奥斯发布D^3OS数字孪生产品，包含物联网平台（IoT Plat）、数据主线（Data Thread）、数字孪生场景编辑器（DT Studio）以及工业智能决策引擎（DI engine）四大模块，支持激光点云扫描、虚实结合MR/VR/AR/XR技术，能够打破空间、时间、虚实维度限制，助力企业快速构建一个可视、可管、可预测的虚拟工厂。

2. 标准引领，中国工业互联网解决方案走向世界

卡奥斯积极对接ISO、IEC、IEEE、UL等国际权威组织，始终积极参与

国际标准的制定，成果覆盖大规模定制、智能制造、工业互联网等 6 大领域，参与制定国际标准 10 项。2022 年 5 月，卡奥斯的主导首个工业互联网系统功能架构国际标准 IEC PAS 63441 通过投票，该标准定义了面向工业应用的工业互联网系统的功能架构和功能模型，展示了端、边和云之间的模型、结构、活动和交互内容，对于规范工业互联网平台的架构建设，为行业深入应用和平台间的国际协作提供保障，是工业互联网领域首个功能架构标准，也是首 IEC 工业互联网（Industrial Internet）领域国际标准。2022 年 6 月，卡奥斯牵头的国际标准 IEEE P3180《基于物联网和云计算的模具管理指南》正式立项，该标准旨在借助模具智能化终端 + 模具管理云平台的数字化集成模式，对模具位置、产能等信息进行自动采集和分析，这项标准与卡奥斯海模智云模具物联智能管理解决方案密不可分。此外，卡奥斯还受邀加入 GAIA – X 项目（欧洲云计算平台），成为欧盟外首个将平台架构融入到欧洲数据和云主权中的中国工业互联网平台[34]。

3. 灯塔工厂"领路人"：赋能 5 座灯塔工厂的"灯塔经验"

基于大规模定制模式的创新应用，卡奥斯 COSMOPlat 赋能的海尔中央空调互联工厂获得全球首批、中国本土首座灯塔工厂的桂冠，自 2018 年至今，卡奥斯平台已经对内赋能海尔打造了 4 座灯塔工厂，对外跨界赋能青岛啤酒成为行业首座灯塔工厂。以郑州海尔热水器互联工厂为例，卡奥斯利用大数据、5G 边缘计算和超宽带解决方案，规划了 11 条柔性总装线、15 个智能模块区及 3 套智能物流系统，与供应商、工厂和用户建立密切联系，订单响应速度加快 25%，自 2020 至 2021 年初，提高生产效率 31%，提高产品质量 26%，不入库率达到 80%，也就是说 80% 的产品从开始生产就有了主人，实现了用户定单直达工厂、工厂直发用户、生产全流程追溯可视、产品质量实时监测[35]。

（四）结语

在数字经济时代，信息传播速度加快，以产品为中心的线性模式无法满足用户多样化的需求和体验，时代呼唤以用户为中心的、网络化、跨行业、跨区域合作的生态系统治理模式和产业协作体系，中小企业数字化转型面临新的挑战，而卡奥斯工业互联网以技术的融合创新和人单合一的模式推动解决产业链之间资源配置和重组等问题，从而实现制造企业与外部用户需求、创新资源以及生产能力的对接，通过工业互联网建立企业自己的生态系统，卡奥斯传承海尔的“人单合一”模式，以其独特的优势引领着中国制造业企业在全球成为数字化转型的典范。

5.6　极飞：用无人机描绘未来农业新蓝图

2021 年，在新疆尉犁县的棉田里，在自动灌溉设备、农业物联网系统、农业无人机等设备和技术的加持下，2 名从未种过地的 90 后边吃饭边用平板电脑控制灌溉棉田、喷洒农药，管理着 3000 亩棉田，并且迎来了亩产 254 公斤棉花的丰收，要知道传统棉花种植由 1 人管理 100 多亩，3000 亩棉田需要近 30 人来管理，这就是极飞在新疆打造的“超级棉田”项目。与此同时，以小农经济为特点的中国农业正在发生一场革命，费孝通先生《乡土中国》中描述的“粘在土地上谋生”的传统农业景象，正在被数字化、智能化的新技术所颠覆。

2021 年超级棉田丰收

（来源：极飞官网）

2007 年，25 岁的彭斌以对计算机和航空模型的兴趣爱好为出发点，带领一群热爱飞行的极客在广州市创办了广州极飞科技股份有限公司（以下简称“极飞”）的前身 XAIRCRAFT，公司在 2008 年推出主要用做航拍 X650 系列飞行器，2009 年末已实现净利润[36]，2012 年极飞开始探索无人机更多的应用场景，尝试了科考、巡检、搜救、物流等应用领域。极飞的联合创始人龚槚钦是极飞航拍无人机的早期用户，他在澳大利亚创办了一家以无人机航拍摄影为特点的电影公司，曾多次向彭斌提出航拍无人技术改进的需求和建议，2013 年正式加入极飞成为联合创始人。也正是 2013 年 9 月，新疆棉花成熟采摘的秋收时节，彭斌和龚槚钦受邀到新疆棉田考察，在新疆有人将无人机用来帮助棉农给棉田喷洒农药，经过一两年在农业领域的探索，极飞选择 All in 农业赛道，极飞从航模、无人机领域生产销售转型成为一家农业科技公司。如今，极飞在农业领域的发展目标已经从提供硬件转变为提供综合农事服务。

（一）科技公司的转型，让无人机飞到田间地头

1. 极飞在农业的起点：无人机在新疆棉田的试验

新疆是我国棉花种植大省，新疆棉花播种面积达 25 多千公顷，占全国棉花播种总面积的 82.8%，新疆棉花产量占全国棉花总产量的 87%。2013 年 9 月，极飞两位创始人初次到新疆棉田调研，发现有棉农会用无人机挂上水瓶喷药，这引起了创始团队的好奇。龚槚钦说：“当时，我们并不知道棉农为什么会考虑使用无人机，但当我们一靠近棉田，就立刻被棉花脱叶剂那种刺激性极强的气味呛得不行。”

棉花的管理非常耗费人力，在国家棉花收储制度改革下，棉农可以将棉花直接卖给企业，棉农的积极性也被激发，劳动力价格的提升以及机械化作业的普及，催生了棉田打脱叶剂的巨大市场需求，新疆棉农非常需要降低棉花的生产成本来提高棉花质量，减少人力投入来实现降本，获得更高的利润。2014 年，最终经过团队沟通，极飞放弃了与电力、物流等公司的合作，全力投入农业，将新疆棉田作为切入点，不断探索无人机、科技在农业中的应用，并开始向农业领域的转型。在确定转型目标后一年多的时间里，极飞针对农业领域特点对植保无人机进行设计改造，几乎所有工程师都被派到新疆棉田的田间地头，通过无数次喷洒测试去试验适合棉花各生长期的喷洒作业方式。

2016 年，极飞开始在新疆组织大规模的农业无人机喷洒脱叶剂作业，使用极飞农业无人机喷洒棉花脱叶剂，大大降低了棉花生产成本，提高了棉花生产的效率，并开辟了棉花脱叶剂喷洒社会化服务先例。2017 年，极飞开始组织全国农业无人机在新疆进行脱叶剂联合喷洒作业；2018 年，极飞将每年新疆棉花丰收季视为盛事，还为此赋予“秋收起翼”这一名字；2019 年秋收起“翼”期间，有将近 3000 架极飞植保无人机、1500 多名飞手、1000 多支飞防队伍陆续从全国各地奔赴新疆，联合新疆本地的 1500 余架无人机，为棉花喷洒脱叶剂，完成了超过 1300 万亩棉田的脱叶剂喷洒作业，总作业面积达 2621.86 万亩次[37]；2020 年，75% 的新疆机采棉田的脱叶剂喷洒作业由极飞的无人机完成。如今利用无人机进行植保作业，在新疆成了一件习以为常的事情，极飞在新疆棉田的试验，不仅仅让自己成功转型成为农业科技企业，无人机植保大大节约了农业喷洒用水，极大减少了农药与化肥的滥用，新技术也在改变着新疆这片土地。

2. 扎根农业领域：持续围绕农田、农民开展技术创新

与航拍无人机相比，农业领域使用的无人机要实用，要皮实抗造，还要解决农药、化肥等的腐蚀问题。与航拍无人机追求个性，需要较高的操作水平不同，农民更需要操作简单、方便、易学、耐用的无人机。农业领域很深，里面有很多的“know how”，中国的农业天南地北，气候、地形、作物等差异巨大，如果不深入到田间地头，不深入研究农作物的生长，很难有好的产品。为了让无人机这种新科技更好了服务农业生产，极飞工程师深入田间地头开展试验，不断迭代自己的技术和产品。[38][39]

首先，对农作物喷洒农药对无人机的定位精度有较高的要求，否则农药喷洒不准，起不到效果，或者农药洒到别家田地，农民不愿意。极飞无人机最早使用 GPS 定位，但 GPS 容易受到周围环境干扰，飞行路线存在 1 ～ 10 米的误差，后来极飞自主研发 RTK 无人机差分定位导航系统技术，大大提高了飞行航线的精度，目前已经精确到厘米级，将药物精准喷洒到每一棵作物上，减少药物浪费。在实现精准定位的同时，极飞还开发除了变量喷洒系统，能够根据飞行速度来调整喷洒的药量。

其次，农业地图是无人机的导航系统，高精准农田地图使农业无人机可

以在不同地形、不同作物等场景下开展作业，为此极飞开发了极飞睿图系统，目前极飞睿图已升级到 2.0 版，并首次使农业无人机具有快速测绘能力，全自主拍摄，一次起降就可以完成 200 亩地的拍摄，克服了传统测绘方式需要人工操作、效率低下的缺点；通过农田以及果园测绘后，用户就有了精确识别出的树冠位置、作物密度、生长趋势等农田信息的三维地形建模数据图，基于三维地形建模数据，就可对农业无人机进行三维运动规划，而三维运动规划意味着农业无人机知道自己所处的环境，并可提前应对高低起伏的地形。这将使农业无人机的飞行更加安全和流畅，提升作业效率。

此外，极飞还与阿里云合作，将测绘后台的处理软件放在阿里云上，实现数据传到后台云端并自动处理测绘数据，直接把结果呈现给农户，大大提高了测绘的效率。

3. 从无人化农机到无人化农业生态系统，解决农业领域更多问题

除了喷洒无人机的持续迭代升级，极飞自主研发了农业无人车、农业自驾仪、遥感无人机等产品，还布局了农业物联网，推出 AI 处方图，根据农作物生长情况和病虫害发生程度按需施药，将无人机和传感器结合，产生和收集大量农业数据，将土壤信息、作物生长信息、气候信息、病虫害信息等数据化，构建多层次、全方位的农业大数据信息系统，用大数据分析去解决农业领域的更多问题，用数据去应对农业生产的不确定性。

（二）建立多维服务体系，无人化技术服务农业发展

1. 服务模式初探：内部合伙人运营模式，确保植保一线员工的切身利益

2013 年，无人机刚刚兴起，价格还比较贵，一架无人机十几万，对农户来说是难以承受的价格，如何让新疆棉农接受无人机、信任无人机喷洒农药，是极飞在新疆面临的第一个问题。经过调研极飞决定先为棉农提供植保服务，先让一部分人认可无人机打药这件事。

2014 年，极飞在新疆巴州尉犁县投资 3 个亿成立了极飞农业新疆运营中心，专门提供农业无人机租售、培训和服务，探索适合飞防植保服务的运营模式——直营模式。然而，新疆棉田一年成熟一次，由于农业植保服务时效性强、周期短、强度高，农民的植保需求也有较大的不确定性，此时直营模

式产生的效益并不高。在新疆运营中心，经过两年直营模式的摸索后，在培养人才、开拓市场、品牌形象初步完成的背景下，极飞的服务模式优化为内部合伙人运营模式。所谓内部合伙人运营模式就是内部员工购买极飞植保无人机，自己付费使用极飞农业提供的基础设施和其他相关设备，为农户提供植保服务获取服务收益，通过多劳多得和一定风险背景下的高额个人收入，降低规模化团队运营成本，确保一线员工的切身利益。此外，由于新疆棉田播种面积大，还吸引了全国各地飞手到新疆“掘金”，形成了规模效应。

2. 铺设多层次、立体化服务网，用极致的服务支持丰收事业

随着在无人机全国各地植保服务的开展，无人机作业的效果和效率越来越得到农民的认可，越来越多的农民自己购买无人机，在服务自家田地的同时也为周边农户提供服务，这时极飞不仅要组织提供植保服务，还要帮助农民变成飞手，这对售后服务和培训服务体系提出了更高的要求。

2021 年底，极飞在原有服务模式探索的基础上，推出了新的售后保障体系，采用直营服务站 + 移动服务站 + 授权经销商等多元服务模式为用户提供统一、透明、规范的服务；2022 年，极飞建设了 25 个直营服务站，50 多个移动服务站，800 多个授权服务点，并在支付宝上推出 100 公里半径内的极飞服务。其中，直营站由极飞自建直营，具有备用产品服务、设备维修保养、零配件供应、培训等综合服务能力，由经过认证的极飞服务团队开展相关服务；极飞移动服务站相当于一个小型直营服务站，是以移动服务车的形式，农忙时节在各作业区内的田间地头进行巡逻保障，在用户能够快捷、高效的享受售后服务，保障农事作业顺利进行[40]。

3. 数字化服务，让现代化的农事服务触手可及

早在 2016 年，极飞就与蚂蚁金服开展合作，在支付宝的服务窗种接入极飞农业服务窗，将极飞的农事服务搬到线上，农户通过支付宝客户端就可以在线订购极飞农业无人机喷洒哦农药服务。随后，极飞与蚂蚁金服再度联手，将芝麻信用分应用到农业生产领域，用户凭借良好的芝麻信用可以享受免押金租用无人机服务，甚至可以免费享受无人机操作员培训。

极飞开设了极飞学园，通过移动互联网远程授课和遍布各地的培训网点培养新时代的农民——“新农人”，传播无人机和农业生产知识，还邀请农

业科技专家和实践者为用户分享经验成果，用科学知识和技术武装新农人。2018 年，极飞学园获得国家民航局相关机构认证，并取得中国 AOPA 无人机驾驶员培训考试资质。

（三）资本让极飞的事业走得更远，也让农民成为数字时代受益者

极飞创业早期，还是传统互联网的时代，电子商务飞速增长，博客大行其道，创始人彭斌选择的智能硬件并不受风险投资的青睐，彭斌想法设法凑钱，亲戚的钱借了一遍，父母也把钱借给了他，彭斌顶着非常大的精神压力，同事们也拿着基本的生活费工作，这种情况直到 2009 年公司正向盈利才有所缓解。

2014 年 9 月，也就是转入农业领域的第二年，极飞获得成为资本 2000 万美金的 A 轮融资，此次融资资金将主要用于无人机技术的研发、产业链的建立和市场推广，成为资本不仅仅是带来资金，还给极飞带来了现代化公司的管理理念，极飞开始从“小作坊式”公司，转变为现代化公司，开始建立董事会、财务体系、公司制度以及产业资源的挖掘。

此后，极飞曾获明泰资本、天融信网络的 B、C 轮投资。2020 年 11 月，极飞宣布完成 12 亿元的 C 轮融资，由高瓴资本、百度资本和软银愿景基金领投，创新工场、越秀产业基金和广州新兴基金跟投，原有投资人成为资本也继续加码，这是迄今为止中国农业科技领域最大的一笔商业融资。2021 年 3 月，高瓴资本追加超 3 亿元融资，半年的时间里，再度刷新中国农业科技领域最大笔融资记录。此次融资后，极飞将加强研发、制造优势，提升渠道服务能力，加速建设数字农业基础设施，开发更多智能农业装备，搭建极飞“无人化农场”。资本的加持，让极飞在实现“提升全球的农业生产效率”使命上更进了一步。

对于农民来说，无人机的应用让农业更加炫酷起来，越来越多的 80 后、90 后带着无人机回到自己的家乡，甚至成为全国各地到处跑的飞手，加入到农业这场革命中来，成为受益者。就像极飞创始人彭斌所说“我们不是抢农民的饭碗，而是帮助农民提升效率，让农民不要去干辛苦的活，同时又保证他有同等收益。”

（四）结语

极飞聚焦农业领域发展，不仅仅是改变了自己的产品和服务，更是把极飞带到了农业这条更宽阔的赛道上，这不仅影响了企业发展的定位和战略，也在影响着农业的整个过程。极飞聚焦农业领域发展，不仅仅是改变了自己的产品和服务，更是把极飞科技带到了农业这条更宽阔的赛道上，这不仅影响了企业发展的定位和战略，也在影响着农业的整个过程。极飞工程师持续钻研农业生产的特点，让极飞无人机走到田间地头，用数字化的技术和产品让传统的农业走向现代化、智能化，让农业炫酷起来，为中国乡村振兴带来更多的可能。

5.7　商汤科技：计算机视觉领域的领跑者

近年来，作为数字经济发展的重要新兴技术之一，人工智能得到了各行业愈加广泛的重视和应用。微软、谷歌等全球科技巨头也都纷纷布局人工智能细分领域，加大人工智能技术的研发与应用，人工智能独角兽企业不断增加，其中就包括目前 AI 领域全球融资规模最大、估值最高的独角兽——商汤科技。

商汤科技创始人汤晓鸥，自 1992 年在美国麻省理工学院攻读博士学位的时候就开始接触人脸识别的算法。获得博士学位后，他先后在香港中文大学和微软亚洲研究院工作，继续专注于计算机视觉和深度学习等原创技术的研究。2014 年，汤晓鸥团队用自主研发的 DeepID 系列人脸识别算法，全球首次超过人眼识别率，实现人脸识别准确率 98.52%，也超过 Facebook 同期发表的 DeepFace 算法，突破工业化应用红线。为了推动研究成果的商业化落地，汤晓鸥团队在获得 IDG 资本的数千万美元 A 轮融资的基础上，于 2014 年成立了商汤科技，汤晓鸥也成为全球人脸识别技术的“开拓者”和“探路者”。

2021 世界人工智能大会上，商汤科技正式推出其人工智能的集大成者——SenseCore 商汤 AI 大装置，这是商汤过去 7 年对底层技术的打磨，整合了超大规模算力、丰富算法模型和全链路 AI 开发工具，标志着商汤科技内部的 AI 研发和生产到了一个全新的阶段，是将基于项目的定制化开发转向规模化落地的关键一步，将推动物理世界的全面数字化转型。

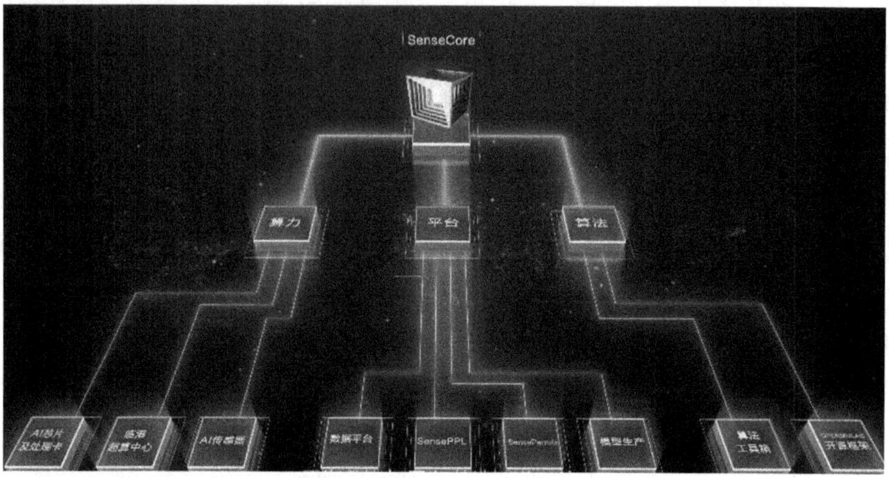

SenseCore 商汤 AI 大装置

（来源：商汤科技官网）

商汤科技的战略目标是“AI 赋能百业”，业务涵盖智慧商业、智慧城市、智慧生活、智能汽车四大板块，上市前共完成 12 轮融资，总融资金额高达 52 亿美元，成为中国最大的计算机视觉软件公司、亚洲最大的人工智能软件公司。

（一）借技术之手率先叩开“奇点”之门：坚持原创，持续投入

像大多数学者一样，商汤科技的创始人汤晓鸥有原创的情怀，渴望在商业领域证明自己的发明创造。商汤科技官方介绍，公司取名“商汤”，寓意公司的技术原创精神——商朝是中华文明最早发现文字的时代，汤晓鸥认为科技也要富有开创性。

汤教授所坚持的“原创”，是指底层技术的创新。此前大多数人工智能企业都是用谷歌、微软已搭建好的深度学习底层系统，在此基础上深耕安防、企业管理、医药、教育等垂直领域。但商汤科技从一开始就定位“开源”，从源头掌握技术的核心链条和基础架构，而不是只在一个产业方向上拥有自己的自主知识产权，商汤称之为“AI 的核心能力”[42]。

商汤科技长期投入于原创技术研究，并不断增强行业领先的全栈式（指

运用多种开发技能，具有全局思维）人工智能能力，涵盖感知智能、决策智能、智能内容生成和智能内容增强等关键技术领域，同时包含 AI 芯片、AI 传感器及 AI 算力基础设施在内的关键能力，成为具有极强研发能力的硬科技企业。在研发费用投入方面，2018 年、2019 年、2020 年和 2021 年，商汤科技研发支出分别为 8.5 亿元、19.2 亿元、24.5 亿元和 30.6 亿元，累计投入近 70 亿元，占同期营业收入比例分别高达 45.9%、63.3%、71.3% 和 107.3%[43]。2022 年上半年，其研发支出 20.4 亿元，同比增加 19%。

另外，商汤科技在人才储备、创新技术成果及规模化应用等方面均具有先发优势。培养组建了实力雄厚的研发团队，汇集了人工智能领域顶尖的人才，有 40 多名教授、250 多名博士，在 5000 多名员工中，包含 2/3 的高精尖科学家和工程师。从 2014 年成立至今，商汤已经在各种顶刊上发表了 600 多篇高水平学术论文，相关硬核专利达 8000 多项，成为商汤科技最亮眼的名片。据沙利文的报告，商汤科技是目前亚洲人工智能行业中发明专利组合最庞大的公司之一。

（二）以商汤 AI 大装置为核心基座，全面构建物理空间数字化搜索引擎和推荐系统

1. 打造人工智能新基建：SenseCore 商汤 AI 大装置

人工智能技术在研发和应用的过程中还存在一些问题：工业级应用所需的高性能 AI 模型生产成本高昂；AI 模型开发效率低导致无法满足市场的大量需求；长尾问题因低频且数据量低而难以训练高性能 AI 模型。特别是长尾问题，商汤科技联合创始人、CEO 徐立曾指出，在我们所生活的城市中，仅有 20% 的头部需求得以满足，还有 80% 的长尾应用场景未被覆盖，这些长尾场景中蕴藏着巨大的商业价值，这才是人工智能深入到行业最关键的一点。

为了降低成本，提高效率，有效解决长尾应用场景，商汤科技前瞻性打造新型人工智能基础设施——SenseCore 商汤 AI 大装置，打通算力、算法和平台，实现高效率、低成本、规模化的 AI 创新和落地。

商汤科技依托 SenseCore 商汤 AI 大装置集中量产人工智能算法模型，并通过软件平台实现人工智能模型的快速部署及商业化。截至 2021 年底，其 SenseCore 商汤 AI 大装置生产出的商用模型数量达 34,000 多个，同比增长了

152%，2021 年研发人员每人年均生产的商用模型数增至 5.94 个，相较于 2020 年的和 2019 年分别提高了 72% 和 130%[44]。

2. 打通算力、算法和平台之间的连接与协同，构建一整套端到端的架构体系

SenseCore 商汤 AI 大装置是支撑软件平台的通用人工智能基础设施，主要用于生产高性能的人工智能模型，其生产的模型能够集成至公司的产品及软件平台中以支持垂直行业的场景化应用。SenseCore 商汤 AI 大装置分为计算基础设施、深度学习平台、模型层三层，通过一整套端到端的架构体系，打通三者之间的连接与协同。

模型层包括模型工厂、OpenMMlab 开源框架、OpenDILab 开源平台，为软件平台提供面向工业应用的人工智能模型，并以开放的生态形成持续反馈推动模型升级。采用“基模型 + 特定场景模型”两阶段的训练方式，既保证了模型的可拓展性，使其能够适应更多的长尾场景，又能使基模型中衍生出的特定场景模型的速度更快、体积更小，更适合在设备上部署。

深度学习平台包括训练数据平台、SenseParrots 训练框架、模型压缩工具及跨平台模型部署工具，实现从数据存储、标注到模型训练、生产、部署、测试的全链路、批量化过程，用于支撑人工模型训练，使模型生产更高效。其中 SenseParrots 是算法创新的基石，是商汤科技领先的视觉算法训练框架，高效利用 GPU 集群算力，训练单个大模型时可以在 1000 块 GPU 上取得超过 90% 的加速效率，在业内处于领先水平。

计算基础设施包括人工智能数据中心、人工智能芯片及边缘设备、传感器及 ISP 芯片，能够支撑对海量数据和算法模型的分析、训练和推理。目前人工智能计算中心（AIDC）在上海临港已正式启用，其设计峰值算力可达每秒 3.74 百亿亿次浮点运算，可支持 100 亿参数视觉领域大模型训练，1 天内可完成 1000 亿参数模型的完整训练[45]。

3. 实现人工智能降本增效，加速规模化落地

SenseCore 商汤 AI 大装置是商汤科技原创打造的新型人工智能基础设施，整合了强大的算力基础和领先的算法能力。SenseCore 商汤 AI 大装置可以按需提供人工智能模型生产、训练、部署及迭代，服务更加灵活，不仅可以大幅降

低人工智能生产要素的成本，还可以提高人工智能的生产效率，实现人工智能以自动化、自适应的方式进行生产和落地，缩短商业化时间。对企业和开发者来说，SenseCore 商汤 AI 大装置将成为他们的基础算法库。通过大装置，AI 算法的训练和部署将变得简单易操作，通过人工智能技术全面实现企业降本增效。SenseCore 商汤 AI 大装置支持智能模型的工业级批量生产，以高精度模式训练最为先进的智能模型，并具有业界领先的隐私计算及数据屏蔽功能，可保障用户数据安全且不易泄露[46]。同时，SenseCore 商汤 AI 大装置可以解决城市管理、企业服务和个人生活中的长尾应用问题，全面实现企业服务智能化、城市管理智能化和个人生活智能化，推动人工智能进入工业化发展阶段。

商汤科技联合创始人、首席执行官徐立将 AI 大装置比作“人工智能的粒子对撞机”，称其能够对海量数据进行拆解和碰撞，深入挖掘潜在价值，打破认知和应用的边界。他指出：“行业对于算力的需求在过去几年增长了近百万倍，而 AI 大装置正是通过超强的算力基础，为人工智能的研发、创新和应用提供源动力。”未来，在 SenseCore 商汤 AI 大装置上将支撑不同行业的算法模型生产链条，进一步连接和打通跨行业的技术体系，形成一个突破技术边界的技术生态。同时，AI 大装置将从企业级设施变成开放服务的平台，让更多行业、企业受惠于 AI 大装置所带来的生产效率提升[47]。

2022 年，SenseCore 商汤 AI 大装置实现商业化突破，截至 6 月 30 日，商汤发布超 49000 个人工智能商用模型，涉及多个垂直行业，标准化大模型生产流程已支持商汤 70% 以上的业务。

（三）快速打通 AI 各垂直场景应用，赋能百业

在强大的底层技术驱动下，商汤科技正在向“AI 赋能百业”的目标加速推进。

1. 方舟城市开放平台加速城市管理智能化

在智慧城市领域，商汤科技推出了 SenseFoundry 商汤方舟城市开放平台，用于监测城市公共设施的状况，如消防栓、井盖、电线杆及道路标志；发现城市运营事件，如交通事故、火灾及烟雾、紧急出口障碍、暴露的垃圾、道路损坏及乱停乱放等；追踪洪水及台风等自然灾害的影响以及损失控制措

施的跟进等，帮助城市管理实现数字化转型，不断提升城市运营效率。目前商汤科技已经为国内外多个大型城市提供城市管理平台。2020 年，商汤科技在上海市区两级相关部门指导下，基于商汤 SenseFoundry 方舟城市级开放视觉平台，在长宁区江苏路街道率先试点 AI + 一网统管，开发了“智能巡屏”等功能，构建了多场景、一站式 AI 城市治理解决方案，实现 AI 研判处置全闭环管理，有效解决了暴露垃圾识别、共享单车乱堆放等城市痛点问题，极大提升了城市管理效能[48]。

2. 方舟企业开放平台助力企业服务智能化

基于 SenseCore 商汤 AI 大装置，商汤推出 SenseFoundry Enterprise 方舟企业开放平台，通用大模型 + 快速增量训练，提供企业所需的各种丰富多样且高精度的 AI 算法和应用，同时结合数字孪生、AR、IOT、大数据等技术，为企业数字化的全域感知、分析、决策提供完整的能力支撑，连接物理和数字世界，打通线上线下闭环，深入洞察客户需求，增强服务体验，全面赋能企业管理和运营，助力企业业务智能化。目前方舟企业开发平台已经广泛应用于诸多领域，包括能源管理、工业制造、基础设施运维、物流、交通、园区管理、零售、金融、电信等众多行业。例如，依托 SenseCore 商汤 AI 大装置，商汤科技与上海西岸集团联手构建“智慧公共空间管理平台”，利用全球领先的视频结构化分析技术、人群密度监测、以图搜图等多项原创技术，每月可处理 200 项工作指令，98% 以上可以在 20 分钟内解决[47]，大大提升了整体管理效率及交互体验，让市民享受到更安全、更便捷、更贴心的人性化服务。

3. 绝影智能汽车平台推动汽车出行智能化

商汤科技抓住智能汽车领域变革机遇，在 2021 年推出 SenseAuto 商汤绝影智能汽车平台，在智能驾驶、智能座舱、车路协同、L4 级无人驾驶、无人驾驶小巴领域推进全线产品化商用。在 2021 世界人工智能大会上，商汤推出的 SenseAuto Robobus – AR 绝影自动驾驶 AR 小巴，它将智能驾驶技术与 AR 跨界应用，在特定线路提供智能接驳服务的同时，还可以通过智能车窗，向乘客自动展示城市发展、景点历史及文化遗址介绍，打造虚实融合的沉浸式乘车体验。

4. 智慧生活产品赋能生活智能化

商汤科技的智慧生活板块的产品有 SenseME 水星智能移动终端平台、SenseMARS 火星混合现实平台、SenseHome 智能家居和 SenseCare 智慧医疗平台，支持不同的场景应用，服务于众多面向消费者的企业，比如手机制造商、移动应用及手机游戏开发商、医疗机构等。

目前，已有数亿部手机搭载了 SenseME 水星智能移动终端平台，涵盖超过 3500 种 AI 算法；还整合了 AI 传感器、AI ISP 芯片，为手机影像带来从感光、计算、处理的全栈能力，能够支持诸多物联网设备，促进感知智能和内容增强，为手机提供一系列强大的 AI 算法能力，对硬件进行优化，使手机无论处于何种条件、拍摄怎样的场景，都能实现精美画面的输出，使一个个手机在硬件上难以实现的影像功能变成现实，并且更简单、更易用。

商汤科技在 AI 生成内容、三维世界重建、数字人及虚拟形象等模块也已经形成深厚积累并具备产品化的能力。其打造的 SenseMARS 元宇宙赋能平台支持超过 200 多个移动应用程式及手机游戏，赋能超过 60 个大型商场、博物馆及机场。在 2022 年北京冬奥会的冰壶赛场上，以 AI 技术赋能"科技冬奥"，基于商汤 SenseMARS 火星混合现实平台打造的"冰壶运动轨迹捕捉和再现"技术惊艳亮相，在冰壶比赛中运用智慧观赛技术与巨幕大屏相结合，增强了线上线下观赛体验，展现了硬科技的魅力。

（四）结语

未来，人工智能将深入融合到城市发展、企业运营、个人生活等方方面面中，站在数字化转型、实体经济和数字经济深度融合的时代节点上，商汤科技坚持立足底层技术创新，聚焦人工智能落地场景碎片痛点，为社会及实体经济提供人工智能基础设施，持续推动各行业的数字化、智能化转型，也让人工智能引领人类进步。

5.8　地平线：车规级芯片的先行者

在芯片产业，虽然中国面临"卡脖子"的困境，但中国有庞大的人口基础和应用市场，这为人工智能芯片时代自动驾驶芯片提供了新的机遇，地平线公司正式抓住了特异性算法带来的机遇，实现了自动驾驶芯片的弯道超车。地平线的汽车智能化技术理念是基于高性能、大算力、安全可靠、开放易用的整车智能计算平台来实现技术开发和应用迭代的全面效率。

2021 年 7 月 29 日，地平线举办“征程与共，一路同行”高性能大算力整车智能计算平台暨战略发布会，推出第三代车载智能芯片——征程 5，这是继征程 2 和征程 3 开创中国车规级芯片量产先河之后，地平线推出的全新一代高性能、大算力全场景整车智能中央计算芯片。征程 5 搭载智能计算架构 BPU 贝叶斯，算力高达 128TOPS（1TOPS = 1 万亿次计算每秒），可充分满足全场景自动驾驶和人机交互的量产应用需求。

2022 年 9 月，征程 5 搭载至理想 L8 实现全球量产首发，正式成为首款实现前装量产的国产百 TOPS 级大算力智能驾驶芯片。与此同时，征程 5 也获得比亚迪、上汽集团、一汽红旗、自游家汽车等车企的量产合作项目。伴随着觉非科技、轻舟智航、鉴智机器人、福瑞泰克、宏景智驾等软件或系统合作伙伴的加入，基于地平线征程 5 打造量产解决方案的合作伙伴阵营正在逐渐扩大，将加速高阶自动驾驶应用落地。

地平线第三代车载智能芯片征程 5

（来源：地平线公司官网）

（一）坚持技术创新，实现软件和硬件的深度集成

1. 发挥自身核心技术优势，持续打造车载智能芯片

从 2019—2021 年，地平线充分发挥自身在软件算法、硬件技术方面的优势，每年都推出一款新的芯片。

复杂环境感知技术是自动驾驶技术的关键部分，是自动驾驶领域应用的关键突破点及核心技术。车载智能芯片作为智能网联汽车的关键核心零部件，也代表着智能驾驶技术制高点。车载智能芯片在性能、可靠性、实时性、功耗效率以及对应的算法等方面都提出了较高标准的要求。

地平线作为车载智能芯片行业的创新者，不断提升产品及方案研发能力。通过自主创新的可编程深度学习神经网络加速引擎（Brain Processing Unit，BPU），地平线结合多项突破性的核心技术加速打造新一代 BPU 贝叶斯计算架构。搭载双核贝叶斯架构的征程 5，算力高达 128TOPS，且在保证高速处理能力的同时实现最优能效比，成功弥补中国百 TOPS 级大算力自动驾驶芯片市场的空白。

征程 5 凝聚了对深度学习和自动驾驶场景的深度洞察，具备高性能、低能耗、低延迟的特点。依托业内领先的芯片架构设计，征程 5 整合优化的可编程计算资源，支持灵活的硬件加速功能，同时提供适应驾驶场景的灵活 I/O 配置与系统支持，可全面满足 L2 – L4 级别自动驾驶多样化开发需求。

征程 5 还拥有全方位的产品功能 \ 安全保障并通过 AEC – Q100 车规可靠性验证。作为严格遵循 ISO 26262 功能安全流程开发的车载智能驾驶芯片，现已通过 ISO 26262 ASIL – B 功能安全产品认证，能够为 OEM 和 Tier1 提供系统级的安全保护方案，全面满足功能安全开发要求。

2. 芯片是手段，软件是目的：软硬结合，研发极致效能的硬件计算平台

2015 年，还在执掌百度深度学习研究院（IDL）和百度自动驾驶项目的余凯从乔布斯“软硬结合”的理念中获得灵感，毅然决然离开了百度，创立了地平线公司[49]。余凯曾经说过，“地平线要做机器人的大脑芯片，我们觉得未来机器人无处不在，要让每辆车、每个电器都具有环境感知、人机交互和决策控制的能力。”

地平线致力于通过软硬结合的前瞻性技术理念，研发极致效能的硬件计算平台以及开放易用的软件开发工具，为智能汽车产业变革提供核心技术基础设施和开放繁荣的软件开发生态。为此，地平线推出首个中国开源安全实时操作系统 TogetherOS，可实现单芯多 OS，兼容 Linux、Android、斑马、鸿蒙等主流操作系统，实现轻量级虚拟化、多域安全隔离，具有“开放软件架构”“高度可扩展”“支持多场景”的特点。

通过软件平台与车规芯片的软硬结合、协同优化，地平线车规级智能驾驶芯片始终保持着高利用率，又得益于地平线开放易用的开发工具链、开发工具平台，以及实时安全车载操作系统，地平线向行业提供的高性能“数字发动机”，能够高效拓展应用于自动驾驶、智能交互、智能网联、智能车控等车载应用场景。

3. 以行业应用需求为牵引，实现规模化落地量产

近年来，在汽车智能化浪潮的影响下，各大车企对芯片的需求量猛增。当前一辆价值 30 万元左右的智能电动汽车对于芯片的需求可达 1200 ～ 1700 颗，大约是同等价位燃油车的 2 ～ 3 倍。对于车企厂商来说，如何从根本上解决车企对芯片的需求才是当前亟待解决的问题。地平线基于征程 5 的强大性能，能够提供覆盖 L2 – L4 全场景整车智能量产级的软硬结合的平台级方案。

目前，地平线征程芯片出货量已突破 150 万片，获得 70 多个车型的前装定点，覆盖自动驾驶和车载智能交互全场景应用领域。据高工智能汽车研究院监测数据显示，在智能驾驶域控制器领域，2022 年 1 ～ 5 月除特斯拉为自研芯片（暂不外供）外，地平线（作为第三方供应商）前装搭载量领跑中国汽车芯片市场，是第二名的近两倍。

（二）赋能智能驾驶技术，推动汽车产业的创新发展

1. 汽车智能芯片：智能汽车的数字发动机

智能汽车相比于“计算机诞生”引领了第三次科技革命，实现了电气化到信息化的跃迁，不仅极大地推动了人类社会经济的变革，也影响了人类生活方式和思维方式，它是真正意义上智能终端，是人类历史上第一个大规模在自然

场景中应用的自主机器人，智能汽车开创了一个全新的时代——机器人时代。

车载 AI 芯片不仅是决胜汽车智能化变革的关键，更是当代硬科技的制高点，战略意义和经济意义重大。地平线于 2020 年发布的高效能车载人工智能计算芯片征程 2 满足 AEC－Q100 标准，可提供超过 4TOPS 的等效算力，典型功耗仅 2 瓦，配合高效的算法，每 TOPS 的算力可以处理的帧数可达同等算力 GPU 的 10 倍以上。征程 2 不仅代表了地平线在边缘人工智能芯片领域所取得的重大技术突破，实现了国产车规级 AI 芯片前装量产零的突破，也补齐了我国智能汽车产业生态的关键环节，并入选 2020 年世界互联网大会的“世界互联网领先科技成果”。

2. 地平线征程芯片助力智能汽车产业

地平线聚焦智能汽车赛道，为软件定义汽车提供底层算力和技术支持，加速汽车产业的智能化发展。地平线为应对不同场景的不同需求，基于 BPU 自研架构相继推出了 3 款芯片。

地平线征程 2 采用 BPU 伯努利 1.0 架构，能够更高效灵活地实现多类智能驾驶任务处理，对多类目标进行实时监测和精准识别，可全面满足视觉高级驾驶辅助系统（ADAS）/自动驾驶的视觉感知、视觉定位、视觉建图等智能驾驶环境感知需求，同时支持语音识别、眼球追踪、手势识别等智能人机交互功能，全方位赋能汽车智能化。

地平线征程 3 是具备更高集成度、开放性和可拓展性特点的新一代车载智能芯片，芯片基于 BPU 伯努利 2.0 架构设计，支持基于深度学习的图像检测、分类、追踪与像素级分割，拥有超强感知能力。通过精确检测、识别和理解交通参与者及驾驶环境，该款芯片可支持多通道数字视频录制及实时计算，可实现 ADAS 和自主泊车辅助（APA）功能。

基于新一代 BPU 贝叶斯架构设计的征程 5 是业界第一款集成自动驾驶和智能交互于一体的全场景整车智能中央计算芯片。其搭载异构多核 IP 组合，可提供更高的算力，更丰富强大的配件接口，更安全高效的功能等级，为自动驾驶落地带来更多可能性。此外，征程 5 芯片获得全球公认的汽车功能安全标准——TÜV ISO 26262 ASIL－B 功能安全认证，成为国内首颗基于 ISO 26262 功能安全流程开发的车规级智能驾驶芯片，其功能安全架构、设计实现及安全覆盖率均达到了 ASIL – B 级别，可为 ADAS 应用提供安全保护方案，满足主流 OEM 和 Tier1 的功能安全开发要求。

目前，地平线征程 5 已与比亚迪、理想汽车、上汽集团、一汽红旗、自游家汽车等多家车企达成量产定点合作，加快推动高等级自动驾驶功能的推广普及。

3. 算法赋能智能城市和智能驾驶

在智能城市方面，地平线公司的智能城市物联网的视频分析可应用于人脸识别，让城市更安全、生活更便利；应用于智能零售则有助于通过大数据分析消费者行为，预测人们的个性化偏好并优化库存，从而提高零售效率；部署视频分析也可以用于环境保护，比如通过实时监测实际情况，更好地预测洪水并提前采取措施，进而保护道路和农田等重要设施；还可以实现更智能的停车，让消费者了解停车场数目，提前预约，甚至无需信用卡而自动付费。在智能驾驶方面，目前地平线正在从驾驶辅助系统转向高级别自动驾驶，已经开发了计算硬件和从认知到决策的软件算法，为减少交通事故并提高交通效率提供支持。

（三）“全维利他”的开放生态战略，助力智能汽车产业深度协同

基于“全维利他”的开放生态战略，地平线致力于将自身自主创新的技术、突破性产品与解决方案转化为更多智能汽车产业生态合作伙伴的商业价值，使技术的源头活水能够扩散、渗透至整个产业，灌溉智能汽车产业生态的“千亩良田”。

定位于 Tier2，地平线以软硬协同、灵活开放的商业合作模式与广泛的行业伙伴深度合作、协同创新，与合作伙伴共建开放的软硬件生态，不做量产硬件，不做软件捆绑，不做“黑盒子”封闭方案。地平线既可提供芯片和可选量产级算法助力合作伙伴加速实现智能驾驶应用的量产落地，又可提供全面丰富的开发工具支持其高效开发，还派自己的工程师团队与合作伙伴以深度联合开发的方式实现能力共建，共同商讨问题的解决方案，深度参与汽车新系统的研发与优化。在深度协作的过程中，将芯片和自动驾驶的应用深度绑定，实现各自的技术共享、数据共享，用研发成果来分别赋能自己的产品，

地平线公司从汽车研发中获得反馈，优化自己的产品和算法，车企的自动驾驶系统也更加完善，实现双方共赢的局面。

目前地平线已链接包括软硬件 Tier1、ODM、IDH、OEM 等上下游合作伙伴 100 余家，达成深度合作，快速搭建开放共赢的智能汽车行业生态，驱动全新商业价值，共赴整车智能时代。

（四）结语

数字经济时代，人工智能将成为像水电煤一样的基础设施。地平线将以"芯片＋算法＋工具链"的强大技术平台为基石，以灵活开放的商业合作模式为驱动，以长期的技术开发实践与经验为依托，与汽车产业"深度协同"，做智能驾驶产业坚实的底层赋能者和产业创新开放生态的积极参与者，持续助力智能驾驶行业持续高速发展，让数字经济时代的"水电煤"充分涌动。

参考文献

[1] https://www.deshawresearch.com/

[2] https://relaytx.com/

[3] https://xueqiu.com/6674356504/156131153

[4] 南极熊 3D 打印网．打印一双鞋底 25 分钟，Carbon 开始进入中国市场［EB/OL］．(2020－07－09)［2022－08－12］．https://mp.weixin.qq.com/s/VWTBdXOIt_TyOQUBPwbjiw 3D.

[5] SUN W J. 使用 carbon_ Carbon 公司会来中国吗？它的商业模式如何？应用市场发展情况怎样？［EB/OL］．(2021－01－12)［2022－09－12］．https://blog.csdn.net/weixin_ 29580355/article/details/112589109.

[6] 南极熊 3D 打印网．谷歌领投 1 亿美金、速度提高 100 倍的 carbon 正式推出 3D 打印机［EB/OL］．(2020－12－25)［2022－09－12］．http://www.360doc.com/content/20/1225/21/73087893_ 953464609.shtml.

[7] 打印派．世界上最快的 3D 打印机再次升级 Carbon 公司推出全新的 M2 3D 打印机［EB/OL］．(2017－03－23)［2022－09－12］．http://www.dayinpai.com/topic/post/f7100.

[8] 南极熊 3D 打印网．采用 4K DLP 光机，Carbon 发布 M3 和 M3Max 高速光固化 3D 打印机［EB/OL］．(2022－01－29)［2022－09－12］．https://xw.qq.com/

cmsid/20220129A01P0Z00.

［9］3D 科学谷 . Carbon 两款 3D 打印机将在 TCT 亚洲展期间首次国内亮相［EB/OL］.（2021－05－24）［2022－09－12］. http://WWW. 3DSCIENCEVALLEY. COM/?P＝23098.

［10］搜狐网 . Carbon 将于 2022 年开源其 3D 打印晶格设计软件［EB/OL］.（2021－11－21）［2022－09－12］. https://www. sohu. com/a/502581362_ 121124372.

［11］腾讯网 . 贯通材料、设计和速度，打开 3D 打印应用的大门［EB/OL］.（2021－11－21）［2022－09－12］. https://new. qq. com/rain/a/20210602A02CPT00.

［12］南极熊 3D 打印网 . Carbon 公司收购软件开发商 ParaMatters，为 3D 打印软件增加新的拓扑优化功能［EB/OL］.（2022－08－26）［2022－09－12］. https://bbs. 3d－yun. com/?article/250. html.

［13］搜狐网 . Carbon 黑科技终落地，推首款基于 CLIP 技术 3D 打印机［EB/OL］.（2016－04－05）［2022－09－12］. https://www. sohu. com/a/67674498_ 254021.

［14］郭智臣 . Carbon 将推出新 3D 打印聚氨酯增材［J］. 化学推进剂与高分子材料，2019，17（6）：44.

［15］3D 科学谷 . 福特公司通过 Carbon3D 打印机研发新材料，效果甚好［EB/OL］.（2015－06－24）［2022－09－12］. http://www. 3dsciencevalley. com/?p＝3565.

［16］https://www. carbon3d. com.

［17］搜狐网 . 利用 3D 打印数字光合成技术，快速 3D 打印鼻咽拭子用于 COVID－19 检测［EB/OL］.（2021－01－09）［2022－09－12］. https://www. sohu. com/picture/443444931.

［18］［美］劳伦斯 · 伯恩斯，［加］克里斯托弗 · 舒尔根著 . 自动时代：无人驾驶重塑世界［M］. 湖南科学技术出版社，2020.

［19］https://ir. aurora. tech/

［20］网易 . UiPath 中国区陈磊：人手一个机器人的时代已来，RPA 让企业实现了全面自动化［EB/OL］.（2022－04－09）［2022－10－16］. https://www. 163. com/dy/article/H5AMUMA5055240KW. html.

［21］诸海滨，赵昊 . 全市场科技产业策略报告第 110 期：从龙头 Uipath 的发展看 RPA 行业的产品形态、未来趋势［R］. 安信证券，2021.

［22］腾讯网 . UiPath：打造企业全面自动化的“飞轮”［EB/OL］.（2021－12－15）［2022－10－16］. https://new. qq. com/rain/a/20211215A0B50700.

［23］UiPath. 探索自动化，瑞丰银行借助 UiPath RPA 加速数字化进程［EB/OL］.［2022－10－16］. https://www. uipath. com. cn/resources/automation-case-studies/bank-of-ruifeng/.

[24] 陈晓曦．供应链重构：打造以消费者为中心的数智化链路［M］．人民邮电出版社，2022：15.

[25] 刘绍荣，彭康尧，尹玉蓉著．商业物种演进［M］．中信出版集团，2022：255.

[26] 哈佛商业评论中文版杂志社．哈佛商业评论（月刊2022年01期）．哈佛商业评论．2022：265.

[27] 王能民，王梦丹，任贺松，等．海尔人单合一模式：基于数据驱动的大规模定制［J］．工业工程，2022，25（01）：1－10＋27.

[28] 曹仰锋．黑海战略：海尔如何构建平台生态系统［M］．中信出版集团，2021：156.

[29] 哈佛商业评论中文版杂志社．哈佛商业评论（月刊2022年07期）．哈佛商业评论．2022：181.

[30] 郭润萍，韩梦圆，邵婷婷，等．生态视角下数字化转型企业的机会开发机理——基于海尔和苏宁的双案例研究［J］．外国经济与管理，2021，43（09）：43－67.

[31] 杨光．研制中国雪蜡车，卡奥斯派上大用场［N］．青岛日报，2022－02－15.

[32] 余菲菲，董飞．平台生态系统下我国中小制造企业与互联网融合发展路径研究［J］．科技进步与对策，2019，36（20）：77－84.

[33] 如何做好“灯塔工厂”的数字化转型？［J］．软件和集成电路，2022（01）：74－81.

[34] https://www.cosmoplat.com/

[35] 新华网．推动制造业数字化转型，海尔做对了什么？［EB/OL］．（2022－05－25）［2022－10－16］．http://www.xinhuanet.com/techpro/20220525/859fad69114e42f7bf20318773209586/c.html.

[36] 21世纪经济报道．高成长企业论：发现粤港澳大湾区“瞪羚”［EB/OL］．（2020－11－16）［2022－10－16］．https://view.inews.qq.com/k/20201116A02IZS00?web_channel=wap&openApp=false.

[37] 温靖，郭黎．极飞“中国智造”为农业现代化助跑——专访极飞科技公司联合创始人龚槚钦［J］．农业工程技术，2019，39（27）：26－29.

[38] 何帆．变量：看见中国社会小趋势［M］．中信出版集团，2019.

[39] 何帆．变量2：推演中国经济的基本盘［M］．中信出版集团，2020.

[40] https://www.xa.com/

[41] 搜狐网．商汤科技，全球“最贵”AI独角兽［EB/OL］．（2021－12－31）［2022－09－16］．https://www.sohu.com/a/513472572_120913760

[42] 光明网．商汤科技助力数字经济和实体经济深度融合［EB/OL］．（2021－11－26）

[2022 – 09 – 16] . https://www. sohu. com/a/503551646_ 162758.

[43] https://www. sensetime. com

[44] 焦娟，夏瀛韬. 人工智能独角兽，静待厚积薄发 [R] . 安信证券，2021.

[45] 网易. 突破产能，SenseCore 商汤 AI 大装置加速人工智能规模化落地商用 [EB/OL] . (2021 – 10 – 12) [2022 – 09 – 16] . https://www. 163. com/ad/article/GM564AR M000189DG. html.

[46] 智东西. 商汤推出 SenseCore AI 大装置，要冲破 AI 大规模落地的围城 [EB/OL] . (2021 – 07 – 09) [2022 – 09 – 16] . https://mp. weixin. qq. com/s/yEKAPVI2 FJfLbsXnMqMVjQ.

[47] 人民网. 商汤方舟夯实智能城市操作系统，“AI 巡兵”秒识垃圾管违停 [EB/OL] . (2020 – 07 – 07) [2022 – 09 – 16] . http://sh. people. com. cn/GB/n2/2020/0707/ c134768 – 34139672. html.

[48] 魏岚. 地平线加速智能驾驶普及 [J] . 智能网联汽车，2022 (05): 48 – 50.

第六章　中国政府数字经济应用示范

伴随新技术革命与产业变革的深入推进，数字经济日益取代工业经济成为驱动全球经济复苏的重要引擎。美国、德国、日本、英国等世界主要国家及经济体纷纷抢抓新兴数字技术发展的历史性机遇，积极强化数字经济战略布局。党的十八大以来，我国政府高度重视推动数字经济发展，深入开展了“数字中国”、“互联网+”等一系列战略部署，并以试验区建设为抓手探索了多元化的试点工作，为引领全国数字经济发展发挥了良好的示范效应。站在新的历史起点上，如何更充分的释放数字化时代的政策红利？本部分从政府视角出发，以国家数字经济创新发展试验区、国家数字服务出口基地、国家新一代人工智能创新发展试验区等8个较为成熟的试验区建设实践为案例，系统梳理改革亮点，全面总结改革经验，以期为进一步促进数字经济与实体经济深度融合、加快推动我国数字经济高质量发展提供思路参考。

6.1　国家数字经济创新发展试验区

1. 工作背景及推进措施

做强做优做大数字经济已成为构筑国家竞争新优势、争夺发展主动权的战略选择。[1]为贯彻落实党中央、国务院关于数字经济发展的战略部署，2019年10月，国家发改委、中央网信办联合印发《国家数字经济创新发展试验区实施方案》（发改高技〔2019〕1616号），在河北省（雄安新区）、浙江省、福建省、广东省、四川省、重庆市启动国家数字经济创新发展试验区创建工作。试验区启动以来，国家发改委、中央网信办会同相关方面强化顶层设计、加大支持力度，各试验区发挥主体作用加快推进试验区各项试验任务落地实施。

强化顶层设计和整体统筹。《国家数字经济创新发展试验区实施方案》明确了激活新要素、培育新动能、加强新治理、建设新设施“四个新”重点任务以及各试验区的重点试验内容，国家发改委、中央网信办还对各试验区制定的工作方案给予指导。

加大政策协同和支持力度。依托大数据部际联席会议等跨部门机制，国家发改委、中央网信办会同相关方面加强对试验区的建设指导，推进一批政策试点、设施试点、应用试点、专项工程等优先在试验区域落地。[2] 如中央网信办等十六部门确定的 15 个综合性国家区块链创新应用试点有 6 个来自试验区，特色领域国家区块链创新应用试点除“区块链 + 审判”外，其他特色领域试点在试验区均有布局。

试验区发挥主体作用加速推进。一是各试验区落实相关战略部署，加快出台地方性法规及配套政策。二是建立健全省级层面统筹协调和工作推进机制。如广东成立省推进国家数字经济创新发展试验区建设领导小组，统筹推进试验区建设工作。三是落实清单制度和责任制度。如福建《国家数字经济创新发展试验区（福建）工作方案》附 22 项任务清单和 32 项成果清单，并明确牵头单位和完成时间，确保试验取得积极成效。四是强化动态跟踪和督促落实。如福建实施分年度工作计划，每季度开展评估评价，并提出建立健全数字经济运行监测评估机制，加强产业发展态势分析。五是重视人才要素支撑。各试验区均把人才作为要素保障的重中之重，加强人才的引进与培育。如福建将数字经济人才列入全省紧缺急需人才引进指导目录；广东鼓励高校和重点龙头企业采用“五业联动”的职业教育发展新机制，开展订单制、现代学徒制等多元化人才培育模式，打造“数字工匠”。

2. 广东：数字经济创新发展引领者和开创者

广东依托自身在技术、经济和人才方面的综合优势，加快新型基础设施建设，全方位布局数字技术、数字产业、数字化转型和数据要素等领域，打造具有全球影响力的数字经济高地。2021 年，广东数字经济规模达 5.9 万亿元，稳居全国首位，数字经济占 GDP 比重达 47.5%，[3] 数字经济已成为引领广东经济高质量发展的新动能。

强化数字经济发展顶层设计。2021年广东发布《广东省数字经济促进条例》，是“十四五”期间全国第二个省市的地方性法规。2022年7月，广东发布《广东省数字经济发展指引1.0》，成为全国省级层面首个推动数字经济发展的指引性文件。

加快推进新型基础设施建设。一是加速构建高速、泛在、融合的基础网络设施。截至2021年12月底，广东已建成5G基站17.1万个，居全国首位。[4]工业互联网标识解析国家顶级节点（广州）已接入二级节点达34个，涵盖25个重点行业，接入企业5，448家。[5]粤港澳量子通信骨干网一期工程（广佛肇量子安全通信示范网）建设取得里程碑式进展。二是打造协同高效的计算存储设施集群。广东获批启动建设全国一体化算力网络粤港澳大湾区国家枢纽节点，并在韶关高新区设立数据中心集群。三是推动传统基础设施数字化、智能化升级。广东积极推进交通、生态环境、水利、邮政、应急等领域基础设施的数字化改造，如《广东省数字交通“十四五”发展规划》提出全面推进数字交通建设。

加快探索数据要素市场化配置改革。近年来，广东数据要素市场化配置改革提速。制定了《广东省公共数据管理办法》《广东省公共数据开放暂行办法》等一系列基础制度；加快推进国家公共数据资源开发利用试点工作，启动公共数据资产凭证试点，在深圳市南山区设有数据要素统计核算试点；全省“摸清了数据家底”，公共数据资源普查工作已基本完成。另外，还支持推进了粤港澳大湾区大数据中心立项，启动珠海横琴粤澳深度合作区先进智能计算平台（三期）、国际互联网数据专用通道等数据新型基础设施项目建设。出台《广东省数据要素市场化配置改革行动方案》，提出了多项制度性创新举措。印发实施《广东省企业首席数据官建设指南》，在全省范围内推广企业首席数据官建设，推动数据价值的深度挖掘和广泛应用。

加快推动数字产业化发展。广东出台半导体及集成电路、智能机器人、区块链与量子信息、新一代信息技术、数字创意、软件与信息服务、超高清视频显示等产业集群发展行动计划，深入推进“广东强芯”工程、核心软件攻关工程、显示制造装备璀璨行动计划，加快打造我国集成电路第三极。广东电子信息制造业规模连续31年居全国第一，5G基站、光纤用户数、4K电视产量等均居全国前列。[6] 以新兴产业区块链为例，截至 2021 年年末，广州和深圳两市的区块链相关企业总计达 39643 家。[7]

加快推动制造业数字化转型。广东出台《广东省制造业数字化转型实施方案（2021—2025 年）》《广东省制造业数字化转型若干政策措施》《广东省产业集群数字化转型工程实施细则 2022 年》等一系列文件，着力推动新一代信息技术与制造业的融合发展。截至 2022 年 6 月底，广东累计推动 2.25 万家规上工业企业运用工业互联网数字化转型，带动 65 万家中小企业“上云用云”。[8] 广东加快推进工业互联网平台体系建设，重点培育了华为、富士康、树根互联、腾讯、美云智数、华润数科 6 家企业成为国家级跨行业跨领域工业互联网平台，数量居全国第一。

加快推动数字政府改革。广东将数字政府建设作为全省创造型引领型改革的首项任务，依托数字政府建设，全面深化政务服务“一网通办”。广东政务服务网“一件事”主题集成服务已拓展至 10954 个，网办率超 94%；持续推进泛珠跨域通办，超 1280 项服务可跨区域在线办理；推出全国首个省级政务服务平台“视频办”服务专区，线上线下深度融合，为企业群众提供办事咨询、网办辅导、业务受理全流程服务。[9] 同时，广东不断创新打造数字政府标志性成果，持续提升粤省事、粤商通、粤政易、粤省心、粤智助等“粤系列”平台服务能力。

3. 浙江：数字经济综合竞争力领先全国

浙江以数字化改革为引领，深入实施数字经济“一号工程”，全面深化试验区建设，数字经济发展势强行稳，已成为推动全省经济高质量发展的硬核支撑。2021 年，浙江数字经济增加值达 3.57 万亿元，居全国第四；占 GDP 比重达 48.6%，居全国各省（区）第一；数字经济核心产业增加值达 8348.3 亿元，居全国第四。[10]

加快推进数字化治理。浙江以数字化改革为引领，省域数字治理能力和治理现代化水平走在全国前列。“掌上办事”“掌上办公”“掌上治理”之省建设成效显著，“浙里办”“浙政钉”成为标志性成果，全省依申请政务服务事项“一网通办”率达到 85%。全省加码城市大脑建设，杭州城市大脑为全国提供数字化治理样板。数字抗疫贡献浙江智慧，首创“健康码”并面向全国推广。率先出台数字经济促进条例、公共数据条例、电子商务条例；率先设立杭州互联网法院；率先制定平台经济监管20条；率先制定数字经济核心产业统计体系，浙江在推动数字经济治理体系变革、构建数字经济新型生产关系中加快形成“浙江模式”。

加快探索数字经济系统建设。浙江率先探索“产业大脑+未来工厂”融合发展新路径，数字经济系统构架基本成型，打造了智造荟、关键核心技术攻关在线、对外贸易应用、金融综合服务应用等一批重大应用，获评省级最佳应用8个，“企业码”“知识产权在线”等应用得到中央部委肯定，“政采云”等应用走出浙江、走向全国。加快推进30个细分行业产业大脑建设，化工、电机、数控机床等10个行业大脑上线运行，形成理论成果122项、制度成果181项，有力推动经济领域数字化改革逐步深化。

加快推动数字产业化发展。加快建设数字科技创新中心，杭州城西科创大走廊成为浙江创新策源地，之江实验室纳入国家实验室体系，西湖大学获批全国首个未来产业研究中心。深入实施“鲲鹏行动”“启明计划”等人才工程，数字经济人才净流入率全国第一。加快培育数字产业集群，2021年，浙江规上电子信息制造业营业收入达到15916亿元，软件业务收入达到8303亿元，稳居全国第三、第四；数字安防和网络通信、集成电路、高端软件、智能计算、智能光伏、数字内容6大千亿级数字产业集群在数字经济核心产业中主导地位明显。截至2021年，浙江拥有年营收超千亿级数字经济企业2家、超百亿企业45家，头部企业引领数字经济创新发展态势明显。全省打造省级数字经济特色小镇33家、数字经济“万亩千亿”产业新平台13家，成为数字产业集聚发展主阵地。

全面推动产业数字化转型。浙江利用数字化新技术、新理念，全方位、全链条改造制造业、服务业、农业，产业数字化水平连续三年位居全国第一。制造业数字化转型步伐加快，累计培育省级工业互联网平台285家、未来工厂32家、上云企业47万家，打造了中小企业数字化转型“兰溪模式”。服务业数字化加速升级，网络零售额突破2.5万亿元，稳居全国第二，跨境电商综试区实现省域全覆盖；品质消费普及普惠体系加快构建，数字生活新服务指数居全国第一。智慧农业亮点纷呈，县域数字农业和农村发展总体水平连续三年位居全国第一。

稳步推进“数字长三角”建设。沪苏浙皖合力推动国家算力枢纽长三角节点及长三角工业互联网安全监测与态势感知平台建设。沪苏浙签订《长三角生态绿色一体化发展示范区公共数据“无差别”共享合作协议》，推动两省一市跨省域公共数据资源共享共用，并积极探索长三角区域数据标准化体系及法人库、规划数据标准等跨域数据标准建设，积极支持跨省域数据标准在示范区先行先试。[11]沪苏浙联合印发《关于在长三角生态绿色一体化发展示范区加快数字经济发展推进先行先试的若干举措》，合力打造数字化转型发展先行区。沪苏浙皖制定《三省一市共建长三角科技创新共同体行动方案（2022—2025 年）》，推动科技成果跨区域转移转化。

4. 四川：西部地区数字经济发展领头羊

四川贯彻落实国家数字经济战略部署，统筹组织、协同推进，以省级示范区辐射带动全省数字经济发展。2021 年，四川数字经济核心产业增加值 4012 亿元，同比增长 21.5%，其中示范区所在 11 个市占比超过 90%，同比增长 23.3%、高于全省 1.8 个百分点。[12]四川数字经济呈现均衡发展特征。[13]

加快构建新型基础设施。四川建成 5G 基站超 7.7 万个，位居西部第一，全省在用数据中心规模超过 21.5 万机架，全国一体化算力网络成渝国家枢纽节点已启动建设。国家超算成都中心纳入国家超算体系，国家新一代人工智能创新发展试验区加快建设，“蜀信链”区块链服务基础设施全面接入国家“星火·链网”超级节点。

稳步推进数字产业化和产业数字化。四川印发《四川省“十四五”数字经济发展规划》，配套编制《四川省“十四五”软件与信息服务业发展规划》《四川省“十四五”信息安全产业发展规划》《四川省“十四五”存储产业发展规划》等产业发展规划，推动全省“芯屏存端软智网”数字经济核心产业加快发展。2021 年，四川电子信息产业营业收入 1.46 万亿元，同比增长 18.9%。组建国家级先进存储实验室，发展天宫自主品牌产品，加快打造全球“存储谷”。印发《四川省数字化转型促进中心建设实施方案》《关于支持四川省数字化转型促进中心建设的政策措施》等文件，推进产业数字化转型。目前，四川已首批认定 12 家四川省数字化转型促进中心。

全面提升数字化治理服务水平。四川数字政府建设全面推进，打造“天府通办”四川政务服务品牌，办理政务服务事项 1.39 亿件，群众满意率 99.99%。成都超大城市智慧治理初步形成“11153”（一个“城市大脑”、一个数据资源中心、一套智能基础设施、五大智能化应用体系、三个支撑体系）智慧城市架构，以数据赋能理念打造智慧治理中心，将政府、企业和社会数据等各类数据叠加到城市运行态势一张图上，赋能城市运行“一网统管”，成都荣获“2021 世界智慧城市大奖·宜居和包容大奖”全球冠军。内江隆昌市、成都大邑县、宜宾兴文县、泸州纳溪区入选国家数字乡村试点，涌现出一批数字乡村建设典型案例。

持续优化数字经济发展环境。成渝地区获批建设工业互联网一体化发展国家示范区，川渝数字经济加快协同。成德眉资四市加快科技创新协同、生产力一体化布局，共建高效畅享智慧都市圈。“万达开”川渝统筹发展示范区从 10 个方面开展数字经济领域合作。四川设立 60 亿元数字经济发展基金，加快培育新产业新业态新模式。

5. 工作成效及展望

三年来，6 个试验区围绕重点试验内容积极探索、扎实推进，数字经济竞争力走在全国前列，并在激活新要素、培育新动能、加强新治理、建设新设施“四个新”重点任务方面取得了积极成效。从总体规模看，6 个试验区数字经济增加值都均已超过 1 万亿元；从经济贡献看，浙江、福建、广东、重庆等试验区数字经济 GDP 占比超过全国平均水平；从发展速度看，重庆、四川、浙江等试验区数字经济增速超过全国平均水平。在试验区建设的带动下，我国数字经济在规模总量、GDP 占比、特色亮点、竞争能力等方面取得长足进步。

2022 年 1 月，国务院印发《“十四五”数字经济发展规划》，从顶层设计上明确了我国数字经济发展的总体思路、发展目标、重点任务和重大举措。“十四五”时期，我国数字经济发展将转向深化应用、规范发展、红利释放的新阶段，与此同时也面临着“战略机遇期、起步拓展期、交织发展期、矛盾凸显期”相互叠加的基本形势，企业数字化转型基础不牢、关键核心技术仍然落后、数据资源治理制度梗阻明显。展望未来，要以国家数字经济创新发展试验区为载体，加快数字经济关键领域先行先试与探索，疏通我国数字经济政策障碍和难点堵点。同时，要加强试验区建设情况绩效评价，全面总结试验区典型经验与创新实践，并将成熟经验向全国范围推广。

6.2 国家数字服务出口基地

1. 工作背景及推进措施

2019 年 11 月，中共中央、国务院印发了《关于推进贸易高质量发展的指导意见》（以下简称《指导意见》），首次提出加快数字贸易发展，推进文化、数字服务、中医药服务等领域特色服务出口基地建设。为贯彻落实《指导意见》关于加快数字贸易发展、推进数字服务出口基地建设的要求，商务部、中央网信办、工业和信息化部联合开展了国家数字服务出口基地创建工作。2020 年 4 月，三部委共同认定中关村软件园等 12 个数字服务出口基础良好、有较强竞争力和影响力的园区为首批国家数字服务出口基地。基地启动建设以来，商务部等国家部委、地方政府以及基地多方积极行动，合力推动基地创新发展、先行先试。

不断完善工作机制与顶层设计。商务部、中央网信办、工业和信息化部组织各基地结合自身特点和优势制定了建设方案，并成立国家数字贸易专家工作组，为基地建设提供智库支撑。2021 年 11 月，商务部等 10 部门印发《关于支持国家数字服务出口基地创新发展若干措施的通知》（以下简称《通知》），细化提出 12 项具体举措，加力推动基地创新发展。

地方政府多措并举推动基地发展。四川省商务厅、经信厅等 15 个部门联合制定《四川省推动国家数字服务出口基地创新发展工作方案》，从加快新型数字基础设施建设、培育壮大数字贸易主体、促进数字贸易产业成链、完善数字贸易要素保障、优化数字贸易发展环境等五个方面推动基地加快建设。广东省委深改委部署出台《关于支持广州市天河中央商务区建设“四个出新出彩”示范区的行动方案》，汇集 17 个领域的支持措施；广州市每年给予天河中央商务区一定资金支持。此外，基地还享受所在地自贸试验区、自由贸易港、服务业扩大开放综合试点等政策红利。

基地围绕重点任务积极探索。各基地充分发挥积极性、主动性，在数字产业培育、平台载体、公共服务、国际合作、数据跨境流动、体制机制等方面持续开拓创新。如天津经开区制定出台《经开区2022年数字经济攻坚行动方案》，开展数字服务载体强化行动、数字基础设施升级行动、数字关键技术突破行动、数字应用场景拓展行动、数字治理能力提升行动五大攻坚行动，持续推动区域数字产业化和产业数字化发展，[14]天津经开区还成立了由经开区主要负责同志担任组长的数字经济发展领导小组，保障攻坚行动的顺利实施。

2. 中关村软件园：具有国际视野的数字服务产业集群

中关村软件园承担着国家数字服务出口基地、国际信息产业与数字贸易港、数字贸易试验区等数字领域制度型开放“试验田”的历史使命。中关村软件园以打造具备国际竞争力的数字产业高地为目标，完善基础设施、打造创新服务平台、整合资源和要素、对接国际高标准自由贸易协定规则，高起点推动数字经济产业和数字贸易的发展。

推进新型基础设施建设，打造智慧园区标杆。为满足数字贸易企业的新需求，园区不断建设完善新型信息基础设施以及共性技术支撑体系，全面部署了5G网络，建成了较为完备的数据中心和融合通信中心，建设了云服务平台、IPv4 – IPv6交换平台、信息安全平台、协同开发平台等一系列应用平台，建设了园区大数据分析应用与园区服务管理平台。

积极打造数字经济产业集群，在关键领域具有高度的产业话语权和技术主导权。中关村软件园是中关村示范区新一代信息产业高端专业园区，在大数据、云计算、5G、工业互联网等数字经济重要领域，在量子科学、区块链、人工智能等数字经济前沿领域，都形成了全国领先的产业集群和产业生态，汇聚了包括腾讯、联想、百度、新浪、亚信等企业在内的745家国内外知名IT企业总部和全球研发中心，其中上市公司70家，收入过亿企业90家，数字服务企业占比超过九成。中关村软件园搭建了北京量子信息科学研究院、北京计算科学研究中心等一批新兴数字技术的联合研发和生态孵化平台，探索出一批面向数字贸易的新场景、新业态、新模式，在关键领域具有高度的产业话语权和技术主导权，[15]涌现出“知识增强的跨模态语义理解关键技术及应用”“长寿命超导量子比特芯片”“相位量子态与时间戳量子态混合编码量子通信系统”等颠覆性技术成果。

推动数字贸易重点领域政策创新，探索数据安全有序流动。中关村软件园作为北京打造数字贸易试验区的三大区域之一，在推动数字贸易重点领域政策创新方面取得显著成效。立足中关村软件园，北京推动数字证书、电子签名等的国际互认，试点数据跨境流动，建设国际信息产业和数字贸易港，探索建立以软件实名认证、数据产地标签识别为基础的监管体系。[16] 2022 年 7 月，园区举办《数据出境安全评估办法》专家研讨会，成为园区探索推动数据跨境流动的重要举措。

以平台搭建为驱动，打造开放交流体系。园区积极打造开放多元的合作交流平台体系，组织“创新之源”“中关村软件园大讲堂”等产业硬核活动，创办跨界融合品牌盛会“科技向北”。依托中关村海外创新中心和中国国际服务贸易交易会、中关村论坛等大型活动，推动数字经济企业“引进来”“走出去”。园区还发起、参与多个行业发展类、国际合作类、专业服务类的社会组织，北京数字贸易协会不断发展壮大。园区设立海外分支机构近 300 家，促进园区内外的企业聚焦“一带一路”等关键区域，进行商业、技术、市场的合作和对接。

打造全方位人才服务，支撑产业可持续发展。园区以产业发展为导向，把人力资源作为数字经济发展的首要动能。在人才培养服务方面，围绕产业人才需求，不断深化与高校和企业的合作，构建了长周期的院校合作、专业共建与短周期的集中式、案例式人才培训有机结合的人才培养模式。在人力资源服务方面，成立“中关村英睿大信息产业人力资源服务联盟”，聚焦大信息产业领域人才服务，打造人才交互平台、政企对接平台、就业指导平台、HR 公共服务平台、HR 综合数据平台五大服务体系，多维度为大信息产业人力资源发展提供系统化服务。

深化区域产业合作，辐射带动周边地区产业发展。园区积极探索推进中关村“走出去”战略，在京内与通州、石景山、亦庄、平谷等区县开展合作，注入产业服务能力和资源，激活当地产业要素，形成跨区联动的科技产业生态。在加强市内区域合作和产业布局的同时，与开封、太原、呼和浩特、景德镇等地自贸试验区、文化出口基地等加强联动，共建人才培养等项目孵化基地，通过示范带动和合作开发等方式提升其他地区的产业发展能力。

3. 杭州高新区（滨江）物联网产业园：唯一获批的特色产业小镇

滨江物联网产业园落实国家数字服务出口基地建设，推进实施“618”计划，已形成数字产业集群、人才集聚、创新创业生态等核心优势。园区发力数字服务贸易，在提升贸易便利化、推进创新项目先行先试、打造数字服务产业生态圈等方面取得显著成效。

大力发展数字产业，打造数字产业集群优势。园区以物联网产业为主导，大力发展云计算、大数据、移动互联网、信息安全及先进传感设备、核心元器件制造等数字产业，形成了一批高精尖数字经济产业链，集聚了一批具有国际竞争力和行业领导力的数字服务领军企业，形成了国家战略支撑力和行业竞争力的千亿级数字产业集群。目前，园区拥有上市企业 16 家，世界 500 强企业及其投资项目 15 个，中国 500 强、中国民营 500 强企业 4 家，国家高新技术企业 185 家。2021 年，园区实现营业收入 2580.91 亿元，同比增长 14.7%，服务贸易出口 22.8 亿美元，其中软件和信息技术服务出口占比 87%。[17]

着力高端人才培养，形成高端人才集聚优势。园区推进国际人才交流，与巴塞罗那“明日之城”平台签订战略合作协议并联合发布“人才吧”计划。鼓励园区创新主体主动对接高校资源建立联合实验室、设立博士后工作站和联合培养研究生等。目前，园区拥有各类创新创业人才近 9 万余人，国家、省级人才工程入选专家 33 人，诺贝尔奖获得者、院士等专家 13 人，浙江省领军型创新创业团队 5 个。

建设高能级创新平台，打造创新创业生态优势。园区积极强化“众创空间—孵化器—加速器”孵化链条建设，引进移动 5G 联合创新中心、电信 5G 创新中心等创新载体，浙江省西子区块链研究院、江之恒网络安全研究中心等技术研发中心。鼓励安恒信息等 15 家单位共同发起“杭州数据安全联盟”。园区创新基础设施不断巩固，创新能力不断提升。目前，园区拥有市级以上孵化器、众创空间 13 家，其中国家级孵化器、众创空间 2 家，省级孵化器、众创空间 6 家。

以数字赋能促改革，全面提升贸易便利化水平。一是全面推进“数字自贸 3T 创新综合体”建设。围绕浙江省数字化改革工作，在浙江省商务厅指导下形成具有数字贸易、数字治理、线上展示、跨境链接等核心功能的创新场景应用。二是“多跨协同”的数智通关平台列入浙江省数字经济系统揭榜挂帅项目。通过贯通、整合海关“单一窗口”、商务部“统一信息平台”、浙江省商务厅“订单+清单”系统等各级数据与资源，为企业提供跨境电商9710/9810申报、通关可视化、通关数字化等功能为一体的通关数据便利化服务。三是打造高能级交流平台数字“云客厅”。搭建省级应用项目“浙里探馆”数据中枢，推进内外贸一体化、线上线下紧密结合的创新“云展会”场景应用。

以改革创新为抓手，加快推进创新项目先行先试。一是资金要素流动更加便捷。园区用足用好国家贸易外汇收支便利化试点，在浙江省商务厅的支持和浙江省外管局的指导下突破外汇收付量“1亿美元以上”门槛，在园区范围先行先试形成“浙江实践”。目前，共有18家园区企业纳入试点名单，为企业缩减80%付汇时间，缩短20%收汇时间。积极推动服务贸易纳入“单一窗口”管理相关工作，目前园区企业已成功在“单一窗口”平台申请退税。二是金融创新畅通资金要素循环。充分发挥自贸区的政策红利，4家自贸支行落地园区，推出NRA不落地结汇、本外币合一银行账户等服务。2021年，累计开立NRA账户62户，累计发生业务金额16.89亿美元。

着力推动数字贸易，构建数字产业最优生态圈。一是搭建国际化数字贸易生态体系。在浙江省商务厅的支持指导下，园区主动融入“一带一路”“RCEP”“东盟”等国家战略，借以浙江服贸会云展会为契机，连续两年参加泰国智能物联专场云展会，协办并参与浙江省商务厅“服务RCEP落地共享全球发展新机遇”启动仪式。二是共建长三角数字服务高质量一体化。2020年12月，园区与上海、南京、合肥三地基地联合签署《长三角四基地共建数字服务高质量一体化发展战略合作协议》。2021年12月，长三角物联网产业链共同体成立并挂牌在园区。三是深化知识产权改革创新。开展全国首批基于区块链存证的数据知识产权质押业务，助力2家企业获得质押贷款。长三角唯一的中国物联网产业知识产权运营中心落地园区。

4. 广州市天河中央商务区：唯一获批的中央商务区

天河中央商务区是广州的核心经济引擎和城市名片，汇聚了超过120家企业总部，超200家世界五百强企业，经济总量超过3000亿元，[18]是唯一获批国家数字服务出口基地的中央商务区。

加强统筹协调和系统谋划，增强发展动力。天河中央商务区广州人工智能与数字经济试验区被纳入广东自由贸易试验区广州联动发展区，未来将享受更多政策红利。广东省委深改委出台《关于支持广州市天河中央商务区建设“四个出新出彩”示范区的行动方案》（以下简称《行动方案》），强化天河中央商务区核心引擎功能。

打造数字服务产业生态，以“数字+”推动产业出新出彩。广东依托珠江三角洲国家大数据综合试验区、粤港澳大湾区国际科技创新中心、新一代人工智能开放创新平台以及相关国家、省重点实验室，推动数字技术创新集聚发展。目前，天河中央商务区拥有数字服务类企业近2万家，形成数字创意和数字贸易两大总部集群，汇聚了酷狗音乐、荔支网络、三七互娱等龙头数字服务贸易总部企业。[19]《行动方案》对天河中央商务区以“数字+”推动产业出新出彩作出部署，以实现对粤港澳大湾区乃至世界的产业引领。

加大配套支持措施，鼓励发展数字服务出口。广东用好用足现有政策资源，对符合条件的数字服务出口企业和项目给予配套支持，如广州每年支持数字服务出口基地300万元，并安排资金支持重点企业公共平台建设、国际资质认证、开展交流促进、进行人才培训等。组织基地企业参加“京交会”“文博会”、香港资讯展等大型展会，举办文创产业大会·天河峰会、广州乞巧文化节、尚天河文化季等国际文化交流活动，帮助文化企业拓展国内外市场，鼓励企业积极申报国家文化出口重点企业和重点项目。

强化资源要素保障，打造现代化国际化营商环境。广州天河多措并举强化天河中央商务区资源要素保障，制定专项人才政策，每年投入1.64亿元资金重奖人才，创新开展中英金融人才教育培训，与英国国际贸易部合作举办多期专题培训班，构建“党建+法律服务+营商环境”融合模式，建立“天河金融”投融资对接工作机制，粤港澳大湾区国际商务与数字经济仲裁中心落地天河中央商务区并正式揭牌。《行动方案》提出实施营商环境对标行动，推动天河中央商务区现代化国际化营商环境出新出彩。

5. 工作成效及展望

国家数字服务出口基地在商务部、中央网信办、工业和信息化部等国家部委，地方政府以及基地多方共同推动下，数字贸易主体持续壮大、新型基础设施建设加快推进、数字贸易要素保障不断完善，数据跨境流动、数字服务出口统计体系等加快试点与探索，基地创新发展取得了积极成效。国家数字服务出口基地作为我国数字服务出口的重要载体，对统筹推进疫情防控常态化和经济社会发展、拓展对外贸易、推动数字技术与服务贸易深度融合、培育数字服务新业态新模式、实现贸易高质量发展发挥了重要作用。

国家数字服务出口基地获批至今，仅有两年之余，《通知》明确的支持措施即是基地未来的重点突破任务。目前，还有不少重点任务尚处于探索阶段，应进一步加强对基地建设的支持和指导，加快推进有关政策举措落实落地。各基地要主动作为，持续推动数字技术与服务贸易的深度融合，培育数字服务新业态新模式。当前，我国正加快推进高水平对外开放，各基地需在对接全球高水平经贸规则方面承担更多先行先试任务。一方面，基地要更好把握《区域全面经济伙伴关系协定》（RCEP）落地实施带来的市场开放机遇，对标落实 RCEP 经贸规则，在推动贸易自由化便利化，构建制度化、服务化和市场化的营商环境等方面加快实践；另一方面，在我国持续推进《数字经济伙伴关系协定》（DEPA）、《全面与进步跨太平洋伙伴关系协定》（CPTPP）加入进程的关键时期，基地要在数据跨境流动、数据知识产权保护等方面加快创新探索，为构建数字规则“中国模板”、增强我国数字经济的国际话语权作出贡献。

6.3 国家新一代人工智能创新发展试验区

1. 工作背景及推进措施

新一代人工智能是以大数据为核心驱动的人工智能，具有深度学习、跨界融合、人机协同、群智开放和自主智能等诸多新特征。2017 年 7 月，国务院印发了《新一代人工智能发展规划》（国发〔2017〕35 号），成为我国人工智能领域首个系统性部署文件。为充分发挥各地方主体作用，2019 年 8 月，科技部印发了《国家新一代人工智能创新发展试验区建设工作指引》，明确到 2023 年布局建设 20 个左右国家新一代人工智能创新发展试验区，依托地方开展人工智能技术示范、政策试验和社会实验。自 2019 年以来，北京、上海、天津、深圳、杭州、合肥、德清县、重庆、成都、西安、济南、广州、武汉、苏州、长沙、郑州、沈阳等地陆续入选，并率先开展了一系列实践探索。

开展人工智能技术应用示范。为解决人工智能重大应用和产业化问题，2022 年 7 月，科技部等六部门印发了《关于加快场景创新以人工智能高水平应用促进经济高质量发展的指导意见》（国科发规〔2022〕199 号），旨在以推动场景资源开放、提升场景创新能力为方向，加速人工智能技术攻关、产品开发和产业培育。同年 8 月，科技部进一步印发了《关于支持建设新一代人工智能示范应用场景的通知》（国科发规〔2022〕228 号），围绕构建全链条、全过程的人工智能行业应用生态，在智慧农场、智能港口、智能矿山、智能工厂、智慧家居、智能教育、自动驾驶、智能诊疗、智慧法院、智能供应链等领域率先建设示范应用场景，加快推进人工智能与实体经济深度融合，促进人工智能在社会民生领域的广泛应用[20]。

开展人工智能政策试验和社会实验。2017 年 11 月，科技部、发改委、财政部等 15 部门联合成立了新一代人工智能发展规划推进办公室。为加强人工智能法律、伦理、社会问题研究，新一代人工智能发展规划推进办公室专门设立了国家新一代人工智能治理专业委员会。2019 年 6 月，专业委员会发布了《新一代人工智能治理原则——发展负责任的人工智能》，提出了人工智能治理的框架和行动指南。同年 9 月，专业委员会经过专题调研、集中起草、意见征询等环节，结合当前社会各界有关隐私、偏见、歧视、公平等伦理关切，进一步发布了《新一代人工智能伦理规范》，提出了增进人类福祉、促进公平公正、保护隐私安全、确保可控可信、强化责任担当、提升伦理素养等 6 项基本伦理要求，以及人工智能管理、研发、供应、使用等特定活动的 18 项具体伦理要求，为从事人工智能相关活动的自然人、法人和其他相关机构等提供了伦理指引[21]。

推进人工智能基础设施建设。各试验区以促进人工智能与经济社会发展深度融合为主线，持续加强网络基础设施、大数据基础设施、计算基础设施建设，提升传统基础设施的智能化水平，形成了支撑新一代人工智能广泛应用的基础设施体系。为充分发挥人工智能行业领军企业、研究机构的引领示范作用，2019 年 8 月，科技部印发了《国家新一代人工智能开放创新平台建设工作指引》（国科发高〔2019〕265 号），进一步推进国家新一代人工智能开放创新平台建设，推动公共数据安全有序开放，强化人工智能研发创新的基础条件支撑。

2. 杭州：率先形成“人工智能 + 实体经济”融合示范

近年来，杭州市充分发挥学科建设、平台布局、人才集聚、产业发展等方面的基础优势，持续深化人工智能技术在城市管理、智能制造、智慧金融等领域的应用。通过一系列改革创新举措，积极探索符合国情的人工智能治理模式与路径，在全国 18 个创新发展试验区中位列第一梯队。

优化政府管理机制与政策顶层设计。为加快推动试验区建设工作，杭州市专门设立了国家新一代人工智能创新发展试验区建设领导小组，负责统筹协调试验区建设规划及重大事项，并在杭州市科技局设立领导小组办公室和工作专班，具体负责试验区建设相关工作。同时，杭州市还成立了新一代人工智能战略咨询专家委员会，加强对试验区建设的决策支持。2019 年 12 月，杭州市委办公厅、市政府办公厅制定出台了《杭州市建设国家新一代人工智能创新发展试验区行动方案》，同步印发了《杭州市建设国家新一代人工智能创新发展试验区若干政策》，从基础研究、技术攻关、平台打造、融合应用、产业培育、人才引育、生态营造、空间优化、体制创新等方面加快推动试验区建设。

强化人工智能关键技术研发及标准化建设。近年来，杭州市探索建立了关键核心技术攻关倒逼、引领、替代及转化“四张清单”机制，积极推行“揭榜挂帅”“赛马制”等攻关模式，开展了杭州市人工智能重大科技攻关，支持企业、科研院所承担国家及浙江省“科技创新 2030 – 新一代人工智能重大项目”“尖兵、领雁”等重点研发计划。杭州市科技局等相关政府部门持续推动开源开放平台建设，重点支持了阿里云“城市大脑”、之江实验室“天枢”、海康威视“视频感知”、同盾科技“智能金融风控国家新一代人工智能开放创新平台”的创新发展及开源功能拓展。另外，根据国家标准化管理委员会、中央网信办、国家发改委、科技部、工信部等五部门《国家新一代人工智能标准体系建设指南》（国标委联〔2020〕35 号）要求，杭州市还着力推动行业领军企业等创新主体参与相关技术标准的制定，如：由中国超高清视频产业联盟（CUVA）组织制定，当虹科技参与起草的《高动态范围（HDR）视频技术（第2-1部分：应用指南系统集成）》正式实施；之江实验室主持、主导5项国际标准和7项国家行业标准。

完善人工智能安全治理与风险防控。为加快实现数字治理法治化进程，杭州市政府积极开展法律法规及相关标准制定工作，聚焦城市大脑建设、公共数据安全管理，出台了《杭州城市大脑赋能城市治理促进条例》《杭州市公共数据安全管理暂行办法》，发布了《个人健康信息码》系列国家标准、《社会治理要素统一地址规范》及政务数据管理地方标准。在此基础上，杭州市政府还积极推动科研院所、数据安全企业充分发挥技术优势，发展人工智能在数据采集和算法设计等基础技术、产品开发、平台支撑性技术、场景应用中配套的安全产品与安全服务。浙江省首个"数据安全实验室"落户杭州，聚焦数据安全领域开展检测评估、安全审计、标准制定等专业技术和研究工作。2021年3月，在杭州市数据资源管理局的指导下，由15家数据安全产业相关的企业单位和科研院校共同发起设立了"杭州数据安全联盟"，旨在强化网络安全体系建设及数据全生命周期安全管理。

3. 武汉：加快成为人工智能试验区"领头雁"城市

自2020年武汉市成功入选国家新一代人工智能创新发展试验区以来，武汉市政府充分发挥地区人工智能领域的科技资源、产业发展和高端人才优势，着力促进人工智能与经济社会发展深度融合，积极打造国家新一代人工智能创新发展试验区"领头雁"城市。

加强人工智能政策与资金支持。为加快营造有利于人工智能发展的政策环境，武汉市印发了《武汉国家新一代人工智能创新发展试验区建设方案》（武办文〔2020〕59号），设立了由市委书记、市长牵头挂帅的试验区建设工作领导小组。在此基础上，于2021年进一步出台了《武汉国家新一代人工智能创新发展试验区建设若干政策》（武政规〔2021〕1号）。同时，武汉市政府还持续加大资金支持力度，将人工智能领域作为武汉市科技重大专项支持重点，安排资金超过1亿元，支持车规级高性能自动驾驶芯片、12英寸RF-SOI芯片、高速光通信用半导体激光器芯片和三维影像导航手术机器人等核心关键技术研发。组织实施武汉市人工智能创新专项，支持在汉人工智能企业围绕计算机视觉、多模态融合、自然语言处理、智能芯片、自主无人系统等关键领域开展技术创新，已完成安排资金 1100 万元。

强化人工智能基础设施及创新平台建设。武汉市政府部门持续推动人工智能计算中心二期建设，建成及在建数据中心机架数达 12 万个，累计建成 5G 站点 33954 个，人工智能算力扩容至 200P。武汉市还积极打造人工智能生态创新中心，着力构建公共算力服务平台、应用创新孵化平台、产业聚合发展平台和科研创新人才培养平台。目前，武汉人工智能生态创新中心已对接该地区人工智能领域重点企业 130 余家。此外，武汉市政府还引导并支持华中科技大学获批建设国家机器人化智能制造基础科学中心、国家数字建造技术创新中心、国家智能设计与数控技术创新中心等国家级创新平台，推动武汉人工智能研究院和北京大学武汉人工智能研究院在东湖高新区落地，支持武汉理工大学与武汉经开区合作成立武汉人工智能与新能源汽车工业技术研究院。

推进人工智能典型应用场景建设。武汉市科技局积极组织实施人工智能应用场景“揭榜挂帅”行动，开展了人工智能竞争性、先导性应用场景试验，发布了“开放环境下的自动驾驶应用”“智能医疗产品及器械应用”和“人工智能技术在智能制造中的应用”等 3 项榜单，采取“揭榜挂帅”的方式遴选场景建设单位。截至 2022 年 8 月，已完成评审并对社会公示，计划于 2022 年底组织统一验收，对通过验收的揭榜单位给予 200 万元资金支持。围绕城市治理、惠民服务等民生领域，武汉市政府部门试点上线了 25 个应用场景，升级智慧养老服务场景功能，优化养老服务补贴、高龄津贴申办流程，加快区块链 + 电子处方流转数据联通，并对接九州通、马应龙、人福等药品销售企业，实现卫健、医保、市场监管部门系统打通，优化居民购药、取药服务。

4. 天津：积极打造人工智能应用创新先锋城市

自 2019 年 10 月成为全国首批获批建设国家人工智能创新发展试验区城市以来，为充分发挥本地人工智能算力和数据资源优势，天津市政府制定出台了《天津市建设国家新一代人工智能创新发展试验区行动计划》（津政办发〔2020〕21 号），围绕国家重大战略和区域经济社会发展需求，积极探索新一代人工智能发展的新路径新机制，在城市运行、产业升级等诸多领域形成了一批可复制、可推广经验。

促进人工智能重大应用场景落地。天津市充分发挥重大应用场景在加快人工智能创新发展中的重要引领作用，以企业为主体、以项目化和清单化方式，在产业升级、城市运营和社会治理领域形成了一批应用解决方案。截至2022年5月底，天津市已经围绕智慧城市、自主算力、智慧港口、车联网、智能制造、产业集群等6大领域建成20个重大典型场景，应用近30项人工智能技术，投入财政资金近2亿。

2022年6月24日，天津市科技局在“国家新一代人工智能创新发展试验区暨第四届工业互联网发展论坛”上又进一步发布了《天津人工智能试验区2021年十大典型应用场景》，旨在形成更多可复制、可推广的高水平人工智能应用解决方案[22]。

支持企业完善基础软硬件产业链条和应用环境。近年来，天津市科技局深入推进天津市新一代人工智能科技重大专项的实施工作，创新“揭榜+里程碑”等项目管理方式，积极开展国产基础软硬件兼容适配平台建设及应用。目前，基础软件领域国产麒麟操作系统已实现适配软件5269款、硬件6180款，桌面与服务器操作系统、云操作系统、嵌入式操作系统等取得诸多新进展；基础硬件领域已形成了基于飞腾平台的全栈生态，长城、浪潮、紫光等均已基于FT-2000+/64或腾云S2500构建了专用人工智能服务器；云平台与计算领域“天河智云”可面向智慧城市、智慧医疗、生物医药、材料、汽车、高端装备、石油等行业提供多元化的成熟解决方案，天河人工智能一体化平台可提供算力、算法和数据支撑环境，通过关键算法研发、功能软件研制与系统平台构建等跨层次、广范围的合作模式，形成新一代信息技术支撑服务解决方案。

积极构建人工智能开放实验室。依托《天津市建设国家新一代人工智能创新发展试验区行动计划》（津政办发〔2020〕21号），天津飞腾、云天励飞等25家人工智能头部企业联合成立了飞腾人工智能生态联合实验室。该实验室设有4个机柜的部署空间，已配置30余台专用飞腾平台人工智能服务器，搭载生态伙伴异构算力加速卡，致力于打造具有IaaS、PaaS、SaaS能力的全栈式人工智能云系统与服务，包括承载项目前期验证性测试，提供人工智能加速卡和应用算法适配基础环境。同时，天津市还按照科技部统一部署，与中国工程院共同建设了中国新一代人工智能发展战略研究院，在无人系统区域应用、智慧港口创新生态形态演化等方向开展社会实验研究，推动人工智能伦理、规范方面的学术研究与成果应用，支撑人工智能安全、可靠、可控发展。

5. 工作成效及展望

从当前各试验区建设情况来看，各试验区围绕人工智能技术应用示范、政策试验、基础设施建设等方面已经陆续开展了一批先行先试举措，初步形成了应用导向、场景驱动的发展生态，在人工智能基础理论和共性关键技术等方面取得诸多重要进展，无论是核心算法模型或是底层基础硬件和开发框架均有所突破。同时，依靠我国应用场景建设优势，人工智能技术向各行各业持续加速渗透，从前期探索式前进向纵深方向加快发展。

尽管如此，当前我国人工智能整体发展水平与世界领先国家相比仍存在一定差距。面向未来，试验区建设还应重点聚焦重大原创成果培育、科研机构和企业生态圈与产业链建设，以及适应人工智能发展的基础设施、政策法规和标准体系完善等方面持续发力，特别是在基础理论、核心算法以及关键设备、高端芯片、重大产品与系统、基础材料、元器件、软件与接口方面加快补齐短板，为实现人工智能关键核心技术突破、促进我国人工智能与经济社会发展深度融合、探索智能时代政府治理的新方式形成一批创新性成果与政策实践。

6.4 工业互联网示范区

1. 工作背景及推进措施

工业互联网是新工业革命的重要基础，是加快实现我国新旧动能转换的关键抓手。2017 年 12 月，习近平总书记在中共中央政治局就实施国家大数据战略进行第二次集体学习时指出，要深入实施工业互联网创新发展战略，系统推进工业互联网基础设施和数据资源管理体系建设。为深入贯彻落实习近平总书记重要指示批示精神和党中央国务院重要决策部署，加快实施工业互联网创新发展战略，2019 年 10 月，工信部正式批复支持建设长三角工业互联网一体化发展示范区。截至 2022 年 7 月，我国已有长三角、山东省、广东省、成渝地区、京津冀、湖南 6 个工业互联网示范区，为探索各具特色的工业数字化转型路径积累了宝贵的经验。

建立健全工业互联网发展的政策环境。2017 年 11 月，国务院发布了《关于深化“互联网先进制造业”发展工业互联网的指导意见》（2017 年第 34 号），成为指引我国工业互联网发展的首个纲领性文件。此后，工信部会同相关部门印发了《工业互联网发展行动计划（2018—2020 年）》，并聚焦工业互联网网络、平台、安全三大体系，陆续印发了一系列政策文件。例如，2018 年，工信部相继印发了《工业互联网平台建设及推广指南》（工信部信软〔2018〕126 号）、《工业互联网网络建设及推广指南》（工信部信管〔2018〕301 号）［2019 年，工信部联合教育部、应急管理部等十部门出台了《加强工业互联网安全工作的指导意见》（工信部联网安〔2019〕168 号）［2020 年，工信部进一步发布了《关于推动工业互联网加快发展的通知》（工信厅信管〔2020〕8 号）《工业互联网创新发展行动计划（2021—2023 年）》（工信部信管〔2020〕197 号）《工业互联网标识管理办法》（工信部信管〔2020〕204 号）等，为持续推动工业互联网创新发展营造了良好的政策环境。

加强工业网络基础及平台体系建设。近年来，为加快构建“统一管理、安全可靠、互联互通”的工业互联网标识解析体系，工信部综合考虑应用需求、网络分布、空间布局等因素，积极推进各级标识解析节点及其镜像节点，以及工业互联网标识解析备案、监测、应急、托管、保障、灾备等管理系统的建设和部署工作[23]。截至 2022 年 6 月末，我国工业互联网标识解析体系已基本建成，国家顶级节点日均解析量达到 1.5 亿次，二级节点覆盖全国 29 个省（自治区、直辖市）34 个重点行业[24]。同时，工信部及各示范区还持续引导并推动高质量工业互联网平台建设。2022 年 5 月，工信部遴选出 28 个跨行业跨领域工业互联网平台，其中：山东“卡奥斯 COSMOPlat”、北京“航天云网 INDICS”“用友精智”、深圳“WeMake”等示范区互联网平台纷纷入选。根据国家工业信息安全发展研究中心发布的《工业互联网平台应用数据地图（2021）》显示：2021 年，广东、浙江、江苏、山东、上海、北京、湖南、重庆和河北等工业互联网示范区所在地的平台应用水平集中位列全国前十位。

促进工业互联网与实体经济深度融合。为加快构建与实体经济深度融合的新型基础设施，工信部印发了《“5G + 工业互联网”512 工程推进方案》(工信厅信管〔2019〕78 号)。截至 2022 年 6 月末，全国“5G + 工业互联网”建设项目已累计超过 3100 个[25]。同时，工信部及各示范区还持续加强信息通信企业与工业企业的供需对接，组织开展了“百城千园行”等活动，积极推进工业互联网进产业基地、进产业园区、进重点企业。此外，工信部还会同相关部门聚焦重点行业协同推进工业互联网赋能行动，如聚焦轻工业领域，工信部等五部门发布《关于推动轻工业高质量发展的指导意见》(工信部联消费〔2022〕68 号)，专门围绕轻工业领域工业互联网建设及数字化转型展开了具体部署。

2. 长三角：工业互联网一体化建设示范区

作为全国首个工业互联网示范区，长三角制造业发展面临着迫切的数字化转型需求。对此，上海、江苏、浙江及安徽“三省一市”持续加强工业互联网共建合作，以技术为牵引、以机制创新为支撑，聚焦工业发展痛点、产业链运行堵点等问题，积极开展工业互联网创新驱动与融合应用示范，为推动区域建设世界级先进制造业集群提供了重要支撑。

探索政府间一体化合作机制。2020 年，“三省一市”各经信部门联合签署了《共同推进长三角工业互联网一体化发展示范区建设战略合作协议》，促进工业互联网区域协同发展。2021 年 3 月，四地通信管理局进一步发起设立了“长三角工业互联网标识一体化建设专班”，强化对工业互联网一体化发展的统筹规划和政策协调。同时，各地区也纷纷围绕一体化发展，加强工业互联网领域政策布局。例如，2021 年 8 月，浙江省经信厅印发了《长三角区域一体化发展信息化专题组三年行动计划（2021—2023 年)》(浙经信云计算〔2021〕121 号)，提出要加强跨区域分工协作，合力构建数字长三角；2021 年 9 月，安徽省印发了《安徽省工业互联网创新发展行动计划（2021—2023 年)》(皖政办秘〔2021〕82 号)，对网络基础、平台建设、推广应用等实施了具体部署。

推进工业互联网基础设施建设。近年来，四地政府部门加快推动国家工业互联网标识解析（上海）顶级节点以及长三角省市行业级节点建设和对接工作。同时，各地区还积极组织推进长三角工业互联网平台集群建设，加快布局了一批综合性、行业性和区域性工业互联网平台。例如，上海市于2020年6月印发了《推动工业互联网创新升级实施“工赋上海”三年行动计划(2020—2022年)》(沪府办〔2020〕38号)，提出建设20个具有全国影响力的工业互联网平台。截至2022年8月末，上海市工业互联网平台普及率已达到19.1%，位居全国第二；工业互联网模式创新突破比例9.5%，位居全国第三；数字化研发设计工具普及率87.8%，位居全国第一，有效带动了21余万家中小企业上云、上平台，并成功打造了2家国家级智能工厂以及60家市级智能工厂。

深化工业互联网平台应用赋能。作为全国制造业发展的重要集聚区，长三角工业互联网示范区始终坚持以产业发展需求为导向，不断推动工业互联网与实体经济的深度融合，着力构建工业互联网融合应用的新生态。例如，江苏省工信厅聚焦制造业实践中存在的转型慢、质量不高等问题，印发了《江苏工业互联网平台“强链拓市”专项行动方案》（苏工信融合〔2020〕189号)，推动江苏省内外38家重点工业互联网平台、电子商务平台与江苏制造业企业之间的深入合作，广泛推进云供应、云生产、云销售等线上协作模式，促进重点行业产业链供需对接，打造数字化供应链。再如，上海市临港松江科技城作为上海首个工业互联网特色园区，通过以高质量的产业服务和生态培育，集聚了一大批工业互联网核心企业、上下游企业以及行业龙头，形成了“平台支撑、垂直应用、数字赋能”的工业互联网产业生态。

3. 山东：全国领先工业互联网示范高地

山东是我国制造业大省，丰富的应用场景和广阔的市场空间为推动工业互联网创新发展提供了有力支撑。近年来，山东省各级政府部门高度重视工业互联网示范区建设，通过政策、资金、场景等多元化支持举措，加快推动区域工业互联网建设应用的不断深化，为促进区域制造业转型升级发挥了重要支撑作用。

加强工业互联网政策与资金支持。为深入实施工业互联网创新发展战略，山东省各级政府纷纷制定出台了一系列指导性政策文件。2020年9月，山东省印发了《关于加快工业互联网发展若干措施的通知》（鲁政办字〔2020〕125 号），从优化基础网络建设、打造多级网络平台、构建安全保障体系、强化技术创新攻关、促进支撑产业发展等十个方面展开了具体部署；2022 年以来，山东省委常委会会议陆续审议了《山东半岛工业互联网示范区建设规划(2022—2025 年)》《关于深化改革创新促进数字经济高质量发展的若干措施》，提出要在“5G + 互联网”、领先平台培育应用等方面下好“先手棋”，全面开展“工赋山东”专项行动。同时，山东省还积极加大对工业互联网发展的资金支持，引导省级科技创新发展资金向工业互联网创新发展战略倾斜。2022 年 7 月，山东省工信厅、财政厅联合印发了《山东省推动工业互联网高质量发展省级财政支持政策实施细则》（鲁工信工联〔2022〕144 号），综合采取财政奖补、股权投资等方式，对工业互联网领域相关园区、平台、企业或项目给予支持。在此基础上，各市级层面也积极结合各自区域特色出台了一系列地方性政策，如：济南市出台《济南市工业互联网创新发展行动计划(2020—2022 年)》(济政字〔2020〕16 号)［青岛市提出打造“世界工业互联网之都”等。

强化工业互联网基础设施建设。近年来，山东省积极推进工业互联网基础设施体系建设，2022 年全省入库“5G + 工业互联网”项目达到 147 个，运营标识解析节点达到 21 个、接入国家顶级节点 12 个，累计标识注册量达到 100 亿个、标识解析超过 133 亿次，较 2021 年末增长超过 5 倍。同时，山东省还持续开展“个十百”工业互联网平台培育工程，构建了“省级平台—国家级特色专业型平台—国家级跨行业跨领域平台”的进阶式发展路线。截至 2022 年 5 月，山东省拥有 4 家工信部遴选的国家级跨行业跨领域平台，包括：海尔卡奥斯物联生态科技有限公司的卡奥斯 COSMOPlat、浪潮工业互联网股份有限公司的云洲平台、山东蓝海工业互联网有限公司的蓝海工业互联网平台、橙色云互联网设计有限公司的橙色云工业产品协同研发平台。此外，山东还培育出 18 个特色专业型平台和 115 个省级行业平台，工业互联网应用成效整体位居全国前列。

持续提升重点行业工业互联网应用水平。山东省着力推进应用与建设并重，坚持需求牵引、场景驱动和分类施策，推动国家级平台和 155 个省级重点平台深入企业现场、积累行业知识，形成 4000 余个行业数字化转型解决方案，服务全省50多万家中小企业。依托行业协会、产业联盟等市场化力量，不断创新平台合作模式，推动国家级跨行业跨领域平台、省级工业互联网平台间的深度合作，推进面向功能适配性、技术成熟性、安全可靠性、规模化可用性等方面的试验验证，促进平台产品及服务协作推广，持续提升平台应用服务水平。同时，山东省政府还积极加强试点项目的示范带动作用，建设具有复制和推广价值的省级试点示范项目603个，培育出国家级新一代信息技术与制造业融合发展、工业互联网试点示范项目共计78个，打造了百余个“一行业一重点”典型应用场景，催生出一批智能化生产、个性化定制、网络化协同、服务化延伸的新模式新业态。此外，山东省还依托工业互联网平台，重点建设了11个工业互联网园区，引导园区企业加快工业设备上云、规模化开展转型升级，增强产业集群综合竞争力，有效促进了山东工业互联网应用向更广范围、更深程度和更高水平的加快发展。

4. 工作成效及展望

当前，以数字化、网络化、智能化为主要特征的新一轮工业革命正在孕育兴起。工业互联网作为产业变革的重要领域，日益成为全球各国的竞争焦点。近年来，我国政府高度重视工业互联网的发展，特别是工业互联网示范区的陆续设立，更进一步推动了相关网络、平台等基础设施的建设与优化布局。

自示范区建设以来，以长三角、山东、广东为代表的一批工业互联网示范区，通过工业互联网赋能产业转型的成效已经得到了逐步显现，数字化转型的探索日益由效率变革走向价值变革，由企业内走向产业链、价值链，为全国工业经济高质量发展发挥了较好的示范和引领作用。数据显示，2022年一季度，工业互联网标识解析体系国际根节点、国家工业互联网大数据中心等75个项目建成投入运行；全国“5G+工业互联网”在建项目总数达2400个[26]；工业互联网产业规模已迈过万亿元关口，在机械、电子、能源、医疗、交通等40余个国民经济重点行业得到了广泛应用，有效支撑了产业数字化、网络化、智能化转型。

尽管当前我国在工业互联网领域取得了诸多积极进展，但在设备连接能力、工业制造技术与管理知识积累、数据分析、工业软件等方面仍存在较大发展空间，工业互联网产业发展尚处于初期阶段。面向未来，应进一步加快国家及各示范区层面一系列促进政策的有效落地，从平台、网络、安全等多个方面持续发力，全面推动我国工业互联网产业的提档升级。

6.5 国家信息消费示范城市

1. 工作背景及推进措施

信息消费是驱动经济高质量发展的重要引擎。自 2013 年以来，国务院相继印发了《关于促进信息消费扩大内需的若干意见》（国发〔2013〕32 号）、《关于进一步扩大和升级信息消费持续释放内需潜力的指导意见》（国发〔2017〕40 号）等文件，打造信息消费示范城市成为了促进信息消费高质量发展的重要抓手。根据国务院相关政策精神和指导意见，工信部于 2013、2014 连续两年分批遴选了 104 个国家信息消费试点城市。2016 年，在原有百余家国家信息消费试点城市的基础上，进一步遴选出北京、上海等 25 个城市。2019 年，工信部制定出台了《信息消费示范城市建设管理办法（试行)》(工信部信软〔2019〕63 号)，将信息消费示范城市划分为综合型和特色型两类。截至目前，工信部已累计认定 33 个示范城市。各级政府部门积极从供给和需求侧协同发力，制定出台了 70 余项信息消费相关政策，为推动地区信息消费加快发展发挥了重要促进作用。

持续提升信息消费供给侧发展水平。为进一步适应消费升级需求，工信部会同相关部委及各地方政府部门坚持以供给侧结构性改革为主线，持续推动信息产品智能化、高端化升级，有效促进了信息产品从手机、电脑向数字家庭、虚拟现实/增强现实、智能网联汽车等新型产品不断延伸。如围绕数字家庭建设方面，住房城乡建设部等 15 部门联合印发了《关于加快发展数字家庭　提高居住品质的指导意见》（建标〔2021〕28 号），就加快发展数字家庭、提高居住品质、改善人居环境提出了 4 方面意见。同时，面向个人穿戴、交通出行、医疗健康等应用场景，各级部门也持续加大信息消费新业态、新模式的培育力度。

积极扩大信息消费需求侧覆盖面。高质量基础设施是信息消费扩大和升级的坚实基础。2021 年以来，工信部会同有关部门陆续开展了“双千兆”网络协同发展行动、5G 应用“扬帆”行动、新型数据中心发展 3 年行动、IPv6 流量提升 3 年专项行动等一系列工作，通过制定年度目标任务，加快新型信息基础设施建设，推动北京、上海、深圳等信息消费中心率先建成“千兆城市”[27]。同时，各示范城市还积极推动信息消费城市行、数字经济体验周、信息技能培训及职业技能大赛、网络市场监管专项行动、论坛研讨及展览展示等活动，以及信息公共服务平台、信息消费体验中心等重点工程及示范项目建设，加强对信息消费的宣传引导、信息安全保障及消费者权益保障工作。截至 2020 年底，示范城市已累计实施重点工程 119 项，有效促进了信息消费的广泛普及与深度应用。

2. 北京：首批综合型信息消费示范城市

北京作为我国经济最为发达的超大城市，拥有规模庞大的消费市场、强大的消费集聚和带动能力，是全国首批入选综合型信息消费试点示范的城市之一。近年来，北京市政府高度重视推进信息消费相关工作，按照“五子联动”融入新发展格局的总体部署，以落实“四个中心”城市战略定位为指引，持续增强信息消费对经济高质量发展的引领性作用。

完善信息消费政策体系。为充分发挥北京数字经济领先优势，北京市推出了一系列创新型信息消费政策。2019 年，市政府办公厅印发了《北京市进一步扩大和升级信息消费持续释放内需潜力的行动计划（2019—2022 年）》（京政办发〔2019〕21 号）。2021 年 8 月，市委办公厅、市政府办公厅印发了《北京培育建设国际消费中心城市数字消费创新引领专项实施方案（2021—2025 年）》，提出要积极促进线上线下融合发展。2022 年 6 月，北京市经信局、商务局印发《北京市数字消费能级提升工作方案》（京经信发〔2022〕46 号），进一步聚焦网络零售、直播电商、跨境电商等领域提出了 8 个方面、25 条任务举措。

开展信息消费体验活动。北京市经信局、商务局等部门开展了一批高人气信息消费活动，围绕场景发布、探秘体验、新品推介、产品惠购、团标认定等方面，打造了北京消费季“首发节”“信息消费节”等 24 个标志性品牌活动，持续带动各区、各商协会和企业举办各类促消费活动。同时，北京市经济和信息化局还在全国率先制定了信息消费体验中心地方标准，指导产业联盟制定了信息消费体验中心的认定规则，通过组织企业贯标学习、现场评测指导和专家评审等流程，评选出首批 15 家北京市信息消费体验中心。

拓展信息消费应用场景。为进一步加大对多元化信息消费业态的培育，北京市着力打造了一批以新一代信息技术为支撑、以数字新基建为基础，以场景应用为突破口的信息消费新模式。例如，北京坊打造了全球首个“5G + 华为河图”智慧商圈，设立了“南中轴元宇宙产业基地”。北京冬奥会亮相全球首个无人全自动餐厅，数字人民币落地冬奥场景超 40 万个，冰雪季期间全市 70 家冰雪场馆总收入同比增长 69.3%[28]。规划智慧医疗健康 16 个关键应用场景。北京老字号扩至 206 家，触网率达到 75%。

3. 深圳：快速崛起的综合型信息消费示范新城

2022 年 1 月，工信部正式公布了《2021 年信息消费示范城市名单》，深圳市以优异成绩成功入选综合型信息消费示范城市。多年来，深圳市委、市政府高度重视推动信息消费相关工作，由市工信化局牵头推进基础设施建设和产业转型升级，聚焦“四大任务、四大工程”，从升级供给创新、挖掘需求潜力、夯实支撑基础、优化发展环境等方面[29]，开展信息消费供给侧结构性改革，不断挖掘信息消费需求潜能，初步形成了较为完善的信息消费融合创新发展格局。

建立健全信息消费政策体系。深圳市不断完善信息消费顶层设计，陆续制定了《深圳市数字经济产业创新发展实施方案（2021—2023 年）》（深府办函〔2020〕136 号）、《关于促进消费扩容提质创造消费新需求的行动方案（2021—2023 年）》（深府办函〔2021〕62 号）等 20 余项相关政策，为提升信息消费供给水平、优化信息消费发展环境奠定了坚实基础。进入 2022 年一季度，受疫情反复等因素影响，深圳市社会消费品零售总额 2107.34 亿元，同比下降 1.6%。为有效提振消费者信心，深圳通过美团、京东平台，向深圳消费者陆续发放 5 亿元消费券。仅 4 月 30 日至 5 月 3 日，深圳全市整体消费金额超 230 亿元，对消费的激励成效显著。

超前部署信息基础设施建设。近年来，深圳市信息基础设施建设成果显著，是全球首个实现 5G 独立组网全覆盖的城市，推动建设了国家超算深圳中心、鹏城云脑等高性能计算中心、国家（深圳 · 前海）新型互联网交换中心等新型信息基础设施，为信息消费提供了良好的底座支撑[30]。2022 年以来，深圳市工信局又相继发布了《深圳市推进新型信息基础设施建设行动计划（2022—2025 年）》（深府办函〔2022〕14 号）、《深圳市支持新型信息基础设施建设的若干措施（征求意见稿）》等，进一步明确要加快全市新型信息基础设施建设，提出到 2025 年底，基本建成泛在先进、高速智能、天地一体、绿色低碳、安全高效的新型信息基础设施供给体系，打造新型信息基础设施标杆城市和全球数字先锋城市。

持续强化信息消费产业供给。深圳市新一代信息技术产业全国领先，金融科技服务创新发展，形成了从传统信息产品到新型智能硬件的全方位供给能力，“互联网 + 制造”等信息消费新技术、新产品、新模式加速涌现。2021 年，深圳数字经济核心产业增加值突破 9000 亿元，占 GDP 比重达 30.6%，规模和质量均位居全国大中城市前列。同时，深圳还重点聚焦软件和信息技术服务、数字创意、超高清视频、智能网联汽车、智能机器人等领域，大力培育数字经济产业集群，为促进数字经济与信息消费深度融合发展提供了重要支撑。

4. 昆明：从特色型向综合型跃升的信息消费示范城市

2021 年 1 月，昆明成功获评第二批国家特色型信息消费示范城市。自入选示范城市以来，昆明认真落实工信部关于全国信息消费示范城市建设工作要求，从政策体系、基础设施建设等多维度全面推进，积极构建集约、整合、协同的信息消费体系，争创国家综合型信息消费示范城市。2022 年，在工信部公布的信息消费示范城市名单中，昆明又再次入选成为云南省唯一一个综合型信息消费示范城市，标志着昆明从特色型示范城市升级为综合型示范城市[31]。

建立健全信息消费工作推进机制。构建信息消费管理组织及工作机制，成立市级信息消费工作领导小组，建立多部门协同推进工作机制，在人力、财力、物力等方面全面助力示范城市建设。聚焦提升信息消费供给、扩大信息消费需求、释放信息消费潜能、深化信息消费行业赋能、促进信息基础设施升级、优化信息消费环境等方面，制定昆明市建设信息消费示范城市工作方案，高效指导示范城市建设。

加强信息消费示范项目引进和培育。自 2018 年以来，昆明市积极开展新型信息消费示范项目遴选工作，昆明市智慧城市建设投资有限公司、昆明圣爱中医馆有限公司等 10 个项目入围。引进了闻泰科技、京东方、浪潮等企业，推动地区 5G 智能终端、OLED 微型显示器、PC 及服务器、机器人等电子信息制造业加快发展。云南省数字经济开发区、区块链中心、“一部手机办事通”、斗南花卉交易平台、茶纹云、健康医疗大数据中心、智慧交管、智慧停车等项目相继落地。

系统推进信息消费标杆工程建设。昆明市深入实施信息消费供给侧提升、生活公共服务领域创新、行业信息消费数字化转型、跨境信息消费平台打造、信息消费体验中心打造和信息消费环境氛围优化等“七大工程”，全面推进示范城市建设。昆明市政府通过信息消费重点工程项目建设，引导新一代信息技术企业、平台类企业向地区加速聚集。初步建成高速、移动、安全、泛在的新一代信息基础设施，信息通信枢纽地位全面提升。开展信息消费体验中心培育与遴选工作，评定一批高水平信息消费体验中心。面向南亚东南亚信息消费项目逐渐增加和扩大，在跨境信息消费、高原特色农业数字化、健康医疗数字化等特色领域树立全国信息消费应用示范标杆。

5. 工作成效及展望

自信息消费示范城市建设与评价工作开展以来，各城市始终将促进信息消费作为统筹疫情防控和推动经济社会发展、扩内需保供应、服务改善民生的重要举措，为带动全国信息消费水平整体跃升发挥了良好的示范效应，具体表现在以下三个方面。

一是信息消费群体及市场规模持续扩张。在 80、90 后成为信息消费中坚力量的同时，老年群体也在加速融入信息消费浪潮。截至 2021 年年底，60 岁及以上老年网民规模达 1.19 亿，能独立完成购买生活用品和查找信息等网络活动的老年网民比例已分别达到 52.1% 和 46.2%。消费群体的扩大有力支撑了整个市场的持续扩张。2021 年，全国信息消费市场规模同比增长 15%，线上购物、远程医疗等新型信息消费模式已广泛渗透至人们衣食住行各领域。二是信息产品消费需求层次逐步升级。在示范城市建设的带动下，信息产品消费品类正在从计算机、手机等电子产品向物联网、智能穿戴、医疗健康等新兴领域延伸拓展，个性化、多样式、品质化消费逐渐成为主流，产品共享化、智能化和应用场景多元化趋势日益显著。三是信息服务消费场景覆盖范围加速拓展。移动宽带网络的广泛覆盖、智能终端和移动支付的日益普及，使得人们能够基于移动终端完成新场景消费，围绕个人需求形成消费闭环，实现线上线下加速融合发展。截至 2021 年底，全国各类信息服务消费用户规模呈普遍增长态势，特别是在线医疗、在线办公等用户规模增长最为明显，同比分别增长了 8308 万和 1.23 亿。

立足新发展阶段，在全球经济增速放缓、我国居民消费结构升级的背景下，信息消费示范城市建设仍将是我国推动经济行稳致远的重要抓手，应进一步健全示范城市长效评估和动态管理工作机制，支持有条件的地方组织开展示范城市建设经验交流，推广示范城市在政策体系完善、基础设施升级、供给水平提升、新业态新模式培育、信息消费覆盖面拓展等方面的典型经验与创新实践。

6.6　国家大数据综合试验区

1. 工作背景及推进措施

数据是新时代关键生产要素，是国家基础性战略资源。党的十八届五中全会明确提出要实施“国家大数据战略”。按照国务院《促进大数据发展行动纲要》（国发〔2015〕50 号）的总体要求，2016 年 2 月，国家发改委、工信部、中央网信办发函批复，同意贵州省建设首个国家大数据综合试验区。同年 10 月，三部门又进一步批复了 7 个国家大数据综合试验区，包括：两个跨区域类综合试验区（京津冀、珠江三角洲），四个区域示范类综合试验区（上海市、河南省、重庆市、沈阳市），一个大数据基础设施统筹发展类综合试验区（内蒙古）。八大试验区立足各自区位条件及比较优势，聚焦加强产业顶层设计、强化产品研发应用、完善标准体系建设、引导地方发展等方面开展了一系列有益探索。

强化大数据产业发展的管理机制与顶层设计。发展改革委、工信部、中央网信办等 46 个部门建立了大数据促进发展部际联席会议制度，组建国家大数据专家咨询委员会，出台了政府公共数据开放、数据安全等政策文件。河南、贵州、北京等试验区也纷纷设立了大数据管理机构，并陆续出台了一系列大数据相关政策。以北京为例，2018 年 11 月，北京市将市经济和信息化委员会、市无线电管理局的职责整合，挂牌成立市经济和信息化局，加挂市大数据管理局牌子。2019 年 3 月，东城、朝阳、丰台等多个区以原有机构设置为基础强化信息化和大数据管理，加挂大数据管理局牌子。同时，北京市还持续加大政策与资金支持力度，建立了政府引导基金，吸引社会投资参与大数据建设专项和重点项目，加快大数据云计算重点项目的研发及产业化。

推动大数据关键技术研发及行业应用。国家发改委、工信部组织开展了大数据试点示范项目遴选工作，筛选出百余个大数据产业发展试点示范项目，利用相关项目资金支持关键技术研发及产业化，面向全国开展了优秀大数据产品、服务和应用解决方案征集活动。国家大数据标准工作组积极开展标准研制和应用宣贯，组织制定了基础共性、数据共享开放、数据管理、数据质量、数据交易等领域 30 余项国家标准。同时，结合国家大数据综合试验区开展标准试验验证。《数据能力成熟度评价模型》《信息技术数据交易服务平台交易数据描述》等标准陆续实现了在北京软件和信息服务交易所、贵阳大数据交易所、上海数据交易中心等试验区单位的验证，有效促进了标准内容的制定与完善。

构建全国一体化大数据中心体系。工信部联合发改委等相关部门积极推动构建全国一体化大数据中心体系，发布《关于数据中心建设布局的指导意见》（工信部联通〔2013〕13 号）。自 2017 年起，工信部每年滚动编印《全国数据中心应用发展指引》，引导数据中心向一线城市周边及中西部等地区转移，促进数据中心区域协调发展和供需对接。2021 年 12 月以来，国家发改委等部门分两批同意了包括京津冀、长三角、贵州省、内蒙古自治区等在内的 8 个地区启动建设国家算力枢纽节点，并规划了 10 个国家数据中心集群。至此，全国一体化大数据中心体系完成总体布局设计，“东数西算”工程全面启动。

2. 贵州：首个获批建设的国家大数据综合试验区

贵州作为全国首个获批的大数据综合试验区，旨在加强数据资源统筹与大数据产业集聚，增强大数据对区域经济提质增效的辐射带动作用。自 2016

年大数据综合试验区建设以来，贵州省始终把试验区建设作为实施全省大数据战略的重要抓手，聚焦大数据制度创新、数据中心集群建设、数据资源汇聚及高效利用等方面开展系统性试验，并取得了显著成效[32]。

开展适应大数据发展的制度创新。贵州省持续推进政策制度突破、体制机制探索和服务模式创新，不断破除体制机制障碍，建立了以政府部门、技术团队、平台公司、研究智库等为构成的领导小组及管理架构。围绕构建先试先行的政策法规体系、跨界融合的产业生态体系、防控一体的安全保障体系，全力打造了大数据示范、大数据集聚、大数据应用、大数据交易等“七大平台”，实施政府数据共享开放、综合治理示范提升、大数据便民惠民、大数据三大业态培育等“十大工程”。贵州试验区还研究编制了大数据相关国际标准、国家标准、地方标准及团体标准 231 项，初步建立了有利于促进大数据创新发展的政策制度体系。

加快超大规模数据中心集群建设与布局。作为全国首个大数据综合试验区，贵州省加快推进“东数西算”工程，建设全国一体化算力枢纽节点。截至目前，贵州省已经建成了以贵阳贵安为核心、黔西南为补充的“两地三中心”数据中心产业布局。为加快枢纽节点建设、积极融入国家算力网，贵州还充分发挥中国南方数据中心示范基地优势，深入实施“数聚贵州”，推动建设“大型 + 边缘”数据中心、人工智能超算中心，着力打造超大规模数据中心集聚。同时，贵州省各级政府部门还积极推动了中国移动、中国联通、中国电信、腾讯、华为、苹果、富士康等一批数据中心、灾备中心落地，以及 48 个国家部委、行业和标志性企业数据资源的落户。

推进数据资源开放共享及高效利用。贵州省着力推进数据资源的开放共享，在全国率先完成了省市县政务信息系统互联互通及数据共享交换调度机制，实现了贵州省市县三级政府数据资源目录 100% 上架，累计共享数据项 22 万余项，开放高质量数据集 1525 个。通过促进数据开放共享和跨部门、跨领域数据分析，有效促进了政府业务流程再造。作为全国第一个大数据交易所，贵阳大数据交易所交易框架协议金额突破 3 亿元。依托自主研发的系统，贵阳大数据交易所推出“数 + 12”战略，打造数据确权、数区块链、数据创业、数据定价、数据资产、数据安全、数据指数、数据标准、数据工厂、数据监管、数据认证、数据开源 12 个大数据平台，积极培育数据要素流通市场主体，加快推动数据要素有序流动[33]。

3. 京津冀：唯一跨省市建设的国家大数据综合试验区

京津冀是全国唯一一个跨省市建设的国家大数据综合试验区，旨在聚焦国家及区域发展战略，以数据流引领技术、资金、人才等要素流动，支撑跨区域公共服务、社会治理和产业协同发展。近年来，三地立足各自比较优势，实现了以北京创新引领、天津带动支撑、河北承接转化为特色的协同发展模式，聚焦大数据基础设施建设、数据资源开放共享与示范应用、大数据产业集聚等方面已积累了较为丰富的实践经验。

建设环京大数据基础设施支撑带。充分发挥区域比较优势，提升京津冀大数据网络承载能力及运行保障能力。2019 年 6 月，张家口出台了《中国数坝 · 张家口市大数据产业发展规划（2019—2025 年）》，提出通过 3—7 年时间，将张家口市打造成为世界级超大规模数据中心产业集群、国家级绿色数据中心创新示范区、国家级核心大数据装备制造基地、全国大数据创新应用先行区。同时，张家口还发布了《支持大数据产业发展十项措施》（张政字〔2019〕37 号），在专项资金等十个方面给予政策支持。2022 年 2 月，国家发改委等 4 部门同意在京津冀地区规划设立张家口数据中心集群。此外，承德依托普宁机场、京沈高铁带来的交通优势，发展成为“大数据小镇”；雄安加速推进国家级信息通信枢纽、互联网骨干直联点等项目建设。

深化数据资源开放共享与示范应用。聚焦京津冀协同发展重大需求，以政府数据开放为切入点，三地政府部门积极建立统一的公共数据共享和开放平台，并围绕 2022 年北京冬奥会、教育、环保、交通、健康、旅游等领域率先开展了京津冀工业云平台、京津冀一卡通、京津冀大气污染热点网格、京津冀医疗等一批大数据协同示范应用，充分发挥了大数据便民惠民服务功能。“一网通办”、电子病历全面共享、高速路况实时分析等大数据创新应用使得京津冀三地群众享受到越来越多的发展红利。

提升大数据产业发展的集聚效应。立足三地特色优势，京津冀启动建设了七个大数据应用示范区，即：北京大数据核心示范区、天津大数据综合示范区、张家口大数据新能源示范区、廊坊物流金融遥感大数据示范区、承德旅游大数据示范区、秦皇岛健康大数据示范区、石家庄大数据应用示范区，加快推动三地大数据产业差异化布局，着力打造“北京中关村数据研发—河北数据存储—天津数据装备制造”的协同发展格局。

4. 内蒙古：唯一基础设施统筹类国家大数据综合试验区

作为全国唯一的基础设施统筹类国家大数据综合试验区，内蒙古大数据综合试验区的建设旨在充分发挥区域气候、能源、地理等比较优势，加大资源整合力度，强化绿色集约发展，加强与东中部产业、人才、应用优势地区合作。自试验区建设以来，内蒙古全面推进大数据管理体制、产品技术、业态模式等方面创新，持续强化大规模数据基础设施建设，相关工作进展显著。

推进大数据管理体制与机制创新。内蒙古试验区将《自治区大数据发展促进条例》列入自治区五年立法计划，聚焦数据融合、数据利用、数据安全等关键环节立项研制发布了一批地方标准。同时，内蒙古自治区政府还建立了政务数据资源目录体系，制定出台了《内蒙古自治区政务信息资源共享管理暂行办法》（内政发〔2018〕23 号），印发了自治区政务信息资源目录和政务信息资源目录责任清单。为规范全区政务数据资源管理，加快推进政务数据采集归集、共享开放和开发利用，内蒙古自治区政府办公厅发布了《内蒙古自治区政务数据资源管理办法》（内政办发〔2021〕43 号）。

大规模推进大数据基础设施建设。近年来，内蒙古自治区政府陆续出台了加快大型数据中心建设、光缆铺设等一系列政策举措，不断筑牢大数据发展的硬件基础。特别是在国家大力推动“东数西算”的战略背景下，内蒙古枢纽规划设立了和林格尔数据中心集群，起步区边界为和林格尔新区和集宁大数据产业园，充分发挥集群与京津冀毗邻的区位优势，为京津冀高实时性算力需求提供支持，为长三角等区域提供非实时算力保障。得益于优越的气候、地质、能源等条件，自治区还集聚了中国电信、移动、联通三大运营商和华为、中兴、曙光、中国科学院等一大批企业及科研院所在本地布局全国性的大型数据中心。此外，为充分发挥数据中心规模优势，内蒙古自治区政府还大力开展“以数招商”，积极引进数据中心设备、智能化终端产品、配套电子元器件等电子制造项目，培育软件研发、信息安全、运维服务、呼叫服务等信息技术服务企业，布局人工智能、5G、物联网、区块链、北斗等新技术新产业。

推动大数据产业创新与应用示范。为持续推动大数据技术产品研发，内蒙古自治区政府积极完善大数据科研机构发展激励机制，引进蒙古文智能信息处理技术国家地方联合工程研究中心、国家语言资源蒙古文大数据研究基地等，设立大数据分析技术内蒙古工程实验室、草原畜牧业溯源内蒙古大数据工程实验室、网络与知识安全院士工作站等，围绕大数据基础理论、数字技术、产业应用等方面开展创新研究。为健全大数据产业公共服务支撑体系，自治区政府出台了《内蒙古自治区人民政府关于推进数字经济发展的意见》（内政发〔2019〕23 号）《内蒙古自治区人民政府关于加快推进 5G 网络建设若干政策的通知》（内政发〔2020〕4 号）等政策，设立了大数据产业引导基金。同时，内蒙古自治区政府深入开展了公共服务大数据应用，积极推进"互联网 + 政务"、智慧公安、智慧法院、智慧检务、智慧司法等社会治理领域大数据应用建设，建成了自治区级全民健康信息平台和全区远程医疗信息系统、教育大数据管理服务平台、社会保障大数据应用平台、精准脱贫大数据平台、智慧水利大数据应用平台、旅游行业监测与应急指挥平台、城市管理大数据平台、气象大数据平台等。

5. 工作成效及展望

自大数据综合试验区建设以来，八大试验区围绕数据资源管理与共享开放、数据资源应用、数据要素流通、大数据产业集聚等方面开展了诸多有益探索，形成了一批可复制、可推广的实践经验，为有效推动我国大数据高质量发展发挥了重要示范引领作用。

数据开放与流通水平持续提升，各级政府数据开放共享体系建设成效显著。全国省级公共数据开放平台数量自 2017 年的 5 个快速增至 2021 年的 24 个，有效数据集从 8398 个攀升至近 25 万个。截至 2021 年 10 月，全国已有 173 个城市政府数据开放平台实现了上线开放。2021 年，共计 5951 个政务部门接入全国一体化政务服务平台数据共享交换体系，实现全国调用超过 2 千亿次，向地方回流数据超 6000 万条。同时，协同互促的大数据产业生态已初步形成，大数据与实体经济融合持续深化。2017—2021 年间，大数据产业规模由 4700 亿元快速增长至 1.3 万亿元，覆盖数据采集、存储、处理、分析、应用及可视化的大数据全产业链日臻完善，各类具有海量数据处理能力的大数据软硬件产品及服务不断涌现。截至 2021 年，我国云服务、大数据服务共实现收入 7768 亿元，同比增长 21.2%，占信息技术服务收入的 12.9%，占比较上年同期提高 4.6 个百分点。进入 2022 年一季度，云计算、大数据服务共实现收入占信息技术服务收入的比重进一步提升至 15.7%，数据要素价值得到进一步释放。

未来一段时期，在全球政治经济形势不确定性因素加剧、资本与货物流动极大受阻的背景下，数字化对于驱动经济恢复与稳定增长的重要性将变得愈发凸显。大数据综合试验区建设应进一步紧紧抓牢数字化浪潮发展的时代机遇，充分结合各试验禀赋特征，加强大数据与本地优势产业的深度融合，东部试验区充分利用自身数字经济产业基础优势，在推动大数据发展中应承担更多关键技术突破、市场体系建设等创新工作。中西部试验区不断完善大数据基础设施，强化与东部城市的产业联系，以大数据驱动地区优势产业的数字化转型，改善数字经济发展的不平衡性，更好的发挥大数据对区域经济社会高质量发展的带动作用。

6.7　“互联网 + 医疗健康”示范区

1. 工作背景及推进措施

2018 年 4 月，国务院办公厅印发《关于促进“互联网 + 医疗健康”发展的意见》（国办发〔2018〕26 号），就促进互联网与医疗健康深度融合发展作出重要部署。为推进“互联网 + 医疗健康”发展，国家卫健委启动“互联网 + 医疗健康”示范区建设工作。2018 年 7 月，国家卫健委批复宁夏建设全国第一个“互联网 + 医疗健康”示范区。[34]在宁夏成为首个示范区的基础上，为更好先行先试，探索可复制可推广的经验做法，2019 年 4 月，国家卫健委批复支持天津市、山东省、江苏省、安徽省、浙江省、福建省、广东省、湖北省、四川省和贵州省等 10 个省（市）建设“互联网 + 医疗健康”示范省（市）。[35]在国家卫健委的大力指导与支持下，各示范区积极探索、大胆实践，“互联网 + 医疗健康”示范区建设稳步推进。

强化顶层设计和管理机制。国家卫健委印发《“互联网 + 医疗健康”示范省（市、区）参照标准（试行）》和《“互联网 + 医疗健康”示范省（市、区）实施细则（试行)》，积极稳妥推进示范省（市、区）创建工作，支持在发展政策、监管模式、标准规范等方面先行探索。[36]国家卫健委与示范省（市、区）建立共建机制，联合或指导制定示范省（市、区）建设规划及“互联网 + 医疗健康”配套文件，统筹推进示范区建设。

深入调研推动落实。国家卫健委多次组织力量赴宁夏、天津、安徽等地开展调研，指导推动各地工作细化落地，并高频率、多维度召开新闻发布会，介绍“互联网 + 医疗健康”发展及便民惠民服务有关情况，宣传地方成效，发挥示范带动作用。

示范区聚焦示范任务积极推动。各示范区结合本地实际情况制定了区建设规划，进一步明确和细化了示范区的建设思路、工作目标和重点任务，并制定促进“互联网 + 医疗健康”发展的配套政策、标准和规范。示范区还通过实施试点示范工程、打造“互联网 + 医疗健康”示范项目、遴选“互联网 + 医疗健康”示范医院等，以点带面深入推进示范区建设。如四川筛选确定了成都等 12 个基础条件较好的市州，率先开展试点示范；广东依据《“互联网 + 医疗健康”示范单位创建活动工作方案》，遴选首批 30 家“互联网 + 医疗健康”示范医院建设单位，形成示范带动效应。

2. 山东：“互联网 + 医疗健康”示范省建设走在前列

山东省卫健委全面落实委省共建协议和省政府办公厅关于推进“互联网 + 医疗健康”示范省建设行动计划，突出惠民便民导向，在医保支付方式、短缺药品供应保障、健康医疗大数据创新应用、数据安全、产学研合作等方面先行先试，推进“互联网 + 医疗健康”示范省建设走在前列。

开展惠民便民服务。依托省全民健康信息平台，搭建全省统一的“健康山东服务号”惠民便民服务平台，持续推进“四个一工程”，全省 391 家[37]二级以上公立医院已接入省平台。优化医疗服务流程，大力发展“互联网 + 医疗健康”服务流程再造，建立了山东省预约诊疗服务平台，93.2% 的二级以上公立医院开展了线上惠民便民服务，8 大板块 30 多项业务累计提供服务 1.96 亿次。在全省推广应用电子健康卡，电子健康卡已发放 1.49 亿张，发放率超过 95%。[38]

优化结算支付服务。出台《关于完善“互联网 +”医疗服务价格和医保支付政策的实施意见》《关于新冠肺炎疫情防控期间积极推进“互联网＋”医保服务的通知》等“互联网＋”医疗服务价格和医保支付政策。出台《山东省互联网医院医保定点协议文本（试行）》，加强互联网医院医保定点管理。全省16市和省本级、胜利油田医保卡跨省结算、普通门诊省内和跨省联网直接结算开通运行。积极推进省内和跨省医疗费用结算“一站式”服务、“一窗口”办理，提升基层医保经办服务能力。[39]

强化药品供应保障。建立了全省统一的医保处方流转平台，医联体内实现处方在线审核，组织二级以上医疗机构开展“智慧药房”“智慧中药房”建设，发布山东首个智慧中药房地方标准《智慧中药房建设与运行规范》。健全完善短缺药品清单管理制度，印发《山东省短缺药品清单管理办法（试行）》，成立短缺药品清单管理专家组，研究提出了省短缺药品基础清单和临床必需易短缺药品重点监测基础清单。制定出台《山东省药品零售企业远程审核处方服务平台指导原则》，推进“互联网＋”技术在药品零售环节的应用，支持药品零售企业与互联网医院开展合作。支持药品经营企业实施“互联网＋药品流通”模式。

推进健康医疗大数据开发利用。国家健康医疗大数据中心（北方）（简称“北方中心”）已启动运行，成为全国唯一一个通过国家验收并实体化运行的国家健康医疗大数据中心。成立全国唯一健康医疗大数据专职管理机构——山东健康医疗大数据管理中心，代表政府管理数据。搭建惠民、惠政、惠医、惠研、惠企的健康医疗大数据应用体系，在省一体化大数据平台建设医疗健康主题库和11个专题库，发布184项资源目录，审批通过52项数据申请。颁布实施《山东省健康医疗大数据管理办法》《国家健康医疗大数据中心（北方）数据共享开放管理规范》，统一数据管理与数据开放。《山东省公共数据开放办法》将卫生健康列为重点和优先开放的公共数据。健康医疗大数据创新应用取得突破性进展，全省出生医学证明实现“线上办”，8966万份电子健康档案向群众“点对点”开放，[40]医疗机构、医护人员实现“一码监管”，山东省医学影像云平台建设稳步推进。

保障数据质量安全。积极贯彻落实国家网络安全法律法规和网络安全等级保护制度要求，加强网络安全建设，制定了《山东省卫生健康行业网络安全评价指标（试行）》《山东省卫生健康行业网络安全事件应急预案（试行）》等标准规范，行业网络安全应急管理体系不断健全完善。积极推动全省卫生健康行业商用密码应用和网络安全等级保护工作，大力开展网络信息安全技术知识应用普及培训，行业网络安全专业人才队伍建设不断加强。

深化产学研合作。山东省卫健委与国家卫健委人才中心共建国家“互联网＋医疗健康”人才培训示范基地，加强“互联网＋医疗健康”、健康医疗大数据等人才培养。由山东省卫健委牵头，山东大学与济南市政府共建成立国家健康医疗大数据研究院，深入开展健康医疗大数据基础性研究工作，积极探索健康医疗大数据分级分类分域规范应用和政产学研协同发展模式。依托健康医疗大数据研究院，山东大学创立医学数据学/健康大数据微专业，加强医学数据学高级专门人才培养。

3. 宁夏：“互联网＋医疗健康”的西部样板

获批以来，在国家卫健委的指导下，宁夏自治区党委、政府高度重视示范区建设，突出应用，着力惠民，紧盯目标，上下联动，取得了显著成效，成为“互联网＋医疗健康”发展的西部样板。

推动互联互通，促进资源配置集约化。按照全宁夏“一张网”“一个平台”“一个库”的全区一盘旗思路，夯实示范区建设工作基础。建成了覆盖全区的居民健康档案和基层卫生信息管理系统，向基层患者提供慢病管理、健康科普教育“线上”服务，开展“线上＋线下”家庭医生签约服务，促进了全民健康管理。在全区二级以上医疗机构全面启用电子健康码，推行智能分诊、在线问诊、结果查询、实时结算、诊间结算、床旁结算、药品配送、线上支付，优化了医疗服务流程。整合各方资源，着力提升公共卫生服务，实现了疫苗流通的全过程实时监控；全区血液采集、检测、制备、供应和调配实现了一体化管理；打造“智慧 120”，实现全区范围 120 应急医疗救援一体化管理；推进“互联网＋中医”建设，全区所有公立中医医院和基层中医馆实现互联互通、数据共享和业务协同。[41]

发挥数据引领，打造信息建设平台化。以提升医疗机构信息化水平为突破口，统一建设数据库、信息平台，实现医疗健康信息资源共享，最大限度地提高信息资源利用率。完成区域卫生平台信息化数据中心建设，初步建成“卫生云”全民健康信息平台，建立了“国家、自治区、市、县、乡”五级远程医疗服务体系，为全区所有乡镇卫生院配备了音视频终端、DR/CR 影像和静态心电等设备，实现了远程会诊、远程影像、远程 B 超、远程心电、远程病理等应用。落实自治区财政资金，搭建全区互联网医院（宁夏“互联网 + 医疗健康”一体化应用平台），提供一体化的“互联网 + 医疗健康”应用服务。融入云化管理思路，推进医疗机构应用、服务、资源等云化部署。在宁夏备案注册全国医师已达 5.1 万名，累计接诊服务宁夏患者 2.35 万例，邀请北上广等地专家接诊近 5 千例。开展各类远程诊断达 130 万例。

创新应用领域，突出惠民服务智能化。把惠民应用作为示范区建设的核心，出台《宁夏“互联网 + 医疗健康”便民惠民行动计划（2018 年—2020 年）》，大力实施 30 项智能“互联网 +”便民惠民举措。打造了汇集全国专家的远程门诊、集合区内三甲医院专科专家的远程专家门诊、融合各医院诊疗能力的在线互联网门诊，建立了“基层检查 + 上级诊断 + 区域互认”的分级诊疗服务新模式。针对看病难、看病烦问题，推动就医实现电子健康码一码通用。建立处方审核流转平台，打造疫苗流通的全过程实时监控，切实提升了群众看病就医买药体验。引入移动云诊车、人工智能辅助诊疗系统等智能设备，为农村老百姓提供健康体检和健康管理。成立全国首个 Re 医学教育基地，建设在线科普教育与科普平台，提供多样化的医务人员在线教育培训和对居民的健康科普知识培训。

精心筑巢引凤，带动医疗健康产业化。自治区 19 个部门联合出台《关于促进宁夏“互联网 + 医疗健康”产业发展的意见》，明确了对“互联网 + 医疗健康”产业发展的资金、项目、税收和人才培育等支持政策。在中卫市创建国家级健康医疗大数据中心、在银川市创建互联网医疗健康应用产业园。近 100 家互联网企业入驻银川、中卫两个产业园，已有 51 家互联网公司取得了《医疗机构执业许可证》。汇聚 75 名院士和 50 个专家团队的大专家 . COM 将于今年在中卫建立“医生云”数据中心，并在银川设立全国 Re 研究中心进行健康管理。举办第四届中国—阿拉伯国家博览会“互联网 + 医疗健康”产业展暨应用大会。与中科院上海微系统与信息技术研究所共同建设了互联网 + 医疗健康标准化研究院暨医疗健康物联网创新开放实验室。联合自治区政府港澳台事务办公室及深圳无限营销集团达成战略协议，共同建设宁夏—粤港澳大湾区“互联网 + 医疗健康”协同创新中心。在西非贝宁建立两个远程心电诊断中心，积极推进与“一带一路”沿线等国家基于“互联网 + 医疗健康”的合作共赢。

完善支持政策，实现服务监督一体化。建立“全科 + 专科”“县乡村”一体化的家庭医生签约服务模式，提高了乡村医生服务质量。实施“一站式”平台结算，实现了“让信息多跑路，群众少跑腿”，群众不出远门就可享受到与国内一线城市同等的优质医疗专家资源。出台了《宁夏回族自治区互联网医院管理实施办法（试行）》，建成了“互联网医院在线监管平台”，强化医疗质量规范有序。制定了第一批“互联网 +”医疗服务项目试行价格和医保支付政策，将互联网复诊、互联网（远程）会诊、互联网（远程）病理会诊纳入医疗保险支付范围，将远程胎心监测纳入生育保险。成立首家“互联网 + 医疗健康”协会，出台个人数据隐私保护、药事管理服务等一系列自律公约，促进了行业健康有序发展。

4. 工作成效及展望

“互联网 + 医疗健康”示范区建设是推动我国“互联网 + 医疗健康”发展的重要抓手，在国家卫健委与各示范区的共同推动下，“互联网 + 医疗健康”制度规范的顶层设计基本形成、互联互通的平台基础逐步夯实、便民服务应用成效不断凸显、医疗健康大数据创新应用实现突破、网络安全的防护能力明显增强、医疗健康产业化取得进展、医疗健康产学研合作加快推进，并带动全国“互联网 + 医疗健康”进入快速发展阶段。“互联网 + 医疗健康”在提升医疗卫生现代化管理水平，优化资源配置，创新服务模式，提高服务效率，降低服务成本，更好满足人民群众日益增长的医疗卫生健康需求等方面发挥了重要作用。尤其在新冠肺炎疫情防控期间，互联网诊疗在保障患者医疗服务需求、缓解医院线上线下医疗服务压力、减少人员聚集、降低交叉感染等方面发挥了积极的作用。[42]

但“互联网 + 医疗健康”仍处于摸索发展期，需进一步推动数字健康新基建，培育服务新业态，提升发展新动能。各示范区需不断完善政策，研究制定兼顾患者、医院、医保和相关企业等各方面利益平衡的“互联网 + 医疗健康”收费政策和支付政策，建立合理的利益分配机制，激发服务发展的内生动力，积极稳妥推动“互联网 + 医疗健康”纵深发展。此外，“互联网 +

医疗健康”不等于“互联网＋医疗”，健康这一概念的引入，使其有了更广泛的新领域，[43] 要积极探索、大胆实践，推动“互联网＋医疗健康”更广覆盖。

6.8 智慧城市基础设施与智能网联汽车协同发展试点

1. 工作背景及推进措施

智慧城市基础设施与智能网联汽车（以下简称“双智”）协同发展是城市建设与汽车产业转型的重要趋势。[44] 为更好推动双智协同发展，2020 年 11 月，住房和城乡建设部、工业和信息化部印发《关于组织开展智慧城市基础设施与智能网联汽车协同发展试点工作的通知》（建办城函〔2020〕594 号），面向全国组织评选双智试点城市。2021 年 4 月，两部门确定北京、上海、广州、武汉、长沙、无锡等 6 个城市为第一批试点城市。同年 12 月，两部门确定重庆、深圳、厦门、南京、济南、成都、合肥、沧州、芜湖、淄博等 10 个城市为第二批试点城市。试点启动以来，两部门及各试点城市通过健全机制、加快探索双智标准化工作、强化智能基础设施建设、开展道路测试和试点示范、推动智能网联汽车产业发展等举措合力推动双智试点建设。

建立健全统筹协同机制。住房和城乡建设部、工业和信息化部联合成立了双智试点工作办公室，统筹协调试点中的各项工作，定期组织试点城市交流会，帮助城市解决规划和建设过程中遇到的问题。试点城市则初步形成“1＋1＋N”的工作机制。①

探索双智标准化工作。工业和信息化部会同国家标准委于 2017 年底发布《国家车联网产业标准体系建设指南（智能网联汽车）》，2022 年 9 月，工业和信息化部结合智能网联汽车技术产业发展情况，对上述建设指南进行修改完善，形成《国家车联网产业标准体系建设指南（智能网联汽车）（2022 年版）（征求意见稿）》，为智能网联汽车标准体系制定提供重要参考。在全国汽车标准化技术委员会框架下成立智能网联汽车分技术委员会（SAC/TC114/SC34），并组建先进驾驶辅助系统（ADAS）、自动驾驶、信息安全、

① 即 1 个政府工作专班、1 个专业支撑机构、N 个主力企业。

网联功能与应用、资源管理与信息服务等常设标准工作组，汇聚行业优势资源共同推进标准研制工作。此外，工业和信息化部等国家部委加快制定车联网相关标准，发布《车联网无线通信安全技术指南》等多项行业标准，并指导发布车联网通信安全、车联网平台防护、数据安全、用户个人信息保护等车联网安全重点急需标准。[45] 试点城市积极组织本地企业、高校、科研机构等力量参与双智标准研究与制定，在实践中突破创新，形成了匹配地方特色的建设标准与规范。如上海从应用场景出发，以提升与数字新基建融为一体的安全设施和服务能力为目的，牵头完成《自动驾驶出租汽车车辆运营要求》等多项双智标准。

强化智能基础设施建设。工业和信息化部等国家部委通过建设智能网联汽车测试示范区、支持京沪高速公路车联网改造等重点项目、推动重点地区创建国家级车联网先导区等举措加强城市智能基础设施建设。[46] 北京、上海、广州、武汉、长沙等试点城市也着力加强智能基础设施和车城网平台建设。

开展道路测试和试点示范。工业和信息化部、公安部、交通运输部分别于 2018 年、2020 年发布《智能网联汽车道路测试管理规范（试行）》《智能网联汽车道路测试与示范应用管理规范（试行）》，积极引导智能网联汽车道路测试与示范应用工作。试点城市则纷纷出台管理细则，有序开展智能网联汽车道路测试与示范应用。

推动智能网联汽车产业发展。工业和信息化部不断完善相关政策措施，加速智能网联汽车产业化发展进程。一是强化战略谋划，牵头编制并由国务院办公厅发布《新能源汽车产业发展规划（2021—2035 年）》，进一步明确智能化和网联化并行发展的战略方向，提出高度自动驾驶智能网联汽车特定场景规模应用的中远期愿景目标；[47] 二是健全工作协调机制，成立国家制造强国建设领导小组车联网产业发展专委会、组建智能网联汽车推进组（ICV - 2035），协调各方资源力量，加速智能网联汽车产业化进程；三是高度重视智能网联汽车共性技术创新，建设国家智能网联汽车创新中心协同攻关平台、利用产业基础再造和制造业高质量发展专项等渠道支持产业链协同创新项目。各试点城市也纷纷出台相关政策支持智能网联汽车产业发展，仅在 2022 年，就有上海、广州、深圳、武汉、重庆等多个试点城市出台智能网联汽车产业发展相关政策。

2. 北京：开放国内首个无人化出行服务商业化试点

北京结合北京市高级别自动驾驶示范区（下称“示范区”）的建设，以北京经开区为支点推进双智试点建设，形成了以经开区示范区为代表的多个自动驾驶创新示范区。两年来，北京创新工作机制、优化试点政策环境、推进城市智能基础设施建设、实现了多个城市应用场景、示范区建设迈入3.0阶段，北京成为智能网联汽车创新发展高地。

形成独具特色的示范区组织管理体系。经过两年来的实践探索，北京形成了独具特色的示范区组织管理体系，成立市级领导小组和示范区工作办公室，建立跨部门工作专班，设立北京车网、数基建、京智网、国汽智图等市场化的运营平台公司，形成以政府、学界、产业界、投资界等各方面紧密结合的组织形态，统筹全市行政资源和技术资源，推动智能网联汽车和自动驾驶的发展。[48]

设立智能网联汽车政策先行区。北京在智能网联汽车发展政策上坚持创新驱动，依托示范区，率先在国内设立了首个智能网联汽车政策先行区，经过两年的先行先试，示范区已构建了覆盖智能网联汽车道路测试、示范应用、商业运营服务等诸多阶段，适度超前的“2+5+N”政策体系，营造了“政策友好型”智能网联汽车产业发展营商环境，为智能网联汽车新产品、新技术和新模式的应用推广提供有力支撑，[49]并首次实现了自动驾驶车辆早晚高峰测试、异地测试结果互认、允许无人配送车上路、开放自动驾驶出行服务商业化试点、开放高速公路测试等多项突破。

扎实推进智能化基础设施建设。北京经开区（示范区）已经建成329个智能网联标准路口，双向750公里城市道路和10公里高速公路实现车路云一体化功能覆盖，网联云控系统实现了车路数据融合，支持车网融合的超高速无线通信技术EUHT专网完成铺设，分米级高精动态地图平台搭建完毕。

实现了八大类城市应用场景。北京研究筛选出城市服务应用类、前沿技术研发类、跨界融合创新类3大类共计20项应用场景，1目前，已实现自动驾驶出租车、无人配送车、无人零售、微循环接驳等八大类城市应用场景全面开放协同发展。2022年7月20日，北京正式开放国内首个无人化出行服务（Robotaxi）商业化试点，百度和小马智行成为首批获准企业，将在经开区核心区 60 平方公里范围内投入 30 辆车，开展常态化收费服务，并允许安全员从主驾移到副驾。[50]

示范区建设进入 3.0 阶段。1.0 阶段重点围绕亦庄核心区 12.1 公里城市道路、双向 10 公里高速公路和 1 处停车场开展建设，2.0 阶段面向亦庄全域 60 平方公里推广。目前，1.0 试验环境搭建和 2.0 小规模部署各项任务已完成，示范区全面启动 3.0 阶段（实现规模部署和场景拓展）建设，将在北京经开区 60 平方公里的基础上，有序推进周边 100 平方公里建设，并逐步扩展完成全市 500 平方公里的示范区扩区工作。

3. 广州：率先启动自动驾驶混行试点

广州选取海珠区琶洲核心区、黄浦区“双城双岛”（科学城、知识城、生物岛、长洲岛）、番禺区广汽智能网联新能源产业园等区域为试点任务落实载体，[51]聚焦琶洲车城网、黄埔区智慧交通新基建及番禺车联网等示范项目进行落实。[52]广州稳步推进智能化基础设施、新型网络设施和车城网平台建设，建立健全政策标准体系，车城协同发展取得较好成效。

稳步推进智能化基础设施建设。广州采用“利旧＋新建”结合的方式推进智能化基础设施建设，黄埔区智慧交通新基建项目在 133 公里城市开放道路的 102 个路口和路段，规模化部署 1318 个 AI 感知设备、89 个车联网路侧通信单元，投放 4 支无人服务车队。2022 年广州黄浦区将启动 230 个车路协同路口，400 多公里高精地图路网建设。

车城网平台初步形成服务能力。广州以城市信息模型（CIM）平台为基础，搭建标准统一、开源开放的物联云控平台；琶洲车城网平台完成边缘云平台和中心云平台的初步部署；黄埔智慧交通新基建项目建设的 C－V2X 城市公共数字底座和智慧交通 AI 引擎，实现与有呼必应、城管指挥中心、交警指挥中心等系统的对接互联，目前平台数据被调用已接近 100 万次。

建立健全政策标准体系。一是建立道路测试和运营管理政策体系，发布实施《广州市智能网联汽车测试开放道路管理办法》《关于逐步分区域先行先试不同混行环境下智能网联汽车（自动驾驶）应用示范运营政策的意见》《在不同混行环境下开展智能网联汽车（自动驾驶）应用示范运营的工作方案》等道路测试和运营管理政策，并从准入、运营、评估三个维度，开展“混行试点区总体方案编制指引”“示范运营车辆型号申请指引”“道路运输应用示范运营工作指引”“汽车数据管理工作指引”等工作指引编制工作，在全国率先建立起一套较完整的自动驾驶示范运营政策体系。[53]二是积极推动相关标准编制，规划制定《车联网先导区建设总体技术规范》等21个标准（规范）。

率先启动自动驾驶混行试点。2021年7月，广州发布《关于逐步分区域先行先试不同混行环境下智能网联汽车（自动驾驶）应用示范运营政策的意见》《在不同混行环境下开展智能网联汽车（自动驾驶）应用示范运营的工作方案》两个政策文件，启动自动驾驶混行试点政策体系建设工作。2022年6月，小马智行2款3个型号的车辆通过混行试点自动驾驶车型认定，同时启动在南沙区的示范运营试点。[54]

积极培育智能网联产业生态。百度阿波罗、小马智行、文远知行、滴滴自动驾驶等国内自动驾驶研发头部企业落户广州。广州采取全国最开放的政策许可方式，开展智能网联汽车的测试验证工作，全市累计发放201台自动驾驶汽车测试牌照，发布开放测试道路202条，双向里程789公里，道路测试总里程超过590万公里，先后创造自动驾驶“十项创新”。

4. 长沙：打造“智能网联汽车测试认证”核心优势

2016年底，长沙以湖南湘江新区为核心布局智能网联汽车产业。六年来，湘江新区通过“新基建聚集产业、建场景培育产业、搭平台服务产业”，建设了全国一流的智能网联基础设施，培育了中车智驭、百度阿波罗、行深智能等生态企业，聚集“车—路—云—网—图”上下游生态企业350余家，年产值超150亿元。[55]目前，长沙已获批国家智能网联汽车（长沙）测试区、国家级车联网先导区、国家智能网联汽车质量监督检验中心和全国首批“双智”试点城市，是全国智能网联汽车领域唯一获得四块国家级牌照的城市。

加强统筹协调，健全政策体系。长沙建立由市领导任召集人，湖南湘江新区管委会及相关市直单位为成员单位的工作联席会议制度，明确智慧城市新型基础设施建设、车城网平台建设、智慧城市及智能网联汽车协同示范应用、智慧城市及智能网联汽车标准法规建设等四方面十四项任务，[56]出台

《长沙市智能网联汽车道路测试与示范应用管理细则（试行）V4.0》《湖南湘江新区智能网联汽车创新应用示范区行动方案（2022—2025 年）》（简称“行动方案”）等政策文件，规范长沙智能网联汽车道路规模化测试与示范应用活动。

打造“智能网联汽车测试认证”核心优势。自 2016 年规划建设以来，国家智能网联汽车（长沙）测试区打造了包括高速公路测试区、城市道路测试区、乡村道路测试区、越野测试区等场景在内的，从虚拟到物理的国内一流的场景体系。2022 年，测试区测试环境再度升级，全新打造了包括整车图像在环实验室、智能汽车虚拟仿真实验室、DMS 疲劳驾驶监测实验室在内的 8 个智能网联汽车实验室，已构建起完善的智能网联汽车虚拟仿真、封闭场地和开放道路测试能力，搭建了面向高级别自动驾驶的预期功能安全和信息安全验证能力。[57]

打造全国首条面向通勤场景的智慧定制公交线路。2021 年，长沙打造了全国首条面向通勤场景的智慧定制公交线路，通过沿线 26 个路口智能信号机与路侧单元（RSU）对接，以及优先通行算法，实现智慧通勤公交的优先通行功能，[58]行程时间平均缩短了 13.3%，高峰准点优化率达到 80%。根据《行动方案》长沙将持续开展城市级智能网联公交车示范应用场景建设，对全市主城区公交车进行智能化、网联化改造，推进智能网联公交信号优先通行、360 智能防护、定制公交等应用场景落地。

将打造功能型无人车应用示范区。湖南湘江新区未来将建设全无人、全天候道路测试运营网络，实现环卫、物流、接驳、配送四类场景千辆级规模化应用，打造 10 个可在全国复制推广的车联网商用场景，功能型无人车场景落地将成为湖南湘江新区的重点工作之一，当下湖南湘江智能公司正积极与功能型无人车头部企业、干线物流头部企业等推动项目落地。2022 年 10 月 21 日，湘江新区无人驾驶零售车试运营，成为湖南湘江新区无人驾驶新成员。[59]

5. 工作成效及展望

自双智试点启动建设以来，各试点城市制定完善工作方案，建立健全工作机制和政策资金保障，行业企业加大投入、积极参与，围绕建设城市智能基础设施、搭建车城网平台、开展多场景示范应用、完善标准制度等任务加快推进，双智试点工作已初见成效。一是试点城市自动驾驶示范区域快速扩大。北京高级别自动驾驶示范区建设进入3.0阶段，未来全市将把高级别自动驾驶示范区扩至500平方公里。无锡将配备驾驶人的智能网联汽车道路测试、示范应用、示范运营的范围扩大到了全市。根据《湖南湘江新区智能网联汽车创新应用示范区行动方案（2022—2025)》，湖南湘江新区也将逐步实现全域开放。二是智能网联汽车应用场景持续扩大。自动驾驶出租车、智能网联客运巴士、无人驾驶重型卡车、自主代客泊车、无人零售、无人配送、自动驾驶警务巡逻、微循环接驳、公园漫游车等多场景示范应用有序开展。三是高等级自动驾驶加速落地。北京已开放国内首个无人化出行服务（Robotaxi）商业化试点，广州在南山区启动自动驾驶混行示范运营试点，重庆、武汉发布自动驾驶全无人商业化试点政策，允许车内没有安全员自动驾驶车辆在社会道路上开展商业化服务。

双智协同发展是一项涉及众多行业、众多领域的系统工程，尽管试点城市已取得阶段性进展，但整体而言仍处于试点或示范的初期探索阶段。试点城市需继续稳步推进双智重点任务建设，并注重技术协同、应用协同以及跨部门的管理协同。同时，建议国家主管部门适时对试点城市开展综合评价，挖掘并推广试点城市在实践中的优秀案例，逐步打造形成双智城市样本，争取早日将双智城市建设推向融合发展、切实落地的状态。

参考文献

[1] 张红军. 加大数字经济政策创新力度　访国家信息中心信息化和产业发展部主任单志广［J］. 经济，2022-04-29.

[2] 发展改革委就国家数字经济创新发展试验区有关情况答记者问.［2019-1106］. http://www.gov.cn/zhengce/2019-11/06/content_ 5449480.htm.

[3] 中国信通院.《中国数字经济发展报告（2022年)》

[4] 徐陶冶，谢茂翰. 全球六成5G基站在中国　中国12%的5G基站在广东.［2022-08-03］. https://www.sfccn.com/2022/8-3/4NMDE1MThfMTc1MjE4Ng.html.

[5] 五地齐发2022年广东省五大工业互联网标识解析二级节点同时上线.［2022-07-13］. https://gdca.miit.gov.cn/xwdt/gzdt/art/2022/art_91cb03ace3a34dbb847a71c5d44819a8.html.

[6] 余丹，彭琳等．发力数字赛道　共谋未来产业．[2022 - 07 - 09]．https://epaper.southcn.com/nfdaily/html/202207/09/content_10025391.html.

[7] 沈钊．数字经济成稳增长关键力量　广东打造数字经济发展高地．[2022 - 08 - 18]．http://ep.ycwb.com/epaper/ycwb/html/2022 - 08/18/content_2_518487.htm.

[8] @广东企业，广东将出台"稳工业 32 条"2.0 版．[2022 - 07 - 28]．https://m.thepaper.cn/baijiahao_19223647.

[9] 张李源清．广东省一体化政务服务能力　继续保持全国领先．[2022 - 09 - 13]．https://lib.cet.com.cn/paper/szb_con/524877.html.

[10]《浙江省数字经济发展白皮书（2022 年）》新闻发布会．[2022 - 08 - 03]．https://www.zj.gov.cn/art/2022/8/3/art_1229630150_4049.html.

[11] 长三角示范区推动数字政府建设　公共数据跨省共享．[2022 - 01 - 19]．http://www.js.xinhuanet.com/2022 - 01/19/c_1128276123.htm.

[12] 坚持示范引领　聚焦重点任务　我省国家数字经济创新发展试验区建设取得积极成效．[2022 - 05 - 23]．http://fgw.sc.gov.cn//sfgw/gzdt/2022/5/23/05cbfa55ed064fde8d30add0f38c3901.shtml.

[13] 工业和信息化部电子第五研究所，零壹智库．《中国数字经济发展指数报告 2022》．

[14] 王梓．经开区启动五大攻坚行动推动区域数字经济发展．[2022 - 08 - 18]．http://bhsb.tjbh.com/html/2022 - 08/18/content_12127_6607515.htm.

[15] 中关村软件园打造数字经济发展新蓝图．[2022 - 10 - 26]．http://society.sohu.com/a/537382420_121106842.

[16] 王红茹．中国数字经济总量稳居世界第二，数据跨境流动的安全性如何保障？．[2022 - 09 - 09]．http://www.ceweekly.cn/2022/0909/395663.shtml.

[17] 数字贸易发展实例丨国家数字服务出口基地：打造"数字贸易示范区"核心区．[2022 - 03 - 15]．https://mp.weixin.qq.com/s?src = 11&timestamp = 1655015493&ver = 3855&signature = *XfVnujP8E2O*vA60tv4aoRP813OkHwhWxNT*Szl66GwzjsLesibWC4mnBrnOHpMZRgxb-ekzsf54KyYaChjFNj3Gk*QUwDmeYX8FsOLybAFg0XeUcvOFcQy7fZEW8bv&new = 1.

[18] 天河 CBD：聚焦"数字 +"以"出新"促"出彩"．[2022 - 07 - 22]．https://epaper.southcn.com/nfdaily/html/202207/22/content_10027020.html.

[19] 黄舒旻，张钰粲，吴予曈．再添"国字号"名片"广州服务"闯世界．[2022 - 03 - 25]．https://economy.southcn.com/node_f3202550a3/d598d834d5.shtml.

[20] 科技部关于印发《国家新一代人工智能创新发展试验区建设工作指引》的通知. [2019-09-06]. http://www.gov.cn/xinwen/2019-09/06/content_5427767.htm.

[21] 科技部关于印发《国家新一代人工智能创新发展试验区建设工作指引（修订版）》的通知. [2020-09-29]. https://www.most.gov.cn/xxgk/xinxifenlei/fdzdgknr/fgzc/gfxwj/gfxwj2020/202012/t20201224_171987.html.

[22] 天津市人民政府办公厅关于印发天津市建设国家新一代人工智能创新发展试验区行动计划的通知. [2020-08-25]. https://www.tj.gov.cn/zwgk/szfwj/tjsrmzfbgt/202008/t20200827_3571260.html.

[23] 刘多. 工业互联网未来发展解析 [J]. 信息通信技术, 2018, 12 (03): 4-7.

[24] 国务院新闻办就2022年上半年工业和信息化发展情况举行发布会. [2022-07-19]. http://www.gov.cn/xinwen/2022-07/19/content_5701715.htm.

[25] 产业数字化转型提速升级. [2022-07-25]. http://www.xinhuanet.com/tech/20220725/d00fcca9c2494759952e59cf49803d19/c.html.

[26] 工信部：一季度全国“5G+工业互联网”在建项目达2400个. [2022-04-19]. https://finance.sina.cn/2022-04-19/detail-imcwiwst2734769.d.html

[27]《关于促进云网融合 加快中小城市信息基础设施建设的通知》政策解读. [2022-01-28]. http://www.gov.cn/zhengce/2022-01/28/content_5670934.htm.

[28] “北京消费”提质升级全面增效. [2022-07-14]. http://kanbao.dayuntongzhou.com/Html/2022-07-14/9803.html.

[29] 新成绩！深圳入选2021年国家综合型信息消费示范城市. [2022-01-27]. https://baijiahao.baidu.com/s?id=1723108441953275447&wfr=spider&for=pc.

[30] 深圳新名片：国家信息消费示范城市. [2022-01-28]. https://baijiahao.baidu.com/s?id=1723153035222497202&wfr=spider&for=pc.

[31] 昆明2021年度国家信息消费示范城市建设成效评估结果为优秀. [2022-07-28]. http://www.km.gov.cn/c/2022-07-28/4463053.shtml.

[32] 内蒙古国家大数据综合试验区创新实践. [2020-07-3]. https://www.ndrc.gov.cn/xwdt/ztzl/szhzxhbxd/zxal/202007/t20200703_1233051_ext.html.

[33] 不负使命担重托 乘风破浪正当时——贵州深入推进国家大数据（贵州）综合试验区建设. [2021-06-12]. http://www.cac.gov.cn/2021-06/19/c_1625687104184900.htm.

[34] 尚陵彬. 宁夏3年建设“互联网+医疗健康”示范区亮点闪烁. [2021-08-15]. https://www.nxnews.net/zt/2020/nxxwfbt/xwbd/202108/t20210815_7235823.html?spm=zm5078-001.0.0.1.q7nMUQ.

[35] 国家卫生健康委员会2019年5月29日例行新闻发布会文字实录. [2019-05-29]. http://www.nhc.gov.cn/xcs/s7847/201905/5ae26aab75b84af79b1c6b734a49daff.shtml.

[36] 对十三届全国人大二次会议第7701号建议的答复. [2020-07-15]. http://www.nhc.gov.cn/wjw/jiany/202007/b2bc9bf348d54c869c25b8eb67c2038f.shtml.

[37] 国家卫生健康委办公厅关于通报表扬数字健康典型案例（第二批）的通知. [2022-05-31]. http://www.nhc.gov.cn/guihuaxxs/gongwen1/202205/7879709a521048a7bdbce1a9bee9729b.shtml

[38] 国家卫生健康委员会2022年9月2日新闻发布会文字实录. [2022-09-02]. http://www.nhc.gov.cn/xcs/s3574/202209/22a6237b4c3045b29b391543509742f1.shtml.

[39] 17项措施8个方面惠及群众 实现困难居民和职工全覆盖. [2022-09-06]. http://jnrb.e23.cn/shtml/jinrb/20220906/1974954.shtml.

[40] 郭蕾，谢文博. 信息化赋能 服务更优质便捷. [2022-09-05]. https://www.jkb.com.cn/news/industryNews/2022/0905/486225.html.

[41] 创新引领 惠民为本 宁夏全力推进"互联网+医疗健康"示范区建设. [2022-08-19]. http://wsjkw.nx.gov.cn/ztzl/xjsscddh/wsjkzwn/202208/t20220819_3679641.html.

[42] 李红梅，王明峰，申少铁. 线下看病线上复诊（健康焦点）. [2021-06-18]. http://paper.people.com.cn/rmrb/html/2021-6/18/nw.D110000renmrb_20210618_1-19.htm.

[43] 郭锦辉. "互联网+医疗健康"应在加快规范发展中提质增效. [2021-04-07]. https://jjsb.cet.com.cn/show_518018.html.

[44] 中国电动汽车百人会、中国城市规划设计研究院、中国信息通信研究院.《智慧城市基础设施与智能网联汽车协同发展年度研究报告（2021）》.

[45] 对十三届全国人大四次会议第9258号建议的答复. [2021-07-16]. https://www.miit.gov.cn/zwgk/jytafwgk/art/2021/art_738a64f9099e4d8da2833cd18ebaa36c.html.

[46] 工信部：加快车联网部署应用 抓好京沪高速公路车联网改造等重点项目实施. [2021-04-01]. https://www.cls.cn/detail/719155.

[47] 关于政协第十三届全国委员会第四次会议第1808号（工交邮电类307号）提案答复的函. [2021-08-24]. https://www.miit.gov.cn/zwgk/jytafwgk/art/2021/art_34e4a705c77849c4803fc25480abccae.html.

[48] 张冰．专访 | 北京市高级别自动驾驶示范区全面启动 3.0 阶段建设．[2022－09－21]．

[49] 陈维城．孔磊：北京市智能网联汽车政策先行区构建“2＋5＋N”政策体系．[2022－01－20]．https://www.bjnews.com.cn/detail/164266318214193.html.

[50] 于建平．Robotaxi 迈入商业化新阶段，百度、小马智行先行常态化收费运营．[2022－07－22]．https://www.chinatimes.net.cn/article/119235.html.

[51] 双智协同——广州车城融合发展探索实践．[2022－06－08]．http://www.mohurdic.org.cn/index/index/pro_ info/aid/2487.html.

[52] 我市《智慧城市基础设施与智能网联汽车协同发展试点工作方案》正式印发．[2021－09－15]．http://zfcj.gz.gov.cn/sjb/zjxw/content/post_ 7792345.html.

[53] 王美苏　何玉帅．全国首发！广州智能网联（自动驾驶）汽车正式上路示范运营．[2022－07－03]．http://static.nfapp.southcn.com/content/202207/03/c6650068.html.

[54] 广州：将加快“智慧的路”与“聪明的车”协同发展．[2022－07－13]．https://www.gzdaily.cn/amucsite/web/index.html#/detail/1880651

[55] 付敬懿．长沙将建国内首个智能网联汽车创新应用示范区．[2022－08－31]．http://www.chinanews.com.cn/cj/2022/08－31/9840990.shtml.

[56] 湘江智能代表长沙参加“双智”试点工作交流会 全力推进长沙智慧城市建设．[2022－06－27]．http://www.xj-itic.com/mobile/index.php?m＝content&c＝index&a＝show&catid＝13&id＝448.

[57] 王晗．长沙智能网联汽车多场景应用迈上新台阶．[2022－07－16]．https://epaper.voc.com.cn/hnrb/html/2022－07/16/content_ 1586684.htm?div＝－1.

[58] 提升交通效率、优化出行体验：腾讯打造“以人为中心”的双智内核．[2022－03－18]．https://cn.chinadaily.com.cn/a/202203/18/WS62344240a3101c3ee7acc552.html.

[59] 王晗，陈思妤．湘江新区无人驾驶零售车“上岗”．[2022－10－22]．https://epaper.voc.com.cn/hnrb/html/2022－10/22/content_ 1600261.htm.